실무에서 바로 쓰는 **파워셸**

실무에서 바로 쓰는 파워셸:
DevOps와 SE를 위한 파워셸 핵심 기능과 활용법

초판 1쇄 발행 2018년 3월 12일 **2쇄 발행** 2022년 9월 28일 **지은이** 김도균 **펴낸이** 한기성 **펴낸곳** (주)도서출판인사이트
편집 정수진 **제작·관리** 이유현, 박미경 **용지** 월드페이퍼 **출력·인쇄** 예림인쇄 **후가공** 이지앤비 **제본** 예림바인딩 **등록번호**
제2002-000049호 **등록일자** 2002년 2월 19일 **주소** 서울시 마포구 연남로5길 19-5 **전화** 02-322-5143 **팩스** 02-3143-5579
이메일 insight@insightbook.co.kr **ISBN** 978-89-6626-218-2 책값은 뒤표지에 있습니다. 잘못 만들어진 책은 바꾸어 드
립니다. 이 책의 정오표는 http://blog.insightbook.co.kr에서 확인하실 수 있습니다.

김도균 지음

실무에서
바로 쓰는
파워셸

DevOps와 SE를 위한
파워셸 핵심 기능과 활용법

프로그래밍 인사이트

차례

추천의 글

약 1년여 전 한국마이크로소프트 광화문 사옥 내에서 열린 MVP(Most Valuable Professional, 마이크로소프트의 공인된 기술 전문가들) 행사가 김도균님과의 첫 인연이었던 것으로 기억합니다. MVP로 활동하는 분들은 그 왕성한 활동력을 보면 알 수 있듯 열정이 넘치는 분들입니다. 때문에, 한번 선정된 분들은 지속적인 활동과 기여도를 보여주시며 수년간 MVP를 유지하시는 경우가 많습니다. 때문에 MVP 모임은 언제나 오랜만에 모인 동창회 선후배들마냥 시끌벅적하고 화기애애합니다. 저는 그런 분위기 속에서도 다른 분들에 비해 다소 연륜이 있어 보이는 외모에 조용히 말씀하시는 분을 발견할 수 있었고, 그렇게 김도균님과의 소중한 인연이 시작되었습니다.

얼마 전 김도균님이 파워셸 책을 집필하셨고 곧 출간된다는 소식을 알려오며 추천사를 부탁하였을 때, 저는 조금의 망설임이나 주저함 없이 바로써 드리겠다고 답변을 드렸습니다. 지금까지 매년 수많은 IT 서적을 지속적으로 출간해온 저력 있는 분이며, IT 용어 하나도 번역을 표준화하고 관리하며 그 품질을 높이기 위해 노력하는 분임을 알고 있었기 때문입니다. 그리고 원고 초안을 파일로 전달받아 내용을 살펴보면서, 제 믿음이 틀리지 않았음을 확인할 수 있었습니다. 오랜 기간 강의를 통해 얻은 경험과 노하우로 기존 관련 서적의 부족함을 채울 책을 집필하는 데 최선을 다했고, 윈도우 시스템 관리의 핵심인 파워셸(PowerShell)을 제대로 배울 수 있는 서적이 출간을 앞두고 있음을 말이죠.

그 어느 때보다도 급격하게 바뀌고 있는 IT 기술 진화 트렌드 속에서 그 중심을 이루고 있는 것이 클라우드 컴퓨팅 환경임을 그 누구도 거부할 수는 없을 것입니다. 혹자는 자신의 편협한 경험과 제법 오래된 파워셸의 역사로 인해 요즘 시대에도 지속적으로 공부해야만 하는 기술 주제인지를 반문하는 경우도 있을 것입니다. 하지만 이제 파워셸은 더 이상 윈도우 환경에 머물지 않으며, 리눅스, macOS에서도 사용할 수 있는 오픈소스가 되었습니다. 더 나아가 Azure 클라우드 컴퓨팅 플랫폼 환경 내에서 다양한 Azure 리소스를 편리하게 관리할 수 있도록 자동화 스크립트를 작성하는 Azure PowerShell까지 지속적인 버전업과 진보를 통해 그 활용 범위와 역할을 지속적으로 넓히고 있습니다.

이런 상황에 파워셸을 완벽히 이해하고 그 기초를 든든히 다질 수 있는 본 서적의 출간을 위해 장기간 끊임없는 노력으로 집필한 저자의 끈기에 큰 박수를 보내며, 마이크로소프트 기술 기반으로 작업하는 많은 분들의 생산성 향상과 기술력 증진에 많은 도움이 되기를 기대합니다.

최윤석, 한국마이크로소프트 Commercial Software Engineering 부문 전무

저자의 글

2013년 1월 28일, 첫 파워셸 강좌를 열었고 그 이후로 매년 4~5회의 파워셸 강의를 해오고 있다. 지금까지 주로 마이크로소프트 공식 커리큘럼에서 제공하는 자료를 이용해 강의했지만 영문 교재가 오히려 학습자가 적극적으로 교재를 활용하지 못하는 장애물이었다. 또 이 공식 교재의 전체 학습 맥락이 매끄럽지 못해서 자연스런 학습 경험을 주지 못한다고 느꼈다. 2014년 말부터 2015년 말까지 『마이크로소프트웨어』에 파워셸 관련 글을 연재하며 강의 현장에서 느낀 아쉬움을 다소간 풀기는 했지만, 여전히 파워셸을 배우고자 하는 국내 윈도우 시스템 엔지니어에게는 부족한 점이 많았다. 이 책은 강의 현장에서의 고민을 바탕으로 현업에서 파워셸을 도입할 때 제대로 된 이해를 제공하고자 쓴 책이다.

이미 여러 권의 책을 썼지만, 이 책을 쓰면서 알고 있는 지식을 글로 풀어내는 일은 정말 어렵고 지난한 작업임을 새삼 느꼈다. 하지만 그 지난함은 머릿속에 든 내용이 종이에 활자화되어 책으로 나왔을 때 느끼는, 세상에 없던 뭔가를 탄생시켰다는 희열로 충분히 보상 받는 것 같다. 이 책을 쓰는 동안 아들은 자신이 원하는 소프트웨어 엔지니어의 길을 선택해서 인생을 개척하기 시작했고, 딸은 초등학교의 마지막을 전교회장으로 멋지게 장식하고 있다. 언제나 내 곁에 있는 든든한 지원군이자 가장 사랑하는 아내는 인생의 마지막을 준비하는 이들을 도우며 삶에 대한 경외와 겸허함을 매일 되새기고 있다. 내가 사랑하고 나를 사랑해주는 가족의 품에서는 새로운 도전이 외롭지 않은 것 같다.

이 책을 쓸 수 있게 동기를 불어 넣어 주신 인사이트 출판사의 한기성 사장님과 저자와 항상 연락하며 책의 일정과 편집, 교정 및 교열까지 신경 써주신 정수진 편집자님, 그리고 뒤에서 가장 열심히 도와 주신 인사이트 출판사 모든 식구에게 감사를 전한다.

조직을 떠난 2012년 9월부터 지금까지 러닝웨이코리아의 수석 강사로 일하는 동안 든든한 지원을 아끼지 않고 베풀어 주신 러닝웨이코리아 서혁진 사장님과 김근표 대표님, 윤준형 상무님께도 이 자리를 빌어 감사드린다. 러닝웨이코리아에서 파워셸을 강의해온 시간들이 이 책의 밑거름이 되었다.

이 책을 마무리하고 책의 추천사를 조심스럽게 요청했을 때 너무나 흔쾌히 응해주신 마이크로소프트 최윤석 전무님과 백승주 부장님, 이준영 부장님께 감사드린다. 특히, 올해로 6년째 마이크로소프트 MVP로 활동을 이어올 수 있게 도움 주신 이소영 부장님과 격려해준 MVP 동료들께 감사를 전한다. MVP 동료로서 때로는 기술로, 생활의 지혜로, 같이 여행하고 먹고 마시는 계모임처럼 살뜰하게 서로를 챙겨주는 배준오, 금재용, 유승호 님에게 고마움을 전하고 싶다.

더 좋은 번역과 멋지고 깔끔한 글을 쓰기 위해 고군 분투하는 저술 및 번역 공동체 GoDev 식구들이 있어서 항상 배우고 성장하는 것 같다. 이런 멋진 공동체와 같이하고 있음에 식구 모두에게 감사한다.

독립 IT 기술자, 김도균

서문

이제 파워셸은 어느덧 윈도우 시스템 인프라의 핵심 관리 자동화 도구가 되었다. 파워셸은 작업 기반 명령 줄 셸이자 스크립트 언어다. 처음에는 윈도우 환경만 지원했지만, 2016년 8월 오픈소스로 전환했고 리눅스와 맥 OS 등 다른 운영체제에서도 사용할 수 있다. 파워셸을 사용하면 시스템 관리자와 고급 사용자가 해당 운영체제와 여기서 실행되는 애플리케이션, 관련 프로세스와 서비스의 유지 관리, 배포 작업 등을 신속하게 자동화할 수 있다.

윈도우 환경에서 제공하는 파워셸을 윈도우 파워셸이라고 하며, .NET 프레임워크 CLR(공용 언어 런타임)과 .NET 프레임워크를 기반으로 한다. 유닉스나 리눅스에서 관리자들이 익숙하게 사용하는 셸은 대부분 텍스트를 사용하고 결과로 텍스트를 반환하지만, 파워셸은 .NET 프레임워크 개체를 반환한다. 이 때문에 파워셸을 사용한 작업 관리는 관리와 구성 측면에서 기존의 셸과 다른 유연함과 강력함을 제공한다.

현재 Windows Server 2016에 포함된 업그레이드된 파워셸 버전 5는 2,300개 이상의 파워셸 명령을 제공하며 거의 모든 운영, 유지 관리, 배포, 개발 시나리오에 대응한다.

이 책은 클라우드 시대를 사는 많은 윈도우 시스템 관리자가 익숙한 GUI 관리 도구를 넘어 파워셸의 편리하고 다양한 기능을 쉽게 이해하고 습득하도록 파워셸의 개념부터 차근차근 소개하고 이를 활용하는 방법을 정리해 놓았다. 개발 경험이 없어도 파워셸 사용을 두려워하지 않도록 용어와 기술을 자세히 설명했으며 [따라해보기]를 제공해 보다 역동적인 학습이 가능하도록 했다.

대상 독자

이 책은 파워셸을 사용해 작업의 효율성을 높이고 자동화를 지향하는 윈도우 서버와 인프라 엔지니어, 데브옵스 엔지니어를 대상으로 한다. 주로 마이크로소프트 운영체제와 솔루션을 다루기는 하지만, 리눅스나 맥 OS 등의 관리에도 파워셸을 사용하고 싶은 사람이라면, 이 책을 통해 파워셸의 튼튼한 기초를 쌓을 수 있다. 파워셸의 핵심과 활용법을 배워 프로그래밍에 적용하고 싶은 개발자라면 이 책이 원하는 목적지에 도달하는데 도움을 줄 것이다.

이 책의 구성

이 책은 처음 파워셸을 배우는 사람이 어디서 시작하고 어떤 순서로 배워야 하는지, 어렵게 여기는 부분이 무엇인지를 고민하며 썼다. 개발자가 아닌 사람들이 파워셸을 배울 때 부딪히는 첫 난관인 낯선 기술용어에 대해서도 설명하고 있다.

이 책의 내용은 크게 3부로 나뉜다.

1부는 파워셸 기초와 기본 사용법을 익힌다.

- 1장 처음 만나는 파워셸

  파워셸을 소개하고 버전 히스토리와 업그레이드 방법, 파워셸 세션, 운영체제에서 제공하는 기본 호스트 애플리케이션에 대해 설명한다. 파워셸이 오픈소스로 전환됨으로써 다양한 운영체제에서 사용할 수 있는 길이 열렸기에, 대표적으로 리눅스에서 파워셸을 사용하는 방법도 설명한다.

- 2장 파워셸 명령 기본

  기존의 DOS 명령이나 리눅스 등의 셸과는 다른, 파워셸 명령의 기본 형식과 별칭 시스템을 소개한다. 아울러 도움말 시스템에서 제공하는 정보를 찰떡같이 알아 먹을 수 있도록 구조를 알아보고 도움말 시스템을 업데이트하는 방법을 알려준다. 파워셸 명령 확장성의 중요한 개념인 모듈과 스냅인까지도 다룬다.

- 3장 파이프라인 시스템

  파워셸 파이프라인의 강력함과 유용성의 기반은 파워셸 명령의 실행 결과 형식인 개체다. 3장에서는 이 파워셸 개체에 관해 먼저 다룬 다음, 파이프라인 시스템의 개념과 동작 방식을 자세히 설명한다.

- 4장 파워셸 개체 다루기

  파워셸 개체를 다루는 3가지 방법을 설명한다. 출력 결과에서 원하는 파워셸 개체를 선택하는 다양한 방법부터 개체 정렬 방법, 출력 결과 집합(컬렉션)에 계산을 적용하는 방법, 특정 조건에 따라 결과를 확인해 볼 수 있는 기본 및 고급 필터링 방법, 조건 평가에 필요한 비교 연산자와 논리 연산자의 사용법까지 배운다.

- 5장 입력과 출력

  대화식 셸에서 명령어를 배우거나 프로그래밍 언어를 처음 배울 때 가장 먼저 접하는 부분이 입력과 결과를 확인하는 방법이다. 5장에서는 파워셸의 다양한 입력 명령과 입력 형식, 출력 명령과 출력 형식을 다루는 방법을 배운다. 파이프라인에서 일어나는 출력과 입력의 과정에서 개체 컬렉션을 처리하는 방법도 익힌다.

- 6장 저장소 다루기

  DOS나 탐색기에서 파일 시스템을 다루듯 파워셸에서 저장소를 다룰 수 있다면, 새로운 기술이지만 기존의 사용자 경험을 그대로 적용할 수 있으니 이해와 응용이 더 빠를 것이다. 이를 위해 파워셸에서 제공하는 공급자라는 어댑터 기술인 PSProvider와 실제 저장소 연결 기술인 PSDrive에 관해 학습한다.

2부에서는 실무에서 파워셸을 활용할 때 중요한 지식인 원격 관리와 파워셸 스크립팅 기술을 배운다.

- 7장 원격 관리 기술

  인프라에서 다수의 서버를 관리하는 엔지니어라면 환영할 만한 기능이다. 파워셸 원격 관리 기술의 개념과 원격 관리를 사용할 때 고려해야 할 보안에 관해 살펴본 다음 원격 관리를 설정하는 방법과 주요 원격 관리 명령의 사용법을 배운다.

- 8장 파워셸 스크립트 기초

  반복적으로 자주 수행하는 작업을 자동화할 수 있는 파워셸 스크립트 작성 기술의 필수 기초를 다진다. 스크립트 실행 정책과 스크립트의 실행 방법을 확인하고 변경하는 방법을 학습한다. 스크립트 작성의 필수 요소인 변수의 개념과 사용법을 배우고 스크립트를 작성하는 기본 절차를 익힌다.

- 9장 고급 스크립트 작성 기술

  작성된 스크립트는 단위 기능의 재사용성이 높고 코드가 명확하다. 오랫동안 돌아가는 스크립트는 중간중간 정보도 제공해야 하며, 사용자를 위한 사용법도 도움말로 제공해야 한다. 여기서는 사용성과 활용성을 높이기 위해 스크립트에서 함수로, 그리고 모듈로 전환하는 방법을 배운다. 또한 스크립트 실행 중간에 정보를 제공하는 방법과 사용법을 문서화하는 방법을 알아본다.

- 10장 파워셸 디버깅과 에러 처리

  스크립트의 복잡성이 높아질수록 에러 발생 가능성이 높으므로, 더 많은 테스트가 필요하다. 하지만 충분히 테스트해도 실전에서는 예상치 않은 상황이 발생할 수 있다. 10장에서는 스크립트에서 발생하는 문제를 해결하기 위해 중단점을 설정하고 디버깅하는 방법을 설명한다. 또한, 스크립트를 견고하게 해줄 방어적인 코드를 작성하기 위해, 오류 발생 가능성이 높은 부분을 파악하고 Try~Catch 문을 사용한 기본 에러 처리의 적용 방법을 배운다.

- 11장 고급 원격 관리

  7장에서 배운 원격 관리 기술의 기본 지식을 바탕으로, 원격 컴퓨터에 명령을 실행할 때 매개변수를 전달하는 방법과 멀티 홉 원격 관리 구성 방법을 살펴본다. 원격 컴퓨터와 원격 세션을 명시적으로 만든 영구 세션을 만들고 관리하는 방법, 원격 관리 대상과 원격 관리 수행 컴퓨터의 파워셸 기능 불일치를 극복하기 위해 암시적 세션을 만들고 관리하는 방법도 배운다. 추가적으로 파워셸 3.0 이상에서 브라우저를 통해 원격 관리하는 기술인 파워셸 웹 액세스 구현법과 사용법도 다루고 있다.

3부는 파워셸 작업 관리의 고급 기술을 다룬다.

- 12장 파워셸 워크플로

  어떤 일을 완료하기 위해 일련의 작업을 통제해 순서대로 실행해야 하는 경우 사용하는 기술이 워크플로다. 이는 다수의 원격 컴퓨터에서도 실행할 수 있다. 12장에서는 워크플로 개념과 사용 시기, 워크플로를 작성하고 실행하는 방법, InlineScript 활동에 관해 학습한다. 실무에서 워크플로를 사용하는 시나리오에 주로 등장하는 병렬 실행과 순차적 실행에 관해서도 살펴보고 구현 방법을 알아본다.

- 13장 파워셸의 작업 관리

  콘솔에서 오랫동안 실행되는 명령이나 스크립트는 한번 실행하면 기본적으로 끝날 때까지 기다려야 한다. 때로는 미래의 어떤 시점에 명령이나 스크립트를 실행해야 하고 필요에 따라 주기적으로 실행해야 할 수 있다. 파워셸에서 이런 문제를 효과적으로 해결하는 작업의 개념과 유형을 살펴본 다음, 백그라운드 작업과 예약 작업을 만들고 관리하는 방법을 배운다.

- 14장 파워셸 DSC

  최근 인프라 자동화와 관련해 대규모 인프라 구성과 배포, 수정을 자동화하는 방법으로 '코드로서의 인프라'라는 트렌드가 부상했다. 파워셸 DSC는 정확히 이런 목적에 부합하는 기술이다. 14장에서는 파워셸 DSC를 소개하고 작업 절차와 주요 리소스를 알아본다. DSC 구성 스크립트 작성과 컴파일 방법을 학습한 다음, DSC 배포 방법인 밀어 넣기와 끌어 오기까지 설명한다.

책을 읽기 전에

이 책을 쓰면서 학습의 흐름을 분명하게 하고 튼튼한 기초를 쌓아 실무에 적용할 수 있도록 하는 데 주안점을 두었다. 그에 따라 다음과 같은 몇 가지 기준을 세웠음을 밝혀 둔다.

- 이 책은 윈도우 파워셸을 다룬다. 따라서 별도로 언급하지 않는 한, 파워셸은 윈도우 파워셸이다.
- 파워셸 코어는 1장에서만 잠깐 언급하지만, 이 책에서 다루는 내용의 많은 부분은 파워셸 코어에서도 적용할 수 있다.
- 독자가 명령의 전체 이름에 익숙해져야 하고 독자의 파워셸 별칭 구성이 다를 수 있기 때문에 가급적 명령의 별칭과 약어를 사용하지 않았다.
- 책에서 제시한 주요 명령은 가장 많이 사용되는 문법과 옵션 위주로 표로 다시 정리했다. 여기서 옵션은 매개변수와 스위치를 통칭한 용어다. 전체 내용은 도움말을 참고하기 바란다.
- 파워셸 명령은 커맨드렛(cmdlet)이라고 부르지만, 실무에서 이런 용어를 쓰는 것은 굉장히 낯선 경험이며, 아마도 주위 사람들의 따뜻한 눈빛을 경험할지도 모른다. 따라서 더 일반적이며 글자수도 적은 '명령'으로 통일했다.
- 본문의 자세한 설명에 더해 제시한 작업을 단계별로 따라해볼 수 있도록 [따라해보기]를 추가했다.

실습에 필요한 환경

이 책의 모든 예제와 [따라해보기]를 실습할 때 실제 컴퓨터와 네트워크 환경을 사용하거나, 가상 컴퓨터와 가상 네트워크 환경을 사용할 수 있다. 가상 환경을 만들 경우 다음과 같은 시스템 구성을 고려하자.

1. Hyper-V 호스트 운영체제(다음 중 하나)
   - Windows Server 2012 R2 이상
   - 윈도우 8.1 Pro 이상

2. 가상 머신에 사용할 운영체제
   - 윈도우 10 Pro
   - Windows Server 2016 Standard

3. Hyper-V를 지원하는 하드웨어
   - 인텔 VT(가상화 기술) 또는 AMD-V를 지원하는 CPU
   - 8GB 이상의 메모리
   - 최소 가상 머신 4개를 만들 수 있는 여유 공간이 있는 HDD 또는 SSD

4. 작업그룹 환경 가상 머신(7장)
   - 윈도우 서버 3대
   - 윈도우 클라이언트 1대

5. 도메인 환경 가상 머신(11장~14장)
   - 도메인 컨트롤러 서버 1대
   - 도메인 멤버 서버 2대
   - 도메인 멤버 클라이언트 1대

예제 사용

이 책에서 사용한 모든 예제는 저자의 GitHub와 인사이트 출판사 홈페이지에서 다운로드할 수 있다.

예제 파일의 이름은 해당 장의 예제(EX)번호를 파일명으로 사용하는 규칙을 사용했다(예를 들어, 14장의 첫 번째 예제인 "예제 14.1"은 "Chap14EX1.ps1").

- 예제 다운로드 *https://bit.ly/3pzC3Cq*
- 저자 GitHub *https://github.com/steelflea/PracticalPowerShell*

정오표와 피드백

책을 쓰고 편집과 교정을 거치면서 여러 번 오탈자를 확인했지만, 혹시라도 오탈자를 찾았거나 내용 개선을 위한 제언을 하고 싶다면, 인사이트 오탈자 신고 페이지에서 등록할 수 있으며, 필자의 메일로도 제보할 수 있다.

확인된 오류와 개선 요청사항은 이 책의 다음 쇄에 반영할 것이다.

- 오탈자 신고 페이지 *https://bit.ly/3hzVPco*
- 저자 메일 주소 kimdokyun@outlook.com

## 1부

Practical PowerShell

파워셀의 기초와
기본 사용법

파워셀을 배울 때 튼튼한 기초를 쌓는 데 필요한 지식을 다룬다. 원하는 작업에 해당하는 파
워셀 명령을 쉽게 찾아서 사용할 수 있도록 자신감을 심어주며, 파워셀 설계 사상에 맞게 사
용하는 방법을 익힌다.

1장

처음 만나는 파워셸

최근 Windows Server(2012 R2/2016/2019/2022)와 윈도우 클라이언트 (Windows 8/8.1/10/11)를 비롯한 Microsoft SQL 서버, 백 오피스 서버 제품인 Exchange 서버, SharePoint 서버, 비즈니스용 Skype 서버, 클라우드 서비스인 마이크로소프트 애저(Azure)나 오피스 365 등을 살펴보면 공통적으로 눈에 띄는 한 가지 도구가 있다. 바로 파워셸(Powershell)이다. 파워셸은 여러 미래 전망 기관에서 언급한 데브옵스(DevOps)라는 영역의 관점에서 중요하다. 파워셸은 바로 운영과 개발의 경계에 있는 도구이기 때문이다. 특히 윈도우 인프라 분야의 관리자라면 이제 관리의 효율성과 정확성, 자동화를 위해 꼭 배워야 할 도구가 됐다.

1장에서는 다음의 내용을 학습한다.

- 파워셸 소개
- 파워셸의 역사와 운영체제 호환성
- 파워셸 버전 업그레이드
- 파워셸 세션 시작하기
- 기본 호스트 애플리케이션
- 리눅스에서 파워셸 사용하기

1.1 파워셸 소개

파워셸은 인프라 및 서비스 관리의 자동화를 위한 작업 기반 개체 지향 셸 엔진이자 스크립트 언어다. 기술적으로 명령줄 인터페이스(Command Line Interface, CLI)라고 생각하는 경우가 많지만, 명령줄 인터페이스는 파워셸과 상호작용하는 방법 중 하나일 뿐이다. 파워셸은 다른 애플리케이션 내에서 불러와 사용할 수도 있다. GUI 애플리케이션에서 작업을 수행할 때 백그라운드로 파워셸이 동작하는 식이다. 이런 의미에서 파워셸은 스크립팅 엔진이라는 말이 어울린다. 이 엔진은 규격만 맞춘다면 어떤 인터페이스에서도 사용할 수 있다.

CLI에서 직접 파워셸 엔진과 상호작용하든 셸을 내장한 GUI를 통해 상호작용하든 간에 파워셸의 아키텍처와 기능의 주목적은 관리의 일관성을 높이고 다양한 관리 작업 처리를 돕는 것이다. 그동안 윈도우 서버 관리자는 유닉스나 리눅스에서처럼 카리스마 있는 강력한 셸 엔진이 없다 보니, 여러 가지 명령줄 도구가 있음에도 불구하고 작업을 수행할 때 대개 GUI 기반 도구를 애용했다. 그러나 GUI에서 지원하지 않는 작업이거나 GUI로 처리하기에는 너무 빈번하게 반복되는 절차일 경우 관리자들은 다른 대안이 필요했다. 과거에는 이 자리를 명령 기반의 배치파일, VB 스크립트, 자바스크립트 스크립팅 엔진을 다루는 범용 호스트인 윈도우 스크립트 호스트(Windows Script Host, WSH)의 조합이 대신했다. 이러한 기존 도구들은 태생적으로 시스템 관리의 관점에서 시작된 것이 아니기 때문에 운영 관리의 효율화 측면에서 사용의 일관성도 떨어지고 기능상 부족한 점도 많았다.

파워셸은 기존 명령 프롬프트와 WSH를 통해 제공하는 기술을 모두 구사할 수 있으며 보다 정교하게 작업할 수 있다. 정교한 작업이 가능하다는 것은 다음 두 가지 이유 때문이다.

- .NET 프레임워크를 사용하기 때문에 다양한 클래스 라이브러리를 통해 파일 시스템이나 서비스, 프로세스와 같은 운영체제의 다양한 측면에

액세스할 수 있다.

- 다양한 파워셸 명령을 조합해 실행 가능한 스크립트를 만들 수 있다. 스크립트 내에는 개체와 클래스, 변수, 루프 등의 프로그래밍 구조를 사용할 수 있다. 실제 프로그램처럼 만들고 강력한 성능을 낼 수 있다.

처음 파워셸이 등장했을 때에는 제공되는 명령어 수가 적었고, 기존 GUI 관리 도구에서 수행하던 일부 기능에 한정됐다. 그러나 비약적인 발전을 통해 이제 GUI 관리 도구에서는 제공하지 않는 운영 관리 기술을 모두 파워셸 명령어로 제공한다. 파워셸의 주요 기능은 명령어로 제공되는데, 그 형태는 커맨드렛(cmdlet), 함수, 스크립트, 독립형 실행 프로그램 등 다양하다.

파워셸을 학습하다 보면 스크립트나 스크립팅이라는 단어를 자주 만난다. 스크립트는 "다수의 구문이나 명령을 한번에 실행할 수 있도록 하나의 파일에 입력한 것"을 의미한다. 파워셸의 명령줄 인터페이스에서 기존처럼 명령 프롬프트를 사용할 수도 있지만, 여러 개의 연속적인 명령을 스크립트로 만들어 실행할 수 있다. 예를 들어 변수에 데이터를 저장하는 명령을 실행한 후 다른 명령을 실행하면서 그 변수를 이용하는 경우를 생각해 볼 수 있다.

1.2 파워셸의 역사와 호환성

파워셸이라는 이름은 2006년에 처음 등장했다. 파워셸의 전신은 모나드(Monad)라는 이름의 셸로, 마이크로소프트(Microsoft)에서 2002년 명령줄 관리에 대한 새로운 접근법으로 개발한 것이다. 모나드의 공개 베타 1은 2005년 10월 11일에 나왔고, 베타 3은 2006년 1월 10일에 등장했다. 그리고 마침내 2006년 4월 25일 이름을 파워셸로 바꿨으며 2007년 1월 30일 정식 버전인 1.0을 출시했다.

파워셸 1.0을 정식으로 내장한 운영체제는 윈도우 Vista와 Windows Server 2008부터다. 현재 출시된 가장 최신 운영체제인 Windows Server

2022와 윈도우 11에 들어 있는 파워셸의 버전은 5.1인데, 파워셸 버전과 운영체제와의 관계는 표 1.1과 같다. 해당 운영체제별로 설치할 수 있는 파워셸 버전에 제약이 있으므로 주의해야 한다.

OS \ PS 버전	1.0	2.0	3.0	4.0	5.0	5.1
윈도우 XP	SP2	SP3	×	×	×	×
Windows Server 2003	SP1,R2	SP2	×	×	×	×
윈도우 Vista	설치됨	SP1,2	×	×	×	×
Windows Server 2008	설치됨	SP1	SP2 WMF3	×	×	×
윈도우 7	호환됨	설치됨	SP1 WMF3	SP1 WMF4	SP1 WMF5	SP1 WMF5.1
Windows Server 2008 R2	호환됨	설치됨	SP1 WMF3	SP1 WMF4	SP1 WMF5	SP1 WMF5.1
윈도우 8	×	포함됨	설치됨	×	×	×
Windows Server 2012	호환됨	포함됨	설치됨	WMF4	WMF5	WMF5.1
윈도우 8.1	호환됨	포함됨	호환됨	설치됨	WMF5	WMF5.1
Windows Server 2012 R2	호환됨	포함됨	호환됨	설치됨	WMF5	WMF5.1
윈도우 10	호환됨	포함됨	호환됨	호환됨	설치됨	WMF5.1
윈도우 10 1주년 업데이트	호환됨	포함됨	호환됨	호환됨	호환됨	설치됨
Windows Server 2016 / 2019 / 2022	호환됨	포함됨	호환됨	호환됨	호환됨	설치됨

표 1.1 윈도우 파워셸 버전과 윈도우 버전의 관계

사실 파워셸의 강력함이 가장 잘 반영된 버전은 3.0부터다. 기본적으로 3.0이 내장되지 않은 운영체제는 다음 경로에서 WMF 3.0(Windows Management Framework)을 다운로드해 설치할 수 있다.

http://www.microsoft.com/en-us/download/details.aspx?id=34595

여기에는 파워셸 3.0뿐 아니라 WMI(Windows Management instrumen-tation), WinRM, Open Data Protocol(OData), Internet Information Ser-vices(IIS) 확장, Server Manager Common Information Model(CIM) 공급자 업데이트도 포함돼 있다.

파워셸 3.0과 4.0은 파워셸 2.0과 하위 호환성을 제공하며 파워셸 4.0은 파워셸 3.0과 하위 호환성을 제공한다. 파워셸 5.1은 모든 버전에 대해 호환성을 제공한다. 파워셸 3.0의 WinRM 기능은 파워셸 2.0의 WinRM과 호환되므로 이 두 가지 버전은 서로 간의 관리를 위한 통신이 가능하다. 가능하면 조직 내의 모든 컴퓨터를 최신의 파워셸로 업데이트하는 것이 좋다.

> ☑ **파워셸 업그레이드는 그룹 정책을 활용하자**
>
> 새로운 파워셸의 기능을 포함하는 스크립트를 작성하고, 이 기능을 지원하지 않는 운영체제를 실행하는 시스템에서 사용한다면, 스크립트 실행이 실패한다. Active Directory 인프라를 구축한 기업의 IT 담당자라면, 그룹 정책을 사용해 최신 버전의 파워셸을 쉽게 배포할 수 있다.

파워셸 엔진 버전을 확인하는 방법

현재 사용 중인 파워셸 버전을 확인할 때는 명령줄 인터페이스에서 $PSVersionTable 명령을 실행한다. 파워셸 명령줄 인터페이스를 시작하는 방법은 "1.4 파워셸 세션 시작하기" 절을 참고하자.

그림 1.1에서 파워셸 버전 정보를 확인하는 과정을 볼 수 있다. (1)번 화면에서 실행한 명령은 여러 가지 버전 정보를 한꺼번에 보여주며, (2)번 화면처럼 명령을 실행하면 간단히 파워셸 버전만 확인할 수 있다.

그림 1.1은 Windows 10 최신 업데이트(버전 21H1)에서 실행한 것으로, 현재 5.1 버전임을 나타내고 있다.

(1) $PSVersionTable

```
PS C:\Users\dokyu> $PSVersionTable

Name                           Value
----                           -----
PSVersion                      5.1.19041.1682
PSEdition                      Desktop
PSCompatibleVersions           {1.0, 2.0, 3.0, 4.0...}
BuildVersion                   10.0.19041.1682
CLRVersion                     4.0.30319.42000
WSManStackVersion              3.0
PSRemotingProtocolVersion      2.3
SerializationVersion           1.1.0.1
```

(2) $PSVersionTable.PSVersion

```
PS C:\Users\dokyu> $PSVersionTable.PSVersion

Major  Minor  Build  Revision
-----  -----  -----  --------
5      1      19041  1682
```

그림 1.1 $PSVersionTable 명령으로 파워셸 버전 확인

☑ **버전 확인**

다음과 같은 명령을 통해서도 버전을 확인할 수 있다.

Get-Host | Select-Object Version

파워셸 명령 구조와 다양한 명령 형태는 뒤에서 자세히 다루기 때문에 지금은 간단히
명령을 실행해 보고 결과만 확인해 보자.

윈도우 파워셸과 운영체제와의 관계

운영체제별로 내장된 파워셸 버전과 별도로 설치 가능한 버전을 표 1.1에
서 살펴봤다. 파워셸의 각 버전은 기능을 코어와 네이티브로 나눈다. 여
기서 네이티브 기능은 파워셸이 동작하는 운영체제 버전에 상관없이 사
용 가능하다. 예컨대 파워셸 3.0이 지원하는 **Invoke-WebRequest**라는 명령
은 파워셸을 지원하는 윈도우 7/8.1/10/11 등의 클라이언트와 Windows
Server 등에서 공통적으로 사용할 수 있다.

파워셸의 코어 기능은 운영체제 확장성을 말하며, 이 확장성은 파워
셸 자체에서 제공하지 않는다. 예컨대 윈도우 8.1/10과 Windows Server
2012/2012 R2는 네트워크 관리와 예약 작업 관리 등에 사용할 수 있는 새
로운 명령을 지원한다. 이러한 명령은 기본적으로 파워셸 3.0 이상을 요구

하지만 파워셸 3.0 자체에 포함돼 있지는 않다. 즉 윈도우 7에 파워셸 3.0을 설치했더라도 이러한 추가 명령을 사용할 수 없다. 이러한 기능은 윈도우 8.1/10과 Windows Server 2012/2012 R2의 기술이기 때문이다. 결론적으로 똑같은 파워셸 버전이라도 최신 운영체제로 넘어갔을 때 더 나은 관리 기능을 지원받을 수 있다.

1.3 파워셸 버전 업그레이드

현재까지 업그레이드할 수 있는 정식 최신 버전은 5.1이다. 공식적으로는 윈도우 10 1주년 업데이트 버전과 Windows Server 2016 이상은 파워셸 버전이 5.1로 올라갔다. 마이크로소프트에서는 다른 버전의 운영체제에서 5.1 버전으로 올릴 수 있는 다운로드(WMF 5.1)를 제공한다. 예를 들어, Windows Server 2008 SP1과 윈도우 7 SP1에서도 버전을 업그레이드할 수 있다. 하지만 다음과 같은 요구사항을 만족해야 한다.

- .NET 프레임워크 4.5.2 이상
- WinRM 사용 설정

  파워셸 DSC(Desired State Configuration, 원하는 상태 구성)를 사용하기 위해 필요하다. 윈도우 7은 기본적으로 WinRM이 설정되어 있지 않다.

☑ **WMF(Windows Management Framework)**

WMF는 다양한 윈도우와 Windows Server에서 일관된 관리 인터페이스를 제공하는 윈도우 관리 프레임워크이자 배포 패키지다. 현재 WMF는 2.0~5.1 버전까지 릴리스되었다. WMF를 설치하면 여러 운영체제를 상호 운영할 수 있는 관리 기능이 제공된다. 윈도우 7 SP1부터 WMF가 포함되었으며, 상위 버전의 WMF로의 업그레이드도 가능하다.

운영체제 버전별 WMF 지원 현황은 다음 링크를 참고하자.

https://docs.microsoft.com/ko-kr/powershell/scripting/windows-powershell/install/installing-windows-powershell?view=powershell-7.2#upgrading-existing-windows-powershell

---

WMF 5.1 개선사항

WMF 5.1은 WMF 5.0의 마이너 업데이트이므로 주요한 개선 사항은 5.0에서 제공되고 5.1을 통해 추가적인 개선 사항을 제공하고 있다. WMF 5.1을 통해 제공되는 개선 사항은 다음과 같다.

- 로컬 관리자 권한 상승 없이 정의한 도구 집합을 실행할 수 있도록 하는 JEA(Just Enough Administration)
- 사용자 지정 형식을 만들 수 있는 파워셸 클래스
- 파워셸 스크립트와 DSC와 파워셸 클래스를 위한 디버깅 개선
- DSC(Desired State Configuration) 개선
- 트랜잭션과 로깅을 사용한 파워셸 사용 감사(auditing)
- 패키지 관리를 사용한 소프트웨어 검색 및 설치, 목록 구성
- PowerShellGet을 사용한 모듈 검색 및 설치, 목록 구성
- PowerShellGet을 사용한 스크립트 검색 및 설치, 관리
- 커뮤니티 피드백에 기반한 새로운 명령(cmdlets)과 업데이트된 명령
- 정보 스트림
- OData 끝점에 기반한 파워셸 명령 생성
- 파워셸을 사용한 네트워크 스위치 관리
- 소프트웨어 인벤토리 로깅(Software Inventory Logging, SIL)
- 로컬 사용자와 그룹 정보 관리를 위한 새로운 명령
- 서명된 모듈을 강제하고 JEA 모듈 설치를 포함하는 PowerShellGet 개선
- 패키지 관리에 컨테이너와 CBS 셋업, EXE 기반 셋업, CAB 패키지를 위한 지원 추가
- 카탈로그 서명 모듈 적용과 PowerShellGet 명령 사용 시 보안 향상

지금은 이러한 개선 사항이 와닿지 않겠지만 파워셸의 기본기를 어느 정도 익힌 다음에는 차차 이해하게 될 것이다. 당장은 이런 내용이 뭘 말하는지 모른다고 해도 조급해 할 필요는 없다.

WMF 5.1 설치 준비

WMF 5.1을 다운로드하고 설치하기 전에 운영체제 버전별로 필요한 사전 요구사항을 살펴봐야 한다. 현재 파워셸 5.1 버전으로 업그레이드가 가능한 운영체제에서 필요한 요구사항은 .net 프레임워크뿐이다.

윈도우 Vista SP2에서 Windows Server 2012 R2까지는 다음 링크에서 .NET 프레임워크 4.5.2를 먼저 설치해야 한다.

https://www.microsoft.com/ko-KR/download/details.aspx?id=42642

운영체제와 아키텍처별로 다운로드 가능한 패키지는 다음 링크에서 제공한다.

https://docs.microsoft.com/ko-kr/powershell/scripting/windows-powershell/
wmf/setup/install-configure?view=powershell-7.2

운영체제별로 필요한 필수 구성요소와 WMF 5.1 패키지 다운로드 링크를 표 1.2에 정리했다.

운영체제	사전 요구사항	다운로드 패키지와 링크
Windows Server 2012 R2		**Win8.1AndW2K12R2-KB3191564-x64.msu** *https://go.microsoft.com/fwlink/?linkid=839516*
Windows Server 2012		**W2K12-KB3191565-x64.msu** *https://go.microsoft.com/fwlink/?linkid=839513*
Windows Server 2008 R2	.NET 프레임워크 4.5.2	**Win7AndW2K8R2-KB3191566-x64.ZIP** *https://go.microsoft.com/fwlink/?linkid=839523*
윈도우 8.1		**x64:Win8.1AndW2K12R2-KB3191564-x64.msu** *https://go.microsoft.com/fwlink/?linkid=839516* **x86: Win8.1-KB3191564-x86.msu** *https://go.microsoft.com/fwlink/?linkid=839521*
윈도우 7 SP1	.NET 프레임워크 4.5.2	**x64: Win7AndW2K8R2-KB3191566-x64.ZIP** *https://go.microsoft.com/fwlink/?linkid=839523* **x86: Win7-KB3191566-x86.ZIP** *https://go.microsoft.com/fwlink/?linkid=839522*

표 1.2 운영체제와 아키텍처별 WMF 5.1 설치 정보

☑ 파워셸의 두 가지 에디션

윈도우 운영체제에서 시작한 파워셸을 마이크로소프트의 오픈 소스 전략에 따라 리눅스와 맥 OS, IoT 장치용 OS까지 확장한 전략의 결과물이 파워셸 코어다.

윈도우 파워셸(Windows PowerShell)

.NET 프레임워크(FullCLR이라고도 한다) 위에 만든 파워셸 에디션이다. .NET 프레임워크에 의존하기 때문에 윈도우에서만 사용할 수 있다. 이 책에서 파워셸이라고 지칭할 때는 바로 윈도우 파워셸을 뜻한다. 윈도우 파워셸은 powershell.exe로 시작한다. 파워셸 명령창에서 $PSVersionTable.PSEdition을 실행하면 'Desktop'으로 설정된 것을 확인할 수 있다. 윈도우 파워셸의 최신 버전은 5.1이다.

.NET 기반 기능을 사용할 때는 .NET 프레임워크 런타임에 의존한다. 따라서 윈도우 파워셸의 기능은 .NET 프레임워크(.NET Framework)와 닷넷 스탠더드(.NET Standard) 명세에서 노출하는 기능으로 제한된다.

파워셸(PowerShell)

초기에는 크로스 플랫폼 지원을 위해 .NET 프레임워크 하위 집합인 .NET 코어(CoreCLR이라고도 한다)위에 만든 파워셸 에디션을 '파워셸 코어(PowerShell Core)'라고 불렀다. 크로스 플랫폼을 위한 .NET 통합이 가속화됨에 따라 .NET Standard 2.0이 도입되고 파워셸도 최신 통합 .NET 6.0 기반으로 개발되어 많은 기존 윈도우 파워셸 모듈을 수정 없이 로드할 수 있게 되었다. 현재 시점에서 크로스 플랫폼 지원 파워셸의 최신 버전은 7.2.5이다. 현재는 '파워셸'이라고 부르며 윈도우 파워셸과 구분한다. 파워셸은 맥 OS와 리눅스에서는 pwsh로, 윈도우에서 pwsh.exe로 실행되며 윈도우 파워셸인 powershell.exe와 병행 사용할 수 있다. 파워셸의 $PSVersionTable.PSEdition을 확인하면 'Core'로 설정된 것을 확인할 수 있다.

윈도우 7 SP1의 파워셸 버전 업그레이드 절차

현재 기업에서 가장 많이 사용하는 클라이언트 운영체제 버전은 Windows 10이지만, 여전히 Windows 7을 벗어나지 못한 조직도 많다. Windows 7 SP1에서 PowerShell 5.1을 사용할 수 있도록 업그레이드해보자.

[따라해보기] **윈도우 7의 파워셸 엔진 업그레이드**

여기서 업그레이드 절차는 윈도우 7 SP1 64비트 에디션을 기준으로 설명한다.

1. 윈도우 7 SP1의 최신 업데이트를 모두 적용하면, .NET 프레임워크 4.6.1이 설치
   된다. 최신 .NET 프레임워크 버전이 설치되지 않았다면 앞서 제시한 .NET 프레
   임워크 4.5.2 다운로드 URL을 방문해 "NDP452-KB2901907-x86-x64-AllOS-
   ENU.exe"를 다운로드하고 설치한다.

그림 1.2 최신 .NET 프레임워크 설치 확인

2. 파워셸 5.1에서 제공하는 파워셸 DSC 기능을 사용하기 위해 WinRM을 설정한다.
   관리자 권한으로 파워셸 콘솔을 열고 다음 명령을 실행한다.

```
Set-WSManQuickConfig
```

그림 1.3 WinRM 설정

3. 앞서 소개한 WMF 5.1 패키지 다운로드 링크에서 윈도우 7 64비트용 WMF 5.1 패키지를 다운로드하고, 적당한 곳에 압축을 푼다. 다음 명령을 실행해 먼저 외부 스크립트를 실행할 수 있도록 실행 정책을 변경한다(스크립트 실행 정책은 8장에서 설명한다).

```
set-ExucutionPolicy RemoteSigned
```

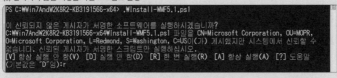

그림 1.4 스크립트 실행 정책 변경

4. 파워셸 콘솔의 프롬프트를 압축을 푼 위치로 이동하고 'Install-WMF5.1.ps1'을 실행한다.

(1) 신뢰되지 않은 서명을 가진 스크립트 실행

(2) WMF 5.1 설치 사용 조건 동의

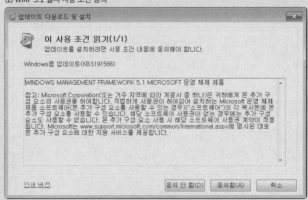

그림 1.5 WMF 5.1 패키지 설치 스크립트 실행

5. 설치를 마치고 컴퓨터를 다시 시작하고 나면 파워셸 명령 콘솔에서 파워셸의 버전이 5.1인지 확인할 수 있다.

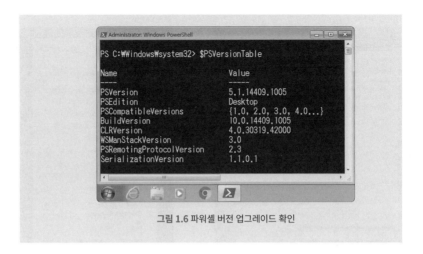

그림 1.6 파워셸 버전 업그레이드 확인

1.4 파워셸 세션 시작하기

파워셸에서 가장 자주 쓰는 파워셸 명령줄 인터페이스(CLI)를 사용하는 방법은 윈도우 버전이 달라도 비슷하지만, 파워셸 호스트 애플리케이션을 찾는 방법은 약간 차이가 있다.

파워셸 명령 창 실행하기

윈도우 7과 윈도우 8/8.1, 윈도우 10, 윈도우 11로 오면서 사용자 경험에 많은 변화가 있었다. 윈도우 7과 윈도우 10, Windows Server 2012 R2/2016/2019/2022에서 파워셸 명령줄 도구를 찾는 대표적인 방법은 다음과 같다.

- 검색 창에 "PowerShell" 키워드를 입력한 후 검색 결과를 통해 실행한다.
- 시작 메뉴에서 파워셸 명령줄 도구가 있는 애플리케이션 그룹을 직접 찾아서 실행한다. 윈도우 7의 경우 [모든 프로그램]-[보조프로그램]-[Windows PowerShell]을 클릭한 후 "Windows PowerShell" 아이콘을 클릭한다. 윈도우 10은 시작 메뉴의 사전 순 목록에서 [W] 항목을 찾고 [Windows PowerShell]을 클릭한 다음 "Windows PowerShell" 아이콘을 클릭한다.
- 작업 표시줄이나 시작 메뉴에 고정된 파워셸 명령줄 도구 아이콘을 클릭해 실행한다. Windows Server 2012 R2/2016/2019/2022에서는 파워셸 명령줄 도구 아이콘이 작업 표시줄에 고정되어 있다.

(1) 윈도우 7 SP1

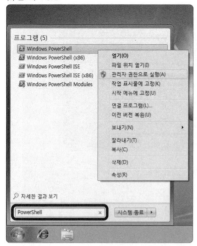

(2) 윈도우 10

(3) Windows Server 2012 R2/2016/2019

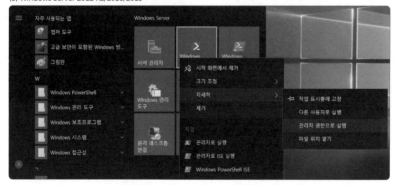

그림 1.7 파워셸 명령줄 도구 액세스

그림 1.7의 (1)과 (2)는 검색을 통해 파워셸 명령줄 도구를 찾아서 마우스 오른쪽 버튼을 클릭했을 때 나타나는 팝업 메뉴이다. [작업 표시줄에 고정]과 [시작 화면에 고정]을 선택하면 향후에 좀 더 빨리 파워셸 명령창을 실행할 수 있다. (3)번 화면은 Windows Server 2016의 시작 메뉴에 고정된 파워셸 명령 창 아이콘과 마우스 오른쪽 버튼을 클릭했을 때의 팝업 메뉴이다.

파워셸 명령 창과 세션

파워셸을 실행하면 겉모습은 텍스트 기반 콘솔에 명령줄 프롬프트가 있는 형태로 기존 DOS 콘솔과 별 차이가 없어 보인다(그림 1.8의 (1)). 사실이 파워셸 명령줄 인터페이스 자체는 명령 프롬프트와 동일한 일을 할 뿐만 아니라 DOS 명령 프롬프트처럼 동작한다. 따라서 다음과 같은 특징이있다.

- 파워셸은 cd, del, dir, echo, md, move, ren, rm, rmdir, set, sort, start 등의 표준 명령 프롬프트의 명령어와 동일한 이름으로도 동작한다. 그러나 완벽히 동일한 것은 아니다.
- 파워셸은 명령줄을 다시 호출하고 한번에 다수의 명령을 실행하기 위한표준 도스키(DOSKEY) 기술을 지원한다.
- 파워셸을 사용해 배치 파일, 스크립트, 프로그램을 실행할 수 있다.
- 파워셸은 재지정(>)과 파이프(|)를 지원한다.
- 파워셸의 시스템 메뉴(창 왼쪽 위의 아이콘)을 사용하면 명령 프롬프트창처럼 텍스트를 선택하고 복사, 붙여넣기 등을 수행할 수 있다.

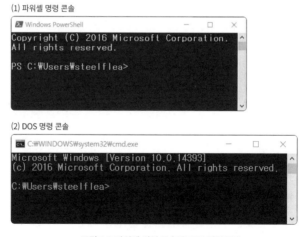

(1) 파워셸 명령 콘솔

(2) DOS 명령 콘솔

그림 1.8 파워셸 명령 콘솔과 DOS 명령 콘솔

☑ **파워셸에서 세션이란?**

파워셸 명령 콘솔을 하나 실행한 것을 두고 보통 파워셸 세션이 열렸다는 표현을 쓴다. 이 세션이라는 용어는 IT를 업으로 하는 사람이 흔히 쓰는 말인데, 정작 그 정의를 명확히 이해하는 이는 드물다. 그렇다면 세션의 진정한 의미는 무엇일까?

세션은 일정 시간 동안 동일한 사용자가 보내는 일련의 요청을 하나의 상태로 보고 그 상태를 일정하게 유지하는 기술이다. 예컨대 사용자가 현재 실행한 하나의 웹 브라우저 인스턴스를 통해 웹 서버에 접속해 작업을 시작한 후 그 웹 브라우저 인스턴스를 종료한 시점까지를 하나의 세션이라고 한다.

사용자가 파워셸 명령줄 인터페이스를 시작한 것을 두고 하나의 파워셸 세션이 열렸다고 하는 것은 사용자가 이 세션에서 주고 받은 모든 명령이 하나의 상태로 유지된다는 뜻이다. 여기서 실행하는 파워셸 스크립트도 하나의 세션 내에서 돌아가므로 스크립트 내의 변수 등은 이 세션에서 다른 명령을 통해 액세스할 수 있다.

1.5 유용한 파워셸 도구

파워셸 엔진과 상호작용하는 방법에는 윈도우 운영체제에 내장된 기본 호스트 애플리케이션을 사용하는 방법과 마이크로소프트 제품을 설치할 때 포함되는 전용 파워셸 애플리케이션을 이용하는 방법, 타사에서 공급하는 파워셸 유틸리티를 이용하는 방법이 있다.

이 절에서는 윈도우에서 제공하는 두 가지 기본 파워셸 호스트 애플리케이션과 파일 탐색기에서 유용하게 사용하는 [여기에 PowerShell 창 열기] 기능을 소개한다.

파워셸 명령 콘솔

윈도우에서 제공하는 기본 파워셸 호스트 애플리케이션으로 명령줄 인터페이스를 제공한다. 앞서 여러 번 등장했으니 이젠 익숙해졌을 것이다.

파워셸 명령 콘솔은 간결하고 단순한 환경을 제공한다. 콘솔 기능은 윈도우 8.1(Windows Server 2012 R2) 이전과 윈도우 10(Windows Server 2016) 이후 사이에 변화가 많다. 예를 들어 윈도우 10의 새로운 콘솔에서는 다른 소스에서 텍스트를 Ctrl+c로 복사한 후 Ctrl+v로 바로 붙여 넣을 수 있게 되었다. 이 도구에서도 광범위한 파워셸 기능을 제공하는데, 셸 작업을 텍스트로 기록해 파일에 저장하는 기능도 지원한다.

(1) 옵션

(2) 글꼴

(3) 레이아웃

(4) 색

그림 1.9 파워셸 콘솔 창의 속성(윈도우 10)

파워셸 명령 콘솔의 왼쪽 상단에 있는 아이콘을 마우스 오른쪽 버튼으로
클릭해 [속성]을 선택해보자. 그림 1.9에서 [옵션]과 [글꼴], [레이아웃], [색] 탭
의 화면을 볼 수 있다.

1. [옵션] 탭

가운데 [편집 옵션]은 콘솔에서 빈번하게 일어나는 편집 작업을 이전 버
전보다 편리하게 하도록 해준다. 특히 [빠른 편집 모드]를 사용하면 명령

창의 특정 영역을 드래그하고 마우스 오른쪽 버튼을 클릭해서 빠르게 복사할 수 있다.

[Ctrl 바로 가기 키 사용]을 선택하면 명령 창에서 [Ctrl] 키와 조합한 복사 (Ctrl+C)와 붙여넣기(Ctrl+V) 등을 바로 수행할 수 있다.

2. [글꼴] 탭

특히 괄호와 꺾쇠괄호, 단일 인용부호, 왼쪽 그레이브 기호(`)처럼 혼동하기 쉬운 문자의 경우 여기서 적절한 글꼴로 변경하는 것이 좋다. 텍스트의 가독성을 위해 글꼴의 크기와 색상도 적절히 변경하자.

3. [레이아웃] 탭

일반적으로 화면 버퍼의 너비와 창 크기의 너비는 동일한 값을 설정한다. [크기 조정 시 텍스트 출력 줄 바꿈] 체크 상자를 선택하면 명령 콘솔의 너비를 줄일 경우 자동으로 텍스트 출력을 줄바꿈해 보여준다.

4. [색] 탭

화면의 배경색과 글자색을 변경해 읽기 편하게 만들거나 화면 캡처 등을 인쇄할 때 잉크를 절약할 수도 있다. 콘솔 창의 불투명도를 조절할 수도 있어 제한된 화면의 디스플레이에서 여러 가지 창이 겹쳐 있는 경우 유용하다.

PowerShell ISE

Powershell ISE(Integrated Scripting Environment)는 Visual Studio에서 제공하는 편리한 개발환경처럼 스크립트를 편리하게 작성할 수 있는 통합 스크립팅 환경이다. 윈도우에서 제공하는 기본 파워셸 호스트 애플리케이션으로, 뛰어난 편집 기능과 명령 콘솔, 상호작용을 제공하는 WPF(Windows Presentation Foundation) 애플리케이션이다.

다음의 4가지 방법으로 PowerShell ISE를 실행할 수 있다.

- 검색 창에서 powershell ise를 입력하고 결과 목록에서 선택
- 파워셸 명령 콘솔에서 ise를 입력하고 실행
- 실행 창에서 powershell ise를 입력하고 실행

- 시작 메뉴에서 직접 찾아서 실행. 윈도우 10의 경우 시작 메뉴의 사전 순 목록에서 [W] 항목을 찾고 [Windows PowerShell]을 클릭한 후 "Windows PowerShell ISE" 아이콘 클릭

ISE는 풍부한 편집 기능과 인텔리센스(IntelliSense)를 이용한 명령 제안, 코드 완성 기능, 구문 색 지정 등을 제공할 뿐만 아니라 더블 바이트 문자 집합을 모두 지원한다. 스크립트를 작성할 때 필수적인 기능인 테스트와 디버깅 기능을 시각적으로 지원하기 때문에 콘솔에서 작업하는 방식에 비해 상당한 생산성 향상을 얻을 수 있다. PowerShell ISE의 장점 중 하나로 확장성을 들 수 있다. 필요에 따라 마이크로소프트나 서드파티에서 만든 좋은 추가 기능을 사용할 수 있어서 얼마든지 더 강력한 개발 도구로 탈바꿈시킬 수 있다. 게다가 무료다!

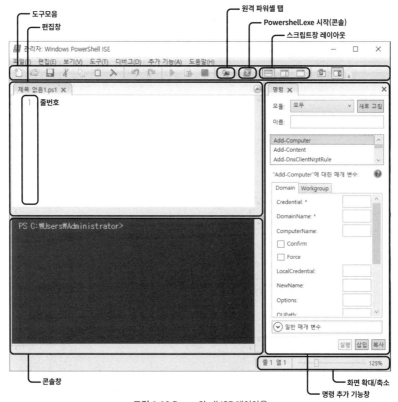

그림 1.10 PowerShell ISE 레이아웃

ISE의 화면 구조는 크게 편집 창과 콘솔 창, 명령 추가 기능의 3가지 영역으로 나뉜다. 이들 3가지 영역은 필요에 따라 배치를 바꾸거나 특정 영역을 제거할 수도 있다(그림 1.10).

ISE를 좀 더 고급스럽게 사용하는 방법에 관해서는 뒤에서 파워셸 스크립트 작성을 설명할 때 다시 다룰 것이다.

여기에 PowerShell 창 열기

이 도구는 윈도우 7 이상에서 기본으로 지원하는 [여기서 명령 창 열기] 기능의 파워셸 버전이다. 윈도우 10 이상을 사용하는 경우 파일 탐색기에서 [Shift] 키를 누른 채 특정 폴더를 마우스 오른쪽 버튼으로 클릭했을 때 [여기에 PowerShell 창 열기] 메뉴를 선택할 수 있다. 이 기능 덕택에 매번 해당 경로를 다시 찾아가야 하는 수고를 덜었다.

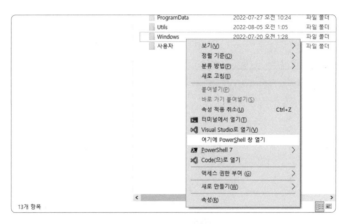

그림 1.11 여기에 PowerShell 창 열기 메뉴

[따라해보기] **여기에 PowerShell 창 열기 사용하기**

1. 파일 탐색기에서 [Shift] 키를 누른 채 c:\windows 폴더를 선택하고 마우스 오른쪽 버튼을 클릭한 다음 [여기서 PowerShell 창 열기] 메뉴를 클릭한다(그림 1.11).

2. 파워셸 콘솔 창이 실행되고 기본으로 c:\windows 폴더를 표시하는지 확인한다.(그림 1.12)

그림 1.12 windows 폴더 경로에서 실행된 파워셸 콘솔 창

1.6 리눅스에서 파워셸 사용하기

2016년 8월 18일 마이크로소프트는 파워셸을 오픈소스로 전환한다고 발표했다. 윈도우의 전유물이 될 것으로 보았던 파워셸이 이제 리눅스와 맥에서도 돌아가기 때문에 파워셸은 다양한 운영체제와 서비스를 관리하고 자동화할 수 있는 멋지고 강력한 도구가 되었다.

현재까지 공식적으로 최신 파워셸 7.X를 지원하는 리눅스와 맥 OS의 버전은 다음과 같다.

- 우분투 LTS 16.04+
- 데비안 9
- CentOS 7
- 페도라 30+
- 알파인 리눅스3.8+
- Red Hat Enterprise Linux(RHEL)
- macOSX 10.13+

오픈소스로 전환된 파워셸은 다음의 GitHub 주소에서 확인할 수 있다.

https://github.com/PowerShell/PowerShell/releases/

다음 실습을 통해 우분투 20.04 LTS 버전에 파워셸을 설치하는 방법을 배워보자.

따라해보기 Ubuntu 20.04 LTS에 최신 파워셸 설치

마이크로소프트는 2017년 2월에 많은 사람들이 선호하는 패키지 관리도구인 apt-get을 사용해 파워셸을 설치할 수 있도록 했다. 이 실습은 apt-get을 사용해 파워셸을 설치하는 단계를 안내한다. 이때, 사용하는 우분투 데스크톱은 인터넷에 연결되어 있어야 한다.

Ubuntu 20.04 LTS에 해당하는 최신 릴리스 패키지는 "powershell-lts_7.2.5-1.deb_amd64.deb"이다.

1. 대상 우분투 터미널에 연결한다(원격인 경우 SSH 접속, 로컬인 경우 우분투 데스크톱이나 로컬 터미널).

2. 패키지 목록을 업데이트한다.

   sudo apt-get update

3. 필수 구성 요소 패키지를 설치한다.

   sudo apt-get install -y wget apt-transport-https software-properties-common

그림 1.13 패키지 목록 업데이트 및 필수 구성 요소 패키지 설치

4. 마이크로소프트 리포지토리 GPG 키를 다운로드하고 이 키를 등록한다.

```
wget -q "https://packages.microsoft.com/config/ubuntu/$(lsb_
release -rs)/packages-microsoft-prod.deb"

sudo dpkg -i packages-microsoft-prod.deb
```

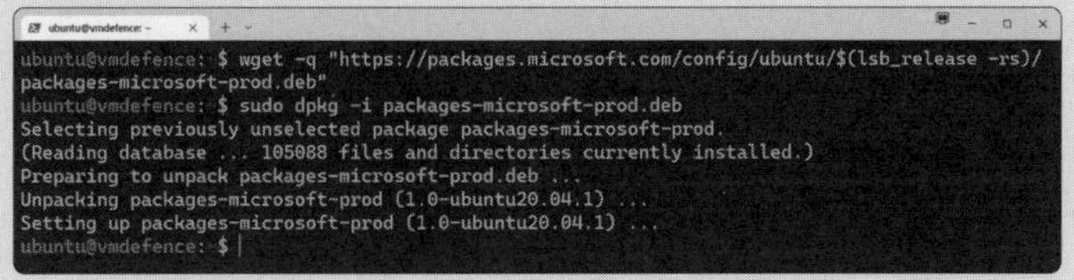

그림 1.14 리포지토리 GPG 키 다운로드 및 등록

5. 마이크로소프트 리포지토리가 추가된 후 이를 반영하는 패키지 목록을 업데이트
   한다.

```
sudo apt-get update
```

6. 최신 파워셸을 설치하고 시작한다.

```
sudo apt-get install -y powershell

pwsh
```

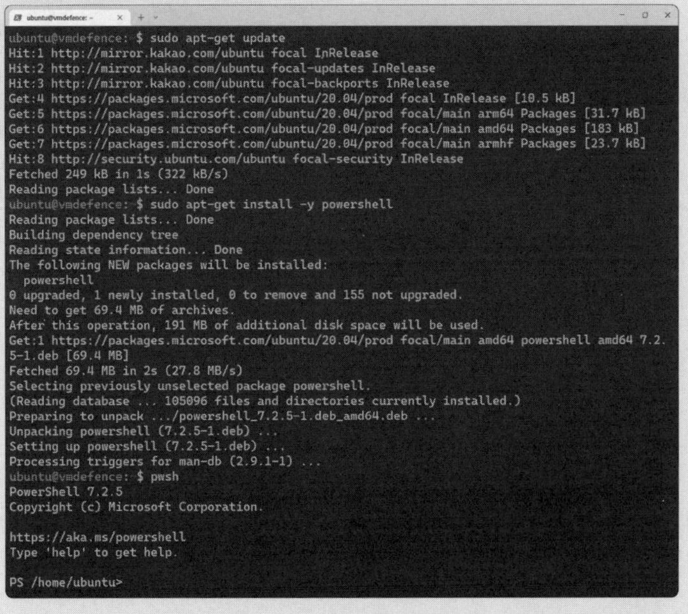

그림 1.15 파워셸 설치 및 실행

7. 파워셸이 성공적으로 실행되었다면, 터미널에서 현재 리눅스에서 실행 중인 전체
   프로세스 목록을 가져오는 다음 명령을 입력하고 실행해보자.

Get-Process

에러 없이 명령이 잘 실행되었다면, 이제 리눅스에서도 파워셸을 사용할 수 있게
된 것이다.

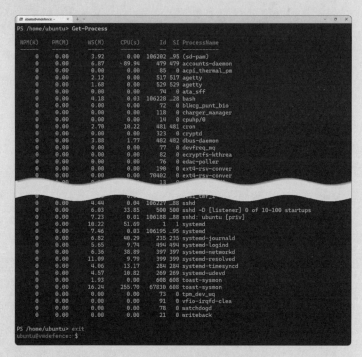

그림 1.16 Ubuntu 20.04 LTS에서 파워셸 사용

1.7 정리

지금까지 파워셸을 처음 다루면서 알아두어야 할 내용을 설명했다.

　파워셸의 등장 배경과 파워셸의 발전 과정, 운영체제별 파워셸 호환성을 정리했으며, 더 진보된 기능을 사용하기 위해 파워셸을 업그레이드하는 방법을 살펴봤다. 파워셸을 처음 시작할 때 어떤 도구로 어떻게 시작해야 하는지 자세히 설명했고, 오픈소스가 된 파워셸을 리눅스에서 사용하는 방법까지 알아보았다. MAC OS 사용자라면 1장의 내용을 바탕으로 파워셸을 설치해 보고 사용하기 바란다.

2장

파워셸 명령 기본

파워셸의 명령은 DOS 명령 프롬프트와 구분해서 cmdlet('커맨드렛'이라고 발음한다)이라고 한다. cmdlet은 특정 작업의 여러 가지 옵션을 하나의 항목으로 캡슐화시킨 파워셸 컴포넌트이며 엑셀의 워크시트 함수와 유사하다.

윈도우에서 제공하는 cmdlet은 Visual Basic이나 C# 같은 .NET 프레임워크 기반의 프로그래밍 언어로 작성해 .DLL 확장자를 가진 .NET 프레임워크 어셈블리에 물리적으로 패키징한 것이다. 파워셸 콘솔(PowerShell. exe)을 실행하면 이 콘솔 자체에 명령을 포함하고 있는 것은 아니며, 자동으로 사용할 수 있는 몇 가지 모듈과 스냅인을 로드하고 여기서 제공하는 명령을 사용하는 것뿐이다.

2장에서는 다음의 내용을 학습한다.

- 파워셸의 명령 형식
- 파워셸의 도움말 시스템 활용하기
- 파워셸 명령 구문의 구조
- 모듈과 스냅인

☑ **cmdlet(커맨드렛) 또는 파워셸 명령(어)**

DOS 명령어(DOS Command)와 구분해 파워셸 커맨드렛이라고 부르지만, 호칭이 익숙하지 않고 대부분의 윈도우 엔지니어들이 '파워셸 명령(어)'라고 부르기 때문에,

이 책에서는 앞으로 '파워셸 명령(어)' 또는 그냥 "명령(어)"라고 쓰겠다.

2.1 파워셸 명령의 기본 형식

윈도우에서 기본으로 제공하는 것이든 오픈소스로 다른 OS에 설치한 것이든 서드파티 제품에서 제공하는 명령이든, 지금부터 사용할 많은 파워셸 명령은 모두 동일한 형식을 갖는다.

파워셸 명령을 사용하다 보면 명령어의 구조가 상당히 간결하고 모르는 명령도 추정하기 쉬운 구조라는 점을 깨닫게 될 것이다. 파워셸 명령의 일반적인 구조는 다음과 같다.

동사-명사(Verb-Noun)

여기서 '명사' 부분은 대상 개체를 말하며, '동사' 부분은 대상 개체에 실행하는 동작이다. 예를 들어 Out-File과 같은 파워셸 명령은 파일이라는 대상으로 출력하는 동작을 한다. 참고로 파워셸은 대소문자를 구분하지 않는다.

파워셸 명령 구조에서 동사 부분은 엄격히 통제된 동사 목록(중학교 수준의 동사다)을 사용하고 명사 부분은 보통 해당 서비스와 애플리케이션, 운영체제의 기능과 주로 관련된다.

파워셸 명령은 그 자체만으로 실행하는 경우도 있지만, 대부분의 명령은 다양한 옵션을 필수 또는 선택적으로 사용한다. 명령의 특성에 따라 짧은 명령도 있지만, 제법 긴 명령도 많다. 자주 사용하는 파워셸 명령은 별칭으로 간략화해 이용할 수도 있다. 예를 들어 w32time이라는 서비스와 관련된 정보를 반환하는 구문은 다음과 같다.

```
Get-Service -Name w32time
```

조금 전의 파워셸 구문을 별칭을 사용해서 표시하면 다음과 같으며, 동일한 결과를 얻을 수 있다.

```
gsv w32time
```

별칭은 아니지만 Get은 파워셸의 기본 동사이므로, 동사 부분에 Get을 사용하는 경우 명령을 입력할 때 Get- 부분을 떼어내고 명사 부분을 바로 입력해서 실행할 수 있다. 예를 들어 Get-Help 또는 Help 두 가지는 같은 결과를 출력한다. 즉, 같은 명령이다.

> **☑ 매개변수 vs 스위치**
>
> 앞서 파워셸 명령에는 다양한 옵션이 있다고 했다. 옵션은 크게 두 가지로 나뉜다. 값이 필요한 경우와 값 없이 단독으로 사용하는 경우다. 값이 꼭 필요한 경우의 옵션을 여기서는 매개변수라 하고, 값이 반드시 필요하지 않은 옵션의 경우를 스위치라고 한다.

별칭 시스템

기본적으로 운영체제와 애플리케이션에 기본 제공하는 내장된 별칭이 있으며, 필요에 따라 사용자가 별칭을 만들 수도 있다. 1장에서 파워셸 명령 콘솔에서 사용할 수 있다고 언급한 기존의 DOS 표준 명령(cd나 dir, del, echo, md, move, ren 등)은 사실 모두 파워셸 명령의 별칭이다. 예를 들어, 리눅스에서 많이 사용하는 ls(DOS의 dir) 명령을 파워셸 콘솔에서도 사용할 수 있는데, 사실 이 명령은 그림 2.1에서 확인할 수 있듯이 Get-ChildItem의 별칭일 뿐이며, 실제 세부 옵션을 사용하는 방법은 다르다.

그림 2.1 Get-ChildItem의 별칭 목록

> **⚠ 스크립트에서 별칭 사용**
>
> 파워셸 명령을 일련의 스크립트를 작성해서 재사용할 목적이라면 별칭 사용은 권장하지 않는다. 각 시스템별로 혹시라도 상이한 별칭을 갖게 된다면 해당 스크립트가 동작하지 않을 수 있다.

별칭을 다루는 파워셸 명령은 다음과 같다.

- Get-Alias

  현재 세션의 전체 별칭 목록 또는 특정 별칭 목록을 보여준다. 윈도우의 기본 제공 별칭과 사용자 지정 별칭 등이 포함된다.

- New-Alias

  사용자 지정 별칭을 만들 수 있다. 기본적으로 현재 세션이나 윈도우 파워셸 실행 중에만 유효하다.

- Set-Alias

  현재 세션에서 파워셸 명령이나 다른 명령 요소에 대한 별칭을 만들거나(해당 별칭이 없는 경우) 변경한다.

- Export-Alias

  현재 정의된 별칭 정보를 지정한 파일로 내보내기 한다. 기본 값은 csv 파일 형식이며, 스크립트 파일로 내보낼 수 있다(-As script).

- Import-Alias

  별칭 파일에서 현재 세션으로 별칭을 가져온다. 이미 있는 경우에는 별칭을 사용할 수 없다는 경고를 표시한다. 강제로 덮어쓰고 싶은 경우 -Force 옵션을 사용한다. 별칭 파일 가져오기를 통해 기존 별칭을 삭제할 수는 없으며, 별칭 파일에서 기존 별칭을 수정하면 새로운 별칭이 만들어진다.

☑ **별칭 삭제는 Romove-Item 명령으로**

별칭의 삭제를 위한 명령이 없는 점이 의아할 수 있다. 파워셸은 별칭을 별도의 저장소에 넣고, 저장소를 다루는 명령(*'-Item)으로 처리하도록 하고 있다.

   별칭의 삭제는 6장에서 파워셸 드라이브 시스템을 설명할 때 [따라해보기]를 통해 실습해볼 것이다.

[따라해보기] **별칭 시스템 사용**

여기서는 별칭 시스템에서 제공하는 파워셸 명령을 사용해 별칭 목록을 확인하고 새로운 별칭 생성, 설정, 내보내기, 가져오기 등을 실습한다.

1. 파워셸 콘솔을 실행하고, 전체 별칭 목록을 확인한다.

   ```
   Get-Alias
   ```

2. ls 별칭에 대한 목록을 가져온다.

   ```
   Get-Alias -Name ls
   ```

3. Get-ChildItem에 대한 별칭 목록을 가져온다.

   ```
   Get-Alias -definition Get-ChildItem
   ```

4. 파일의 내용을 읽어 출력하는 파워셸 명령인 Get-Content의 새로운 별칭 gec를 만든다.

   ```
   New-Alias -Name gec - Value Get-Content
   ```

5. gec의 기존 별칭 대상을 Get-Content에서 Get-Credential로 변경한다.

   ```
   Set-Alias -Name gec -Value Get-Credential
   ```

6. 지정한 위치에 현재 세션의 별칭 목록을 MyAlias.csv라는 파일로 내보낸다.

   ```
   Export-Alias -Path C:\PowerShell_Lab\MyAlias.csv
   ```

7. MyAlias.csv 파일을 메모장으로 열어 마지막 줄의 gec를 gcr로 수정한 다음 이 파일에서 별칭 목록을 다시 가져온다.

   ```
   Import-Alias -Path C:\PowerShell_Lab\MyAlias.csv -Force
   ```

기존 gec 별칭이 변경되지 않고 새로운 gcr 별칭이 만들어진다.

가져오기는 기존 별칭 자체는 변경하지 않으며 그 별칭의 대상만 변경한다. 내보내기한 별칭 목록 파일을 수정하고 가져오기하더라도 수정이 아니라 새로운 별칭으로 만들어진다.

2.2 파워셸 도움말 시스템

리눅스나 유닉스의 강력한 도움말 시스템을 사용하는 man 명령처럼, 파워셸에서도 잘 만들어진 도움말 시스템을 제공한다. 파워셸 버전이 올라감에 따라 애플리케이션이나 서비스에서 지원하는 명령도 점점 많아진다. 파워셸 명령을 잘 사용하려면 이 도움말을 적극적으로 활용해야 한다. 따라서 파워셸에서 도움말 사용 방법을 익히는 것은 정말 중요하다.

도움말 확인하기

파워셸 도움말 시스템을 다룰 때 가장 자주 사용하게 될 명령이 Get-Help 또는 Help다. Get-Help는 몇 가지 스위치를 사용해 해당 파워셸 명령에 관한 내용의 표시 수준을 제어할 수 있다. 기본 형식은 다음과 같다.

```
Get-Help -Name [-detailed | -examples | -full | -online]
```

각 스위치에 대해 간략히 정의하면 다음과 같다. 스위치를 명시적으로 정의하지 않으면 기본 값이 적용된다. 그림 2.2에서 그림 2.6은 각 스위치별 사용 결과다.

- default
  기본 값이며, 명령에 대한 설명과 구문 형식을 표시한다.

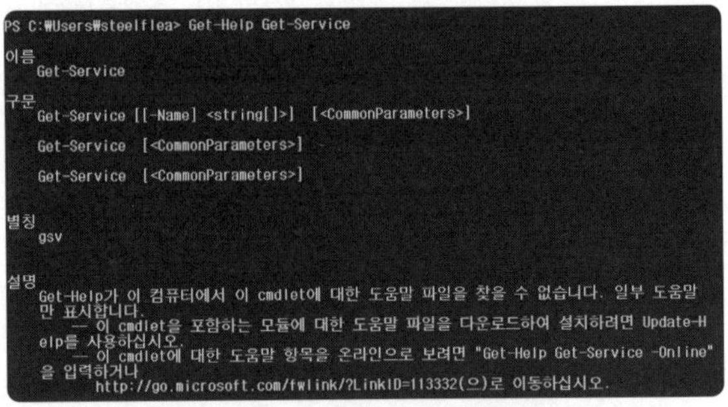

그림 2.2 명시적인 스위치 없이(default) Get-Help 실행

- examples
  파워셸 명령에 대한 사용 용례를 표시한다.

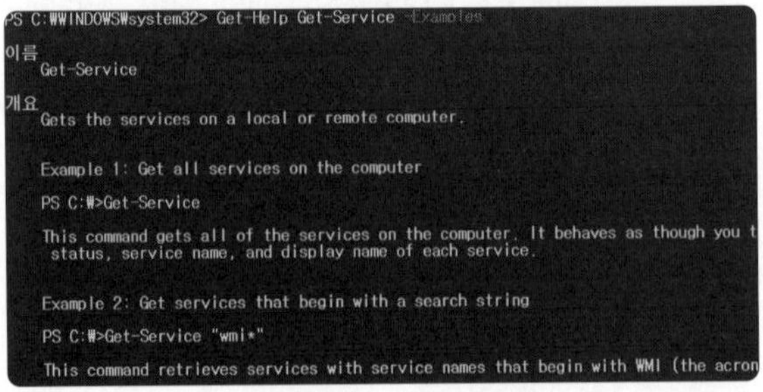

그림 2.3 Get-Help -Examples

- detailed

파워셸 명령에 대한 자세한 도움말을 표시한다. 사용 용례와 전체 문서를 표시한다.

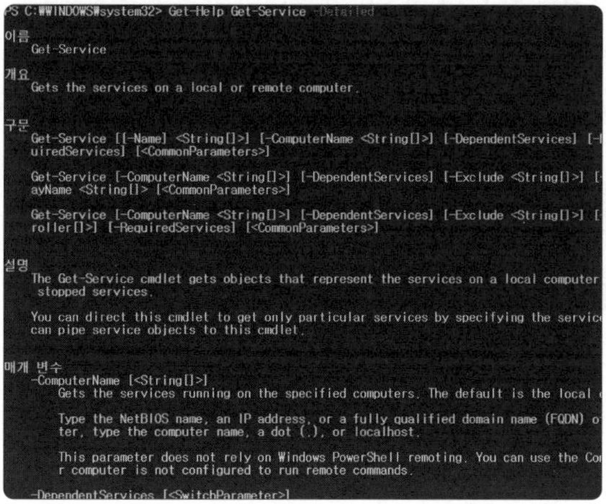

그림 2.4 Get-Help -Detailed

- full

자세한 매개변수와 반환 값 데이터 형식, 사용 용례를 포함해 명령의 기술적 세부사항을 표시한다.

그림 2.5 Get-Help -Full

- online

마이크로소프트 사이트(*http://docs.microsoft.com*)에서 파워셸 명령의 최신 내용을 표시한다. 파워셸 명령의 도움말이 모두 한글화되어 있지 않으므로, 윈도우의 지역 및 언어 설정이 한국어인 경우 한글화되지 않은 명령의 도움말 페이지는 표시되지 않는다. 이 경우는 검색 엔진을 통해 해당 파워셸 명령을 검색해보기 바란다.

그림 2.6 Get-Help -Online

도움말 업데이트하기

현재 설치된 파워셸의 내장 도움말은 업데이트가 가능하다. 마이크로소프트에서는 도움말을 업데이트할 수 있는 Update-Help라는 파워셸 명령을 제공한다. 이 명령을 사용하면 윈도우 파워셸 모듈에 대한 가장 최신 도움말 파일을 다운로드하고 컴퓨터에 설치한다(그림 2.7).

그림 2.7 파워셸 도움말 업데이트

Update-Help를 단독으로 사용하면 현재 세션의 모듈과 PSModulePath 환경 변수로 지정된 위치에 설치된 모든 모듈에 대한 도움말을 업데이트한다. Update-Help에 주로 사용하는 매개변수로는 다음과 같은 것들이 있다.

- Module

  특정 모듈을 지정하면 그 모듈에 대한 도움말을 업데이트할 수 있다. 예를 들어 서버 관리자와 로컬 계정 관리 모듈을 업데이트하고 싶다면 다음과 같다.

  ```
  Update-Help –Module ServerManager, Microsoft.PowerShell.LocalAccounts
  ```

- UICulture

  여러 언어와 지역의 도움말 파일을 다운로드할 수 있다. 이 매개변수의 값으로는 ko-KR처럼 하나 이상의 언어 코드를 지정한다. 예를 들면 다음과 같다.

  ```
  Update-Help –UICulture ko-KR, en-US
  ```

- Credential

  SourcePath로 지정한 파일 시스템 위치에 접근할 때 필요한 권한을 가진 사용자에 대한 자격 증명을 지정한다. 파워셸 콘솔을 관리자 권한으로 실행하지 않은 경우에는 이 매개변수로 관리자 권한이 있는 자격 증명을 지정해야 한다.

- SourcePath

  최신 도움말 파일을 인터넷에서 다운로드하지 않고, 이 매개변수의 값으로 지정한 위치에서 도움말 파일을 업데이트한다. 예를 들면 다음과 같다.

  ```
  Update-Help –SourcePath \\Server01\Share\Help –Credential Dokyun-
  PC\steelflea
  ```

Windows PowerShell ISE를 사용하는 경우에는 그림 2.8과 같이 ISE의 [도움말]-[Windows PowerShell 도움말 업데이트]를 통해서 업데이트할 수 있다.

도움말을 로컬에 저장하기

망 분리 환경이나, 기타 다른 이유로 인터넷에 직접 연결할 수 없는 환경의

(1) ISE의 도움말 업데이트 메뉴

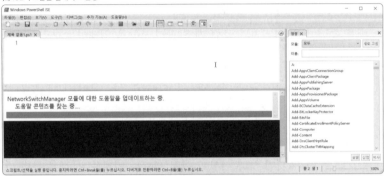

(2) ISE의 도움말 업데이트 진행

그림 2.8 ISE의 도움말 업데이트

서버나 클라이언트는 별도로 다운로드한 뒤 로컬에서 직접 업데이트해야 한다. 이런 경우를 대비해 준비해 놓은 파워셸 명령이 Save-Help다. 이 명령을 이용하면 최신 파워셸 모듈에 대한 도움말 파일을 다운로드하고 지정한 위치에 저장할 수 있다.

Save-Help의 주요 매개변수는 앞서의 Update-Help와 비슷하지만, 다음의 한 가지 매개변수를 더 고려해야 한다.

- DestinationPath

  도움말 파일이 저장될 폴더의 경로를 지정한다. 파일 이름이나 파일 이름 확장자를 지정하지 않는다. 예를 들면 다음과 같다.

  ```
  Save-Help -Module ServerManager -DestinationPath "C:\PowerShell_
  Lab\SavePSHelp" -Credential Dokyun-PC\steelflea
  ```

Save-Help 명령으로 저장한 도움말 파일의 모습은 그림 2.9의 (2)와 같다. Update-Help 명령의 -SourcePath 매개변수 값으로 도움말 파일이 저장된 폴더 경로를 지정하면 업데이트할 수 있다.

[따라해보기] **도움말 파일 저장 후 직접 업데이트**

현재 파워셸 모듈에 대한 도움말 파일을 C:\PowerShell_Lab\SavePSHelp에 저장하고 해당 폴더의 도움말 파일을 직접 업데이트해보자. 각 결과는 그림 2.9를 참고하자.

1. C:\PowerShell_Lab\ 경로 아래에 SavePSHelp라는 폴더를 만든 다음 파워셸 콘솔 창을 관리자 권한으로 실행한다.

2. 앞서 만든 폴더에 현재 설치된 파워셸 모듈에 대한 한국어 및 영문 도움말을 저장하는 명령을 실행하고 완료 후에 결과를 확인한다.

```
Save-Help -DestinationPath "C:\PowerShell_Lab\SavePSHelp"
-UICulture en-US, ko-KR
```

3. 저장한 도움말 파일의 위치에서 Net으로 시작하는 파워셸 모듈에 대한 최신 도움말을 모두 업데이트한다. 한글로 제공되는 해당 도움말이 없어서 언어권 지원에 대한 에러가 표시되면 영어 버전을 설치한다.

```
Update-Help -Module Net* -UICulture en-US -SourcePath "C:\
PowerShell_Lab\SavePSHelp"
```

(1)최신 도움말을 로컬 드라이브에 저장

(2) 저장한 도움말의 모습

(3) 로컬에 저장한 도움말 직접 업데이트

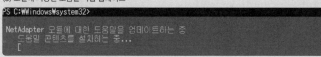

그림 2.9 파워셸 도움말 직접 업데이트

Update-Help와 Save-Help에 대한 추가 옵션과 설명은 파워셸 도움말을 확인해보자.

도움말 보는 방법

파워셸 명령은 보통 여러 가지 옵션을 제공하고 어떤 옵션에 어떤 값을 제공하는가에 따라 결과가 달라질 수 있다. 사용할 명령의 도움말을 보고 어떻게 사용할 수 있는지를 잘 이해해야 시간과 노력을 아낄 수 있다. 파워셸 명령의 별칭을 만드는 New-Alias 명령의 도움말(그림 2.10)을 통해 각 부분의 의미를 살펴보자.

그림 2.10 파워셸 명령 도움말의 구조

① 이름: '동사-명사' 구조로 표시되는 파워셸 명령 이름

② 개요: 명령이 수행하는 동작의 개요를 설명한다.

③ 구문: 명령에 사용할 수 있는 다양한 옵션, 즉 매개변수와 스위치 집합을 표시한다. 매개변수와 스위치 이름을 감싸는 대괄호([])는 표시 여부를 선택할 수 있다. 데이터 형식을 감싸는 꺾쇠(<>)는 값에 대한 위치 개체 틀이다.

　특정 매개변수의 값으로 여러 개의 값을 전달할 수 있다. 예를 들어 매개변수로 전달하는 데이터 형식이 <string[]>와 같은 형식인 경우, 뒤에 붙는 []는 하나 이상의 문자열 형식의 값을 매개변수 값으로 전달할 수 있음을 나타낸다.

　매개변수의 종류는 다음과 같다.

- 필수 매개변수: 명령에 반드시 매개변수와 값을 제공해야 한다.
- 위치 매개변수: 따로 매개변수명을 입력하지 않고 값만 제공하더라도 해당 값이 제공된 위치에 따라 매개변수를 자동으로 인식한다. 위치 매개변수는 [-Name]처럼 매개변수명만 대괄호로 감싼 형식으로 표시하며, 구문에서 필수 매개변수이다.
- 선택 매개변수: 필요에 따라 선택적으로 사용한다. 구문에서 매개변수와 값을 모두 대괄호로 감싼 경우다.
- 스위치: 값이 필요하지 않고 매개변수 이름을 단독으로 사용할 수 있는 경우를 말한다.

New-Alias 명령의 도움말의 구문 섹션에서 매개변수 종류를 구분해보면 다음과 같다.

a. Name은 필수 매개변수이지만 매개변수 이름은 생략하고 값만 제공할 수 있는 위치 매개변수이기도 하다.

b. Description은 선택 매개변수이며 이 매개변수를 선언하면 반드시 값을 제공해야 한다.

c. Confirm과 WhatIf 매개변수는 값을 제공하지 않는 스위치다. 즉, 온/오프 스위치라고 보면 된다.

d. Option 매개변수에 제공하는 값들을 중괄호로 감싸고 값을 'ㅣ'로 구분한 것은 값 집합에서 하나의 값만 선택할 수 있다는 의미다.

e. CommonParameters는 대부분의 명령에 공통으로 사용하는 일반 매개변수를 말한다. 예를 들면, Verbose와 Debug, ErrorAction, ErrorVariable과 같은 것으로, 뒤에서 다시 설명할 것이다.

④ 설명: 파워셸 명령의 기능에 대해 자세히 설명하고, 상호작용할 수 있는 명령들에 대한 정보도 제공한다.

⑤ 매개변수: 파워셸 명령에 사용할 수 있는 매개변수 목록과 각 매개변수의 역할을 설명하고 다음과 같은 특성을 제공한다.

- 필수 여부: 필수 매개변수인지 여부를 결정하는 불(boolean) 값 제공.
- 위치: 위치 매개변수로 사용하는 경우는 매개변수의 위치 번호가 표시되며, 그렇지 않은 경우는 named가 표시된다.
- 기본값: 매개변수에 값을 전달하지 않는 경우, 기본 값이 정의되어 있다면 사용한다.
- 파이프라인 입력 적용 여부: 파이프라인 입력을 적용할 수 있는지 여부를 결정하는 불 값 제공. 뒤에서 자세히 다룬다.
- 와일드카드 문자 적용 여부: '*'나 '?'와 같은 와일드 카드의 적용 여부를 결정하는 불 값 제공.

⑥ 입력: 명령에 파이프로 넘길 수 있는 개체의 형식을 나타낸다.

⑦ 출력: 명령의 실행 결과로 나올 수 있는 개체의 형식을 나타낸다.

⑧ 참고: 명령을 사용하는 방법에 대한 몇 가지 예제를 제공한다.

⑨ 관련 링크: 해당 명령에 대한 온라인 도움말의 위치를 제공하며, 관련 있는 파워셸 명령의 목록도 제공한다.

파워셸 명령을 찾고 빠르게 익히는 방법

윈도우에서 제공하는 많은 파워셸 명령 중에서 원하는 명령을 찾아 해당
명령의 사용법을 숙지하는 시나리오를 생각해보자. 이 시나리오에서 알아
야 하는 두 가지 명령은 get-command와 get-help다. 이 두 가지 명령만 알
고 있다면 원하는 명령을 찾아서 사용하는 데 어려움이 없다.

우선 get-command에서는 -verb와 -noun 매개변수의 사용법을 숙지하면
된다. -verb는 명령의 동사 부분을, -noun은 명령의 명사 부분을 찾을 수
있으며, 여기에 와일드카드(*, ?)를 사용할 수 있다.

예를 들어, 네트워크 설정과 관련된 명령 중에서 정보를 조회하는 명령
을 찾고 싶다면, 일반적으로 Net이라는 키워드(명사, 대상)와 Get(동사, 동
작)이라는 키워드를 떠올릴 수 있다. 이 경우 다음과 같은 구문으로 관련
명령을 모두 찾아낼 수 있다.

```
Get-Command -Verb Get* -Noun Net*
```

그림 2.11에서 실행 결과의 일부를 볼 수 있다.

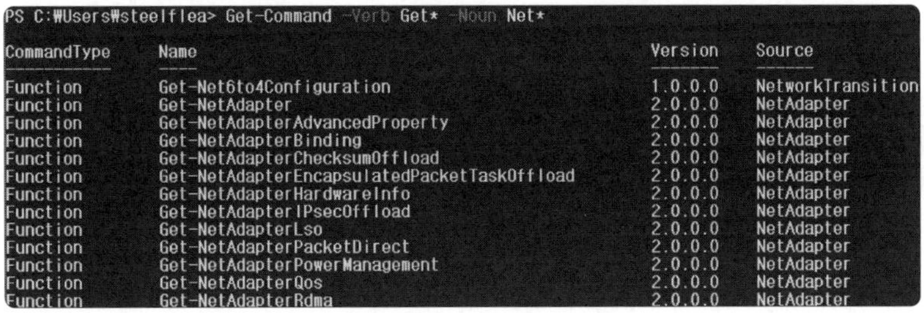

그림 2.11 네트워크 관련 명령 찾기

이들 명령 중에서 원하는 것을 찾았다면, 그 명령의 사용법을 확인해볼 차
례다. 예를 들어 네트워크 어댑터에 대한 정보를 알고 싶다면, 해당 명령이
Get-NetAdapter일 것이라고 짐작할 수 있으므로, 다음과 같은 구문으로 도
움말을 찾아서 상세한 사용법을 알아낼 수 있다.

```
Get-Help Get-NetAdapter -full
```

그림 2.12에서 실행결과의 일부를 볼 수 있다.

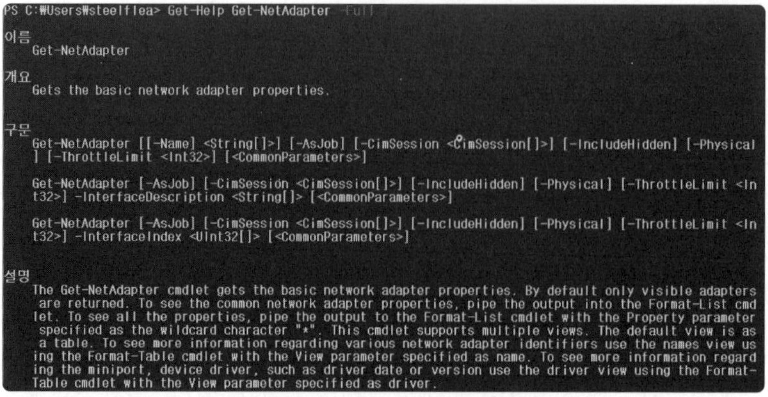

그림 2.12 Get-NetAdapter 명령의 도움말 표시

[따라해보기] **이벤트 로그 확인**

응용 프로그램 이벤트 로그에서 최신 이벤트 로그 10개를 가져오는 명령을 만들어 보자.

1. 먼저 관련 명령이 무엇인지 알아보자. 명령의 명사 부분에 해당하는 단어로 'eventlog'를 생각해볼 수 있다. 다음과 같이 와일드카드를 사용해 구문을 실행한다.

   `Get-Command -Noun *eventlog*`

2. 그림 2.13의 (1)에서 로그를 확인하는 명령이 Get-EventLog임을 짐작할 수 있다. 따라서 다음과 같은 구문으로 사용법을 확인해보자.

   `Get-Help Get-EventLog -Full`

   그림 2.13의 (2)에서 도움말을 확인해 보면 필수 매개변수로 LogName을 지정해야 하고 최신 로그는 Newest 선택 매개변수를 사용해야 함을 알 수 있다.

3. 이제 원하는 결과를 얻기 위해 필요한 내용을 알아냈으니 다음과 같이 명령 구문을 구성할 수 있다.

   `Get-EventLog -LogName Application -Newest 10`

   이 구문을 실행하면 그림 2.13의 (3)과 유사한 결과를 출력한다.

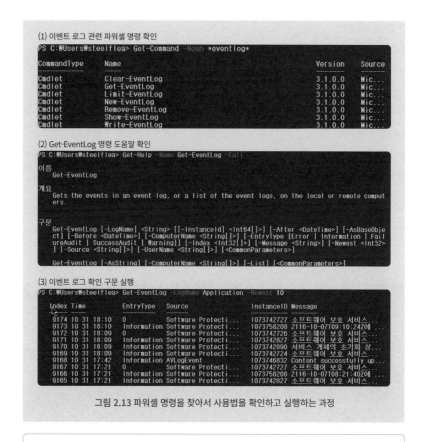

(1) 이벤트 로그 관련 파워셸 명령 확인

```
PS C:\Users\steelflea> Get-Command -Noun *eventlog*

CommandType     Name                                    Version    Source
Cmdlet          Clear-EventLog                          3.1.0.0    Mic...
Cmdlet          Get-EventLog                            3.1.0.0    Mic...
Cmdlet          Limit-EventLog                          3.1.0.0    Mic...
Cmdlet          New-EventLog                            3.1.0.0    Mic...
Cmdlet          Remove-EventLog                         3.1.0.0    Mic...
Cmdlet          Show-EventLog                           3.1.0.0    Mic...
Cmdlet          Write-EventLog                          3.1.0.0    Mic...
```

(2) Get-EventLog 명령 도움말 확인

```
PS C:\Users\steelflea> Get-Help -Name Get-EventLog -Full

이름
    Get-EventLog

개요
    Gets the events in an event log, or a list of the event logs, on the local or remote comput
    ers.

구문
    Get-EventLog [-LogName] <String> [[-InstanceId] <Int64[]>] [-After <DateTime>] [-AsBaseObje
    ct] [-Before <DateTime>] [-ComputerName <String[]>] [-EntryType {Error | Information | Fail
    ureAudit | SuccessAudit | Warning}] [-Index <Int32[]>] [-Message <String>] [-Newest <Int32>
    ] [-Source <String[]>] [-UserName <String[]>] [<CommonParameters>]

    Get-EventLog [-AsString] [-ComputerName <String[]>] [-List] [<CommonParameters>]
```

(3) 이벤트 로그 확인 구문 실행

```
PS C:\Users\steelflea> Get-EventLog -LogName Application -Newest 10

Index Time          EntryType    Source              InstanceID Message
9174 10 31 18:10    0            Software Protecti... 1073742727 소프트웨어 보호 서비스...
9173 10 31 18:10    Information   Software Protecti... 1073758208 2116-10-07T09:10:24Z에 ...
9172 10 31 18:09    0            Software Protecti... 1073742726 소프트웨어 보호 서비스...
9171 10 31 18:09    Information   Software Protecti... 1073742827 소프트웨어 보호 서비스...
9170 10 31 18:09    Information   Software Protecti... 1073742890 서비스 개체의 초기화 상...
9169 10 31 18:09    Information   Software Protecti... 1073742724 소프트웨어 보호 서비스...
9168 10 31 17:42    Information   AVLogEvent          1073746832 Content successfully up...
9167 10 31 17:21    0            Software Protecti... 1073742727 소프트웨어 보호 서비스...
9166 10 31 17:21    Information   Software Protecti... 1073758208 2116-10-07T08:21:40Z에 ...
9165 10 31 17:21    Information   Software Protecti... 1073742827 소프트웨어 보호 서비스...
```

그림 2.13 파워셸 명령을 찾아서 사용법을 확인하고 실행하는 과정

☑ **파워셸 구문에서 공백**

파워셸 구문을 실행할 때 에러를 만드는 가장 빈번한 실수 두 가지를 꼽는다면, 오타와 공백이다.

둘 중에 공백에 대해서는 몇 가지를 알아둬야 한다. 셸은 공백 문자를 명령과 명령의 매개변수, 매개변수와 그 값을 표현할 때 구분자로 사용한다. 공백이 필요한 곳에서는 공백은 한 칸 이상이면 동일하다. 문제는 공백을 허용하지 않는 곳에 공백을 넣거나 공백이 필요한 곳에 공백을 넣지 않아서 발생한다.

파워셸 명령 구문 단축

파워셸 명령 구문이 너무 긴 경우 줄여서 사용할 수 있다. 이렇게 줄일 때는 다음의 4가지 방법을 사용한다.

- 파워셸 명령 전체 이름 대신 별칭 사용
- 위치 매개변수 이용(매개변수 이름 생략)
- 약식 매개변수 이름 사용(매개변수 이름 단축)
- 매개변수 별칭 사용

여기서 매개변수 별칭은 다음과 같은 명령으로 확인할 수 있다.

```
(Get-Command "PowerShell cmdlet 이름").parameters.values | Select-
Object name, aliases
```

이 구문에는 아직 설명하지 않은 요소들도 포함되어 있지만, 뒤에서 설명할 것이다. 지금은 이렇게 사용하면 해당 명령의 각 매개변수에 대한 별칭을 확인할 수 있다는 정도만 확인하자(그림 2.14).

```
PS C:\Users\steelflea> (Get-Command Get-Service).parameters.values | Select-Object name, aliases

Name                    Aliases

Name                    {ServiceName}
ComputerName            {Cn}
DependentServices       {DS}
RequiredServices        {SDO, ServicesDependedOn}
DisplayName             {}
Include                 {}
Exclude                 {}
InputObject             {}
Verbose                 {vb}
Debug                   {db}
ErrorAction             {ea}
WarningAction           {wa}
InformationAction       {infa}
ErrorVariable           {ev}
WarningVariable         {wv}
InformationVariable     {iv}
OutVariable             {ov}
OutBuffer               {ob}
PipelineVariable        {pv}
```

그림 2.14 파워셸 명령의 매개변수 별칭 확인

예를 들면 윈도우 오디오 서비스에 대한 내용을 조회하는, 다음과 같은 일반적인 구문이 있다고 하자.

```
Get-Service -Name Audiosrv -ComputerName MyCom
```

이 구문은 다음과 같이 단축시킬 수 있다.

```
Gsv Audiosrv -Comp MyCom    (별칭 명령과 위치 매개변수, 약식 매개변수)
Gsv Audiosrv -CN MyCom      (별칭 명령과 위치 매개변수, 매개변수 별칭)
```

이렇게 명령 구문을 단축시킬 때 한 가지 주의할 점은 이런 방식이 입력은 최소화시킬지 모르지만 오히려 구문의 가독성은 떨어질 수 있다는 사실이다. 스크립트를 작성하거나 외부에 공유하는 경우에는 이런 방식을 권장하지 않는다.

> **☑ Confirm과 WhatIf**
>
> 파워셸 명령은 한번 실행하고 나면 실행 중에 되돌리기 어렵다. 따라서 실행하는 명령이 시스템에 영향을 끼치는 경우 신중하게 다뤄야 한다.
>
> 이런 경우 -Confirm 스위치를 사용하면 파워셸 엔진에서 작업의 실행 여부를 한번 더 물어본다. 그리고 -WhatIf 스위치를 사용하면 실제로 영향을 끼치지 않고 명령 실행 자체를 시뮬레이션해볼 수 있다.

2.3 모듈과 스냅인으로 파워셸 확장

파워셸은 확장성이 좋은 환경을 제공한다. 개발자라면 애플리케이션이나 서비스 등을 만들고 이를 위한 파워셸 명령을 만들 수 있다. 내가 만든 파워셸 명령을 다른 사람과 공유할 수도 있고 다른 사람이 만든 명령을 가져다 쓸 수도 있다.

파워셸의 모든 명령과 공급자는 스냅인이나 모듈로 제공되며 모듈에는 함수와 별칭, 변수, 드라이브와 같은 다른 파워셸 도구를 포함할 수도 있다. 자신이 작성한 애플리케이션의 파워셸 명령을 공유하고자 한다면 모듈이나 스냅인을 만들어야 한다.

모듈

모듈(Module)은 파워셸 2.0에서 소개한 모델이며 윈도우 파워셸에서 사용할 수 있는 명령과 다른 항목을 패키지(어셈블리)로 만들어 제공하거나 스크립트에서 정의할 수 있다. 모듈의 주목적은 파워셸 코드의 재사용과 추상화를 위한 구조를 만드는 데 있다. 9장에서 파워셸 스크립트를 모듈로 만드는 방법은 별도로 소개한다. 파워셸에서는 4가지 형식의 모듈을 제공한다.

- 스크립트 모듈: 함수와 변수 등의 파워셸 코드를 포함하는 스크립트 파일을 '.psm1'이라는 확장자로 저장한 경우를 의미한다. 이 형식의 모듈

을 개발하는 사람을 스크립트 개발자라 한다.

- 바이너리 모듈: C#과 같은 언어로 컴파일한 코드를 포함하는 .NET 프레임워크 어셈블리(.dll)다. 이 형식의 모듈을 개발하는 사람을 파워셸 명령(cmdlet) 개발자라고 한다. 파워셸 명령과 공급자 등을 공유할 때 이런 형식의 모듈을 사용한다. 스크립트 모듈과 비교해 더 빠르며 스크립트로 만들기 쉽지 않은 기능(멀티 스레드)을 사용할 수 있다.
- 매니페스트 모듈: 모듈의 모든 구성요소를 기술한 매니페스트 파일[1]을 사용하는 모듈이다. 코어 어셈블리나 스크립트는 포함하지 않는다. 의존성 모듈을 적재하거나 특정 스크립트를 사전 처리할 수 있다.
- 동적 모듈: 이 모듈은 파일에서 올리거나 파일로 저장할 수 없다. 스크립트에서 동적으로 만들어지는 모듈이다. 근본적으로 잠깐 사용할 목적으로 수명 주기가 짧은 모듈이다. 따라서 Get-Module 명령으로 확인할 수 없다.

모듈을 사용하려면 모듈 셋업 프로그램을 실행하거나 해당 모듈을 디스크에 저장한 후에, 이 모듈의 명령과 항목을 사용할 수 있다. 예를 들어 Windows Server 2016에서 'Active Directory 도메인 서비스' 역할을 설치하면 이때 Active Directory 관련 파워셸 명령을 다룰 수 있는 모듈이 설치된다.

시스템에서 모듈을 가져오는 두 가지 기본 위치가 있다. 다음의 첫 번째 위치는 시스템 전역 설정으로 사용되는 위치이며 시스템의 모든 사용자가 사용할 수 있다.

```
%windir%\system32\WindowsPowerShell\v1.0\Modules
```

다음의 두 번째 위치는 해당 사용자의 프로필에 정의된 것으로 프로필 사용자만 사용할 수 있다.

```
%USERPROFILE%\Documents\WindowsPowerShell\Modules
```

모듈을 다루는 파워셸 명령은 다음과 같다. 각 명령의 자세한 사용법은 앞

---

[1] 매니페스트 파일이란 일반적으로 응용 프로그램이나 어셈블리를 실행하는 데 필요한 정보(구성 정보 등)를 별도 파일에 기술해 리소스로 포함하거나 외부 파일로 제공하는 문서를 말하며, 대부분 XML 형식의 문서를 사용한다.

서 설명한 파워셸 도움말 사용법을 참고하자.

- Get-Module: 현재 세션으로 가져온 모듈과 가져올 수 있는 모듈을 확인한다.
- Import-Module: 사용하려는 명령이 들어있는 모듈을 현재 세션으로 가져온다.
- Remove-Module: 현재 세션에서 더 이상 사용하지 않는 모듈을 제거한다.
- New-Module: 스크립트 블록(|| 내에 작성하는 일련의 명령)에서 동적 모듈을 만드는 데 사용한다. 동적 모듈은 메모리에만 있고 디스크에는 존재하지 않는다. 현재 세션에서만 유효하다.

[따라해보기] **기본 모듈 명령 사용**

현재 파워셸 세션에서 가져올 수 있는 모듈을 확인하고 DNS 클라이언트 모듈을 올린다. DNS 클라이언트 모듈에서 제공하는 명령 중 우리가 자주 사용하는 NSLookup 명령과 같은 동작을 수행하는 명령을 확인하고 "www.microsoft.com" 레코드를 조회해본다.

1. 다음 명령으로 현재 파워셸 세션에 적재된 모듈을 확인한다. 그림 2.15의 (1)과 같은 결과를 확인할 수 있다.

    Get-Module

2. 다음 명령으로 파워셸 세션에 올릴 수 있는 모듈 목록을 확인한다. 그림 2.15의 (2)에서 결과의 일부를 볼 수있다.

    Get-Module -ListAvailable

3. 다음 명령 구문으로 DNS 클라이언트 모듈을 올린다.

    Import-Module -Name DnsClient

4. 다음 명령 구문으로 모듈 적재 후 사용할 수 있는 목록을 확인한다. 그림 2.16의 (1)과 같은 결과를 확인할 수 있다.

    Get-Command -Module DnsClient

5. 다음 명령 구문으로 원하는 DNS 레코드를 확인한다. 그림 2.16의 (2)에서 실행 결과의 일부를 볼 수 있다.

```
Resolve-DnsName -Name www.microsoft.com
```

(1) 가져온 현재 모듈 확인

```
PS C:\Users\steelflea> Get-Module

ModuleType Version    Name                            ExportedCommands

Binary     1.0.0.0    CimCmdlets                      {Export-BinaryMiLog, Get-CimAss...
Manifest   3.1.0.0    Microsoft.PowerShell.Management  {Add-Computer, Add-Content, Che...
Manifest   3.1.0.0    Microsoft.PowerShell.Utility    {Add-Member, Add-Type, Clear-Va...
Manifest   2.0.0.0    NetAdapter                      {Disable-NetAdapter, Disable-Ne...
Script     3.4.0      Pester                          {AfterAll, AfterEach, Assert-Mo...
Script     1.2        PSReadline                      {Get-PSReadlineKeyHandler, Get-...
Manifest   2.0.0.0    Storage                         {Add-InitiatorIdToMaskingSet, A...
```

(2) 가져올 수 있는 모듈 확인

```
PS C:\Users\steelflea> Get-Module -ListAvailable
    디렉터리: C:\WINDOWS\system32\WindowsPowerShell\v1.0\Modules

ModuleType Version    Name                            ExportedCommands

Manifest   1.0.0.0    AppBackgroundTask               {Disable-AppBackgroundTaskDiagn...
Manifest   2.0.0.0    AppLocker                       {Get-AppLockerFileInformation, ...
Manifest   1.0.0.0    AppvClient                      {Add-AppvClientConnectionGroup,...
Manifest   2.0.0.0    Appx                            {Add-AppxPackage, Get-AppxPacka...
Script     1.0.0.0    AssignedAccess                  {Clear-AssignedAccess, Get-Assi...
Manifest   1.0.0.0    BitLocker                       {Unlock-BitLocker, Suspend-BitL...
Manifest   2.0.0.0    BitsTransfer                    {Add-BitsFile, Complete-BitsTra...
Manifest   1.0.0.0    BranchCache                     {Add-BCDataCacheExtension, Clea...
Manifest   1.0.0.0    CimCmdlets                      {Get-CimAssociatedInstance, Get...
Manifest   1.0        ConfigCI                        {Get-SystemDriver, New-CIPolicy...
Manifest   1.0        Defender                        {Get-MpPreference, Set-MpPrefer...
Manifest   1.0.0.0    DirectAccessClientComponents    {Disable-DAManualEntryPointSele...
Script     3.0        Dism                            {Add-AppxProvisionedPackage, Re...
Manifest   1.0.0.0    DnsClient                       {Resolve-DnsName, Clear-DnsClie...
Manifest   1.0.0.0    EventTracingManagement          {New-EtwTraceSession, Get-EtwTr...
Manifest   1.0.0.0    HgsClient                       {Get-HgsAttestationBaselinePoli...
```

그림 2.15 파워셸 모듈 확인

(1) DnsClient 모듈의 파워셸 명령 목록

```
PS C:\Users\steelflea> Get-Command -Module DnsClient

CommandType   Name                            Version    Source

Function      Add-DnsClientNrptRule           1.0.0.0    DnsClient
Function      Clear-DnsClientCache            1.0.0.0    DnsClient
Function      Get-DnsClient                   1.0.0.0    DnsClient
Function      Get-DnsClientCache              1.0.0.0    DnsClient
Function      Get-DnsClientGlobalSetting      1.0.0.0    DnsClient
Function      Get-DnsClientNrptGlobal         1.0.0.0    DnsClient
Function      Get-DnsClientNrptPolicy         1.0.0.0    DnsClient
Function      Get-DnsClientNrptRule           1.0.0.0    DnsClient
Function      Get-DnsClientServerAddress      1.0.0.0    DnsClient
Function      Register-DnsClient              1.0.0.0    DnsClient
Function      Remove-DnsClientNrptRule        1.0.0.0    DnsClient
Function      Set-DnsClient                   1.0.0.0    DnsClient
Function      Set-DnsClientGlobalSetting      1.0.0.0    DnsClient
Function      Set-DnsClientNrptGlobal         1.0.0.0    DnsClient
Function      Set-DnsClientNrptRule           1.0.0.0    DnsClient
Function      Set-DnsClientServerAddress      1.0.0.0    DnsClient
Cmdlet        Resolve-DnsName                 1.0.0.0    DnsClient
```

(2) DNS 레코드 조회

```
PS C:\Users\steelflea> Resolve-DnsName -Name www.microsoft.com

Name                      Type  TTL  Section  NameHost

www.microsoft.com         CNAME 14   Answer   www.microsoft.com-c-2.edgekey.net
www.microsoft.com-c-2.edgekey.net                       CNAME 14   Answer   www.microsoft.com-c-2.edgekey.net.glo
                                                                            balredir.akadns.net
www.microsoft.com-c-2.edgekey. CNAME 14   Answer   e2847.dspb.akamaiedge.net
net.globalredir.akadns.net

Name      : e2847.dspb.akamaiedge.net
QueryType : AAAA
TTL       : 14
```

그림 2.16 DnsClient 모듈의 명령 확인과 사용

> **따라해보기** **동적 모듈 사용**

New-Module 명령으로 간단한 동적 모듈을 만들고 시험해보자.

1. 다음의 명령 구문으로 HelloModule이라는 동적 모듈을 만든다. Function 키워
   드는 함수를 만드는 데 사용한다. 이 키워드는 스크립트 작성을 다룰 때 다시 설
   명한다.

   ```
   New-Module -ScriptBlock {function HelloModule {"Hello Module
   World!"}}
   ```

   이 구문을 실행하면 그림 2.17의 (1)에서처럼 동적 모듈임을 나타낸다.

2. 그림 2.17의 (2)를 보면 파워셸 콘솔 창에서 방금 만든 동적 모듈의 함수이름
   "HelloModule"을 입력하고 실행한다.

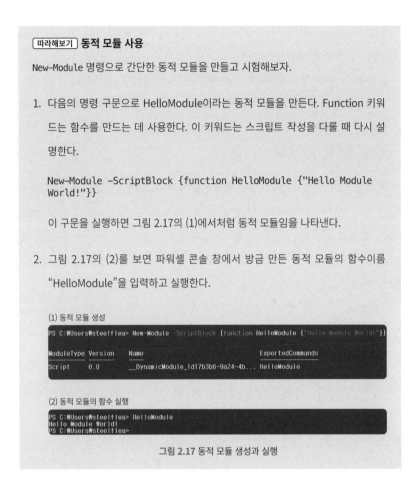

(1) 동적 모듈 생성

```
PS C:\Users\steelflea> New-Module -ScriptBlock {function HelloModule {"Hello Module World!"}}

ModuleType Version    Name                                ExportedCommands
Script     0.0        __DynamicModule_1d17b3b6-9a24-4b... HelloModule
```

(2) 동적 모듈의 함수 실행

```
PS C:\Users\steelflea> HelloModule
Hello Module World!
PS C:\Users\steelflea>
```

그림 2.17 동적 모듈 생성과 실행

스냅인

스냅인, 정확히 파워셸 스냅인(PSSnapin)은 파워셸 1.0에서 셸 확장을 위
해 제공한 초기 모델이며 여전히 파워셸 v2와 v3에서 사용할 수 있다. 스
냅인도 파워셸 명령과 공급자를 구현한 동적 링크 라이브러리(dll)다.

스냅인은 .NET 언어로 작성하고 어셈블리로 패키징해서 InstallUtil.exe
로 설치한다. 설치한 이후에 해당 스냅인의 명령과 공급자를 윈도우 파워
셸 세션에 추가해서 사용하면 된다. 스냅인과 관련된 명령은 다음과 같다.

- Get-PSSnapin: 현재 세션에 추가되었거나 시스템에 등록된 윈도우 파워셸 스냅인을 검색한다.
- Add-PSSnapin: 등록된 파워셸 스냅인을 현재 세션에 추가한다.
- Remove-PSSnapin: 현재 세션에서 파워셸 스냅인을 제거한다. 윈도우 파워셸과 함께 설치된 스냅인은 제거할 수 없으며 이후에 추가한 스냅인만 제거할 수 있다.

결정적으로 마이크로소프트는 개발자들에게 이 스냅인 모델을 사용하지 말고 모듈 모델을 사용하라고 권고했다. 아직까지는 서드파티 확장을 스냅인 모델로 제공하는 경우가 많지만, 향후에는 모듈 방식으로 전환될 것이다. 파워셸 스냅인 명령에 대한 자세한 설명은 파워셸 도움말을 확인해 보기 바란다.

2.4 정리

2장에서는 파워셸 명령을 다룰 때 알아야 할 중요한 기초를 다뤘다. 파워셸의 명령 구조는 기존의 다른 셸에서 보았던 명령어와 달리 기억하기 쉽고 추정하기 쉽도록 만들었다. 파워셸의 명령 구조를 이해하고 구문의 사용 방법을 익힐 때 가장 중요한 자원이 도움말 시스템이다. 도움말 시스템에서 제공하는 정보를 이해하고 활용할 수 있을 때 파워셸의 강력함에 비로소 발을 담글 수 있다. 마지막으로 개발자나 서드파티 제품 공급자들이 필요에 따라 기존 파워셸을 확장할 수 있는 모델을 살펴봤다. 여기서는 스크립트 모듈을 잠깐 소개했지만, 9장에서 스크립트 모듈을 만들고 사용하는 방법을 자세히 설명할 것이다.

3장

파이프라인 시스템

유닉스나 리눅스에서 오랫동안 셸을 만져온 사람에게 파이프라인 시스템
이 얼마나 중요한지 얘기하는 것은 숨을 쉬어야 하는 이유를 찾는 것처럼
덧없는 이야기다. 파워셸의 강력함과 유용성도 바로 파이프라인 시스템에
서 시작한다. 파이프라인 시스템 덕분에 여러 명령을 조합해서 마치 하나
의 명령처럼 실행할 수 있다.

3장에서는 다음과 같은 내용을 살펴본다.

- 파워셸 명령의 실행 결과인 개체
- 파이프라인 시스템의 기본 개념
- 파이프라인에서 파워셸 명령 동작 방식

3.1 개체

파워셸에서 파이프라인을 어떻게 사용하는지 알아보기 전에 꼭 짚고 넘어
가야 할 개념이 있다. 바로 파워셸 명령의 결과가 어떤 형식인가 하는 부분
이다.

파워셸에서 제공하는 모든 명령을 실행한 결과물의 형식은 '개체[1]'다. 이
개체는 메모리상의 데이터 구조로 생각해볼 수 있다. 예를 들어 Get-Process

---

[1] 마이크로소프트 언어 포털에서는 Object의 표준 번역어를 '개체'로 제안하고 있다. 윈도우 인프라를
    다루는 엔지니어에게는 개체라는 용어가 익숙하다.

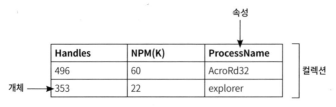

그림 3.1 Get-Process 실행 결과의 일부

의 실행 결과는 그림 3.1과 같은 테이블의 구조로 메모리에 존재한다고 볼 수 있다.

마치 표나 엑셀의 스프레드시트와 같은 출력이지만, 파워셸에서는 이런 테이블 형식인 복수의 데이터를 개체의 컬렉션 또는 단순히 **컬렉션**이라고 한다. 이렇듯 파워셸의 실행 결과는 여느 다른 명령줄 셸과 아주 다르다. 유닉스나 리눅스 명령 셸의 매개변수의 값과 결과는 일반적으로 텍스트 형식이지만, 파워셸은 매개변수와 실행 결과가 .NET 개체다.

파워셸의 개체나 컬렉션 같은 용어는 기존 윈도우 시스템 엔지니어에게는 낯선 용어일 수 있지만, 프로그래머에게는 아주 익숙한 용어이기도 하다. 어찌 보면 데브옵스(DevOps)의 시작은 서로 간에 사용하는 용어의 간격을 메우는 작업이 먼저일 것이다.

개체의 개념

프로그래머라면 개체라는 용어를 대할 때 직관적으로 속성과 메서드 등의 여러 가지 멤버를 포함하는 개념으로 받아들인다. 그러나 시스템 엔지니어에게는 개체라는 개념이 이해하기 어려울 수 있다.

요즘 사용되는 많은 프로그래밍 언어 중에서 오래 전에 나왔지만 지금도 현역으로 활발하게 활동 중인 언어가 C 언어다. C 언어가 등장했을 때 기존 언어와 비교해 개발의 편리성과 생산성을 높여주었기 때문에 고급 프로그래밍 언어의 범주로 구분했다. 일반적으로 C 언어의 프로그래밍 방법을 구조적(또는 절차적) 프로그래밍이라고 한다. 하지만 현실에서 요구하는 문제를 소프트웨어를 통해 해결하려고 시도하는 프로그래머들이 보기에 C 언어는 너무 복잡했다. C 언어를 사용한 프로그래밍 방식은 데이터와 처리를 별도로 다루는 방식으로 코드를 작성하다 보니, 데이터보다는 처리에 집중

하게 되어 코드의 복잡성이 높아졌다. 이런 데이터 접근성의 골치 아픈 문제를 해결하고자 하는 움직임이 일었고 그 해결책으로 등장한, 보다 진보적인 프로그래밍 방법론이 객체 지향이다.

객체 지향 방법은 데이터와 데이터를 처리하는 절차를 하나의 단위로 묶어 놓고, 같은 단위에 속해 있는 코드를 통해 접근하게 함으로써 데이터를 중요하게 다루도록 하는 방법이다. 이 '객체 지향 방법'에서 핵심은 개체(object)다. 그래서 개체의 개념을 직관적으로 이해하는 것이 아주 중요하다.

개체는 단독으로 존재하는 것만으로는 의미가 없기 때문에, 해당 개체에 어떤 동작을 유발하는 또 다른 개체가 있어야 한다. 한 개체가 다른 개체와 상호작용하는 대표적인 방법은 메시지를 주고받는 것이다. 결국 프로그래밍은 개체와 개체 간의 관계를 논리적으로 구현하는 것이다.

파워셸 명령의 실행 결과가 개체라는 말은 한 명령의 결과와 다른 명령의 결과가 상호 관계성을 가질 수 있다는 뜻이며, 개체의 정의에서처럼 한 개체 안에 포함된 특성, 행위, 정체성으로 개체 자체를 제어할 수 있다는 말이다.

개체를 다루는 일은 추상화의 수준을 다루는 일이기도 하다. 예를 들어 보편적 개념의 자동차라는 개체와 전기 자동차, 가솔린 자동차, 디젤 자동차 등으로 더 구체화된 대상(객체 지향 프로그래밍에서 이를 상속 관계라고 한다)을 생각해 볼 수 있다. 전자는 부모 개체, 후자는 자식 개체가 된다. 전자가 후자에 비해 추상화 수준이 높으므로, 개체를 다루는 데 있어서는 훨씬 유연하다. 파워셸에서도 개체 간의 상속 관계가 존재하고 최상위 개체가 있다. 파워셸의 최상위 개체는 Object와 PSObject 두 가지다.

개체의 멤버

그러면 파워셸에서 개체를 다룰 때 첫 번째로 해야 할 작업이 무엇일까? 바로 해당 파워셸 명령의 결과로 나온 개체가 가지고 있는 특성과 행위 등의 멤버를 확인하는 것이다. '멤버'라는 단어는 개체가 여러 가지 요소를 포함한다는 의미다. 파워셸 개체에서 포함하는 요소는 다음과 같다.

- 속성(property): 개체의 특성을 말하며 주로 명사를 사용한다. 예를 들어 서비스 이름, 프로세스 ID, 이벤트 로그 메시지 등이다.
- 메서드(Method): 개체의 동작을 나타내는 멤버이며 주로 동사를 사용한다. 프로세스 개체라면 종료 동작을 지시할 수 있고, 이벤트 로그 개체라면 로그 자체를 지우는 동작을 지시할 수 있다.
- 이벤트(Event): 개체에 특정 상황(상태가 변하거나 동작 발생)을 발생시킨 원인을 이벤트라고 한다. 예를 들어, 파일을 열면 파일 개체에 대한 파일 오픈 이벤트, 파일에 뭔가를 기록하면 쓰기 이벤트가 발생한다. 파워셸 개체의 멤버를 확인하면 '이벤트' 항목에서 영향 받는 이벤트를 표시한다.

파워셸은 주로 속성과 메서드를 다룬다. 우리가 실행하는 대부분의 파워셸 명령은 기본 화면 출력에 개체의 모든 속성을 포함하지 않는다. 속성이 수백 개인 개체도 있으므로 이런 경우는 한번에 다 확인하기 힘들다. 파워셸에는 기본적으로 표시해야 하는 개체 속성을 미리 정의해 놓은 몇 가지 구성 파일이 있다.

개체의 멤버 확인 방법

파워셸에서는 개체의 역할이 중요하므로 개체의 형식을 다루는 여러 가지 기본 명령을 설계해 놓았다. 그중에서 가장 중요한 명령이 개체의 모든 멤버를 나열할 때 사용하는 Get-Member다. 이 명령은 기본적으로 화면에 표시되지 않는 모든 속성 목록을 표시한다. 메서드와 이벤트 목록도 표시하며 개체의 형식 이름을 표시한다. 다른 명령에서 반환하는 결과를 분석하는 가장 좋은 방법은 결과를 파이프('|'로 표시하며 다음 절에서 다룬다)를 통해 Get-Member 명령에 전달하는 것이다.

예를 들어 Get-Service 명령의 출력으로 나온 개체에는 System.Service Process.ServiceController라는 형식이 있다. 이 형식 이름을 구글에서 검색해보면 개체 문서와 예제를 찾을 수 있다. 이런 예제는 주로 마이크로소프트 비주얼 베이직이나 C#과 같은 프로그래밍 언어에 관한 것이다.

속성과 메서드, 이벤트 등 멤버 형식을 많이 가진 개체에서 특정 형식의 멤버만 보려면 '-MemberType' 스위치를 추가한다. 예를 들어 다음과 같은 명령 구문 형식을 사용한다.

```
개체 | Get-Member -MemberType type1, type2, ....
```

운영체제의 프로세스 개체에서 속성과 메서드만 표시하고 싶다면 명령 구문은 다음과 같다.

```
Get-Process | get-Member -MemberType property, method
```

다음 명령 구문처럼 Get-Member의 MemberType 매개변수에 Properties라는 값을 설정하면 그림 3.2와 같이 모든 유형의 속성을 표시한다. 내용은 좀 길어지지만 읽기는 훨씬 쉬워진다.

```
Get-Process | get-Member -MemberType Properties
```

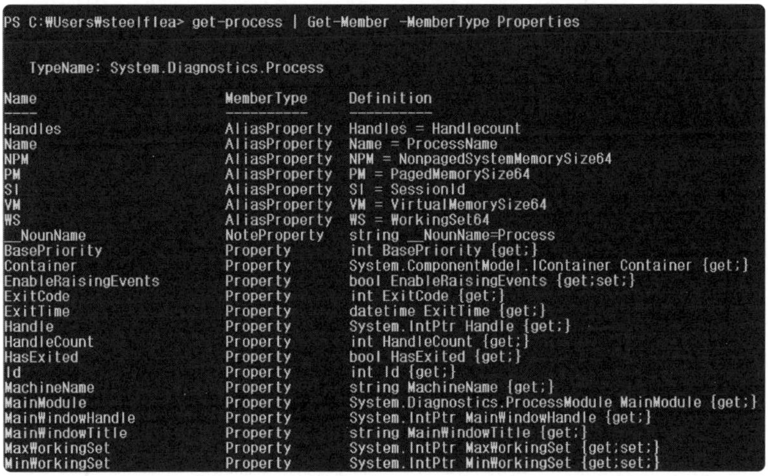

```
PS C:\Users\steelflea> get-process | Get-Member -MemberType Properties

   TypeName: System.Diagnostics.Process

Name                       MemberType     Definition
----                       ----------     ----------
Handles                    AliasProperty  Handles = Handlecount
Name                       AliasProperty  Name = ProcessName
NPM                        AliasProperty  NPM = NonpagedSystemMemorySize64
PM                         AliasProperty  PM = PagedMemorySize64
SI                         AliasProperty  SI = SessionId
VM                         AliasProperty  VM = VirtualMemorySize64
WS                         AliasProperty  WS = WorkingSet64
__NounName                 NoteProperty   string __NounName=Process
BasePriority               Property       int BasePriority {get;}
Container                  Property       System.ComponentModel.IContainer Container {get;}
EnableRaisingEvents        Property       bool EnableRaisingEvents {get;set;}
ExitCode                   Property       int ExitCode {get;}
ExitTime                   Property       datetime ExitTime {get;}
Handle                     Property       System.IntPtr Handle {get;}
HandleCount                Property       int HandleCount {get;}
HasExited                  Property       bool HasExited {get;}
Id                         Property       int Id {get;}
MachineName                Property       string MachineName {get;}
MainModule                 Property       System.Diagnostics.ProcessModule MainModule {get;}
MainWindowHandle           Property       System.IntPtr MainWindowHandle {get;}
MainWindowTitle            Property       string MainWindowTitle {get;}
MaxWorkingSet              Property       System.IntPtr MaxWorkingSet {get;set;}
MinWorkingSet              Property       System.IntPtr MinWorkingSet {get;set;}
```

그림 3.2 -MemberType Properties의 실행 결과의 일부

[따라해보기] 출력 개체의 멤버 확인

1. 파워셸 콘솔을 실행하고 다음 구문을 실행해 운영체제의 서비스 개체에 대한 멤버를 확인한다.

```
Get-Service | Get-Member
별칭을 사용할 경우에는
gsv | member
```

2. 다음 구문을 실행해 운영체제의 프로세스 개체에 대한 멤버를 확인한다.

```
Get-Process | Get-Member
별칭을 사용할 경우에는
gps | member
```

3. 다음 구문을 실행해 C 드라이브의 루트에 있는 폴더와 파일 개체에 대한 멤버를 확인한다. -Hidden은 숨김 파일도 표시하는 스위치다.

```
Get-ChildItem -Path C:\ -Hidden | Get-Member
```

4. 새로운 프로세스 개체를 만들고 그 개체의 멤버를 확인한다.

```
New-Object System.Diagnostics.Process | Get-Member
```

3.2 파이프라인 시스템의 기본 개념

파이프라인은 둘 이상의 명령을 포함하여 순차적으로 실행할 수 있는 구조로, 명령 줄 인터페이스에 사용되는 중요한 개념이다. 여러 개의 명령을 한 방향의 실행 순서로 한번에 연결할 때 사용하는 구분자가 파이프이며 키보드의 [\] 키를 Shift와 함께 누르면 나오는 '|' 기호로 표시한다. 파이프를 사용하면 복잡한 명령을 더 쉽게 입력할 수 있으며 작업 흐름도 쉽게 파악할 수 있다. 또한 한 명령에서 다른 명령으로 데이터를 흘러가도록 함으로써 데이터를 점진적으로 정제하고, 적절한 시점에 필요한 데이터를 조작할 수도 있다.

파이프라인을 사용한 명령은 왼쪽에서 오른쪽 방향으로 각 명령을 실행한다. 실행된 각 명령의 결과는 오른쪽 명령으로 전달된다. 즉, 이전 명령의 결과가 다음 명령의 입력이 되는 구조다. 파이프라인의 마지막 명령 결과만 화면에 표시된다. 예를 들어, 시스템의 프로세스 정보를 가져오는 Get-Process와 파일로 출력시키는 Out-File과 같은 명령은 각각이 하나의 명령이지만, 두 개의 명령을 다음과 같이 파이프라인으로 연결해서

process.txt라는 파일에 원하는 결과를 저장할 수 있다.

```
Get-Process | Out-File e:\process.txt
```

> ☑ **출력 방향 재지정**
>
> 결과를 파일로 출력할 때 다음처럼 기호 ">"를 사용하여 직접 파일로 출력 방향을 재
> 지정할 수 있다.
>
> ```
> Get-Process > process.txt
> ```
>
> 앞서의 파이프라인 예제에서 실행한 최종 출력은 단순 텍스트다. 하지만 통상 사용하
> 는 파워셸 명령의 실행 결과는 보다 다양한 조합으로 나올 수 있다.

파이프라인 시스템 기본 동작 방식

파이프라인 시스템에서 각 명령은 일종의 '펌프장'이고, 파이프라인을 뜻
하는 파이프(|)는 각 펌프장을 다음 펌프장과 연결한다. 각 펌프장은 파이
프라인의 결과를 가져오거나 다른 펌프장으로 정보를 밀어 넣는다. 이러
한 동작을 그림으로 표현하면 그림 3.3과 같다.

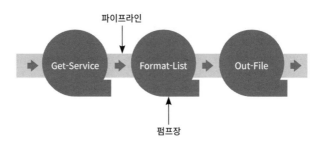

그림 3.3 파이프라인 시스템 기본 동작 방식

파워셸이 파이프라인 시스템을 사용하는 유일한 셸은 아니다. cmd.exe
(DOS 셸)나 유닉스/리눅스의 셸에서도 파이프라인을 사용한다. 하지만 다
른 셸은 펌프장끼리 연결된 파이프라인을 통해 흘러가는 데이터가 텍스트
다. 그리고 이때의 텍스트는 각 펌프장에서 요구하는 정확한 서식이어야

한다. 예를 들어 cmd.exe에서 다음과 같은 형식의 파이프라인 명령은 동작하지 않는다.

```
tasklist | taskkill
```

> 💡 **tasklist와 taskkill**
>
> 여기서 tasklist는 유닉스의 ps 명령과 같으며, 로컬 또는 원격 시스템에서 현재 실행되고 있는 프로세스 목록을 표시한다.
>
> 자세한 사용법은 명령 콘솔에서 다음과 같이 입력한다.
>
> ```
> tasklist /?
> ```
>
> taskkill은 유닉스의 kill 명령과 같으며, 프로세스 ID(PID) 또는 이미지 이름으로 작업을 종료시키는 데 사용한다.
>
> 자세한 사용법은 명령 콘솔에서 다음과 같이 입력한다.
>
> ```
> taskkill /?
> ```

리눅스와 같은 운영체제의 셸에서는 한 명령의 출력 텍스트를 파이프를 통해 다른 명령의 입력 매개변수로 보내야 할 경우 더 복잡한 텍스트 조작이 필요하고, 이 때문에 grep, sed 및 awk와 같은 도구를 잘 사용해야 한다.

파워셸 명령의 출력 결과는 텍스트가 아니며, 항상 개체를 생성한다. 운영체제, 서버 기술 또는 기능에 포함된 일부 기능도 개체로 본다. 프로세스, 서비스, 파일이나 폴더, 사용자 계정이나 그룹, 조직 단위, 그리고 도메인 등은 모두 개체다.

파워셸은 파이프라인의 맨 끝에 이를 때까지 해당 파이프라인에서 개체를 전달한다. 파이프라인의 끝에 남은 개체는 출력 명령의 재전송을 명시적으로 지정하지 않는 한, Out-Default라는 특수 명령으로 자동 전달된다 (그림 3.4). 이 Out-Default는 기본적으로 개체를 Out-Host로 전달하며, 화면에 텍스트로 표시한다. 이렇게 마지막 단계에 이르기 전까지 데이터를 개체라는 형식으로 계속 사용할 수 있다.

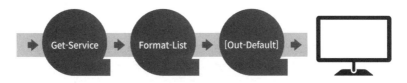

그림 3.4 파이프라인의 끝

☑ 파이프라인의 결과 멤버를 확인하자

파이프라인의 끝에서 나온 결과를 사용할 때 속성 이름이나 포함하는 값을 미리 가정하지 않아야 한다. 항상 Get-Member를 사용하여 속성 이름을 검사하고 Format-List로 전달해 해당 콘텐츠를 확인해야 한다.

[따라해보기] **파이프라인 개념 실습**

먼저 현재 사용 중인 운영체제에서 실행하고 있는 프로세스와 서비스 목록을 확인하고 프로세스 목록을 텍스트 파일로 출력해보자. 그 다음 이벤트 뷰어의 보안 이벤트를 그리드 GUI로 출력해본다.

1. 파워셸 콘솔에서 Get-Service를 실행해 현재 시스템의 서비스 목록을 확인한다.
2. 다시 Get-Process를 실행해 현재 시스템의 프로세스 목록을 확인한다.
3. 파워셸 콘솔에서 다음 구문을 실행해 현재 프로세스 현황을 C 드라이브의 루트에 파일로 저장한다.

   ```
   Get-Process | Out-File c:\ServiceList.txt
   ```

4. 파워셸 콘솔에서 Get-Help –Name *grid*를 입력하여 Out-GridView 명령의 도움말을 확인한다.
5. 파워셸 콘솔에서 Get-EventLog –LogName Security –Newest 5 | Out-GridView를 실행해 그리드 보기로 결과를 출력한다(그림 3.5의 (1)). 그리드 보기에서는 내용을 조건 검색하는 기능(그림 3.5의 (2))을 제공하니 활용해 보길 바란다(단, 그리드 보기를 사용하려면 PowerShell ISE와 .NET 프레임워크 3.5 SP1 이상이 설치되어 있어야 한다).

(1) 그리드 보기로 출력

(2) 그리드 보기의 조건 검색

그림 3.5 Out-GridView로 결과 확인하기

둘 이상의 개체가 혼합된 파이프라인 출력

대부분의 파워셸 명령은 한 종류의 개체만 생성하지만, 일부 명령은 여러
종류의 개체를 생성한다. 예를 들어 다음과 같은 명령 구문은 출력에서 두
가지 개체를 표시한다.

```
Get-ChildItem -Path C:\Windows | Get-Member
```

이 명령 구문을 실행하면 그림 3.6과 같이 FileInfo와 DirectoryInfo라는 두

종류의 개체를 생성한다. 디렉터리 목록을 나열하면 파일과 폴더를 모두 포함하기 때문에, 파일 개체와 디렉터리 개체가 나오는 것이다.

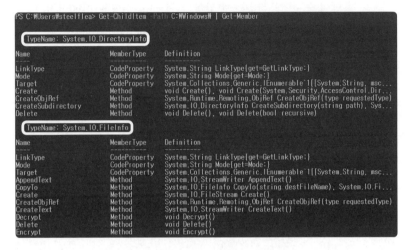

그림 3.6 두 종류의 개체가 혼합된 출력

이렇게 여러 종류의 개체를 생성하는 명령은 다루기가 더 어렵고 신중히 생각해야 한다. 예를 들어 FileInfo 개체는 파일 크기를 바이트로 나타내는 Length 속성이 있지만, DirectoryInfo 개체는 해당 속성이 없다. Get-ChildItem을 처음 실행하면서 결과를 필터링할 때 Length 속성을 사용하면 예상한 것과는 다른 결과를 볼 수 있다. 따라서 파이프라인에서 여러 종류의 개체를 포함할 때는 항상 주의를 기울여야 한다.

파이프라인을 통해 여러 종류의 개체를 Get-Member로 보내면 각 개체별로 멤버를 표시한다. 예를 들어 파이프라인을 통해 Get-EventLog를 Get-Member로 보내면, 여러 이벤트 로그가 Get-Member에 의해 각각 다른 종류의 개체로 보이기 때문에 혼합된 결과를 많이 보게 된다.

3.3 명령의 파이프라인 지원 방식

기본적으로 파워셸 명령은 매개변수를 사용해 입력을 받는다. 파워셸 명령이 파이프라인을 통해 연결될 경우 매개변수의 입력은 파이프라인을 통해 처리되는데, 이를 '파이프라인 매개변수 바인딩'이라고 한다. 파이프라인 프로세스는 첫 번째 명령의 출력을 두 번째 명령의 매개변수 중 하나에 바인딩시킨다. 이러한 바인딩을 결정하는 방식에는 두 가지가 있다.

첫 번째 방식은 파이프라인에서 항상 먼저 시도되는 ByValue이며, 나머지 하나는 ByValue 방식이 실패할 때 시도되는 ByPropertyName이다. 파워셸 명령이 파이프라인 바인딩을 어떻게 지원하는지 알고 싶다면 Get-Help 명령으로 도움말을 확인하면 된다.

ByValue를 사용한 바인딩

앞서 잠깐 사용해본 Out-GridView 명령에 대한 도움말을 자세히 확인해 보면 그림 3.7과 같이 ByValue라는 항목을 확인할 수 있다.

그림 3.7 도움말을 통한 ByValue 바인딩 여부 확인

그림 3.7에서 -InputObject라는 매개변수에 대한 '파이프라인 입력 적용 여부' 특성이 True로 되어있다. 이는 Out-GridView 명령이 파이프라인에서 넘어온 입력을 받을 때 -InputObject라는 매개변수에 바인딩이 시도된다는 뜻이다. 다행스럽게도 Out-GridView에서는 ByValue 바인딩이 적용되는 매개변수가 하나뿐이다.

ByValue 바인딩이 적용되는 매개변수가 둘 이상인 경우는 어떨까? 예를 들어 Get-Service 명령은 그림 3.8과 같이 -InputObject와 -Name 매개변수에 ByValue 바인딩이 적용되고, 각 매개변수에 바인딩되는 개체의 형식은 서로 다르다.

-InputObject는 ServiceController 형식의 개체를 배열로 받을 수 있으며 -Name은 String 형식의 개체를 배열로 받을 수 있다. 따라서 해당되는 파이프라인 매개변수 바인딩 대상이 여럿이라도 실제 파이프라인을 통해

```
-InputObject [<ServiceController[]>]
    Specifies ServiceController objects representing the services to be retrieved. Enter a var
    iable that contains the objects, or type a command or expression that gets the objects. Yo
    u can also pipe a service object to this cmdlet.

필수 여부                          false
위치                             named
기본값                     none
파이프라인 입력 적용 여부                      true (ByValue)
와일드카드 문자 적용 여부                      false

-Name [<String[]>]
    Specifies the service names of services to be retrieved. Wildcards are permitted. By defau
    lt, this cmdlet gets all of the services on the computer.

필수 여부                          false
위치                             1
기본값                     none
파이프라인 입력 적용 여부                      true(ByValue,ByPropertyName)
와일드카드 문자 적용 여부                      false
```

그림 3.8 Get-Service 명령의 ByValue 바인딩 매개변수

들어오는 개체의 형식에 맞는 매개변수에 바인딩이 일어난다.

다음과 같은 구문을 사용할 수도 있는데, 이 경우는 Dhcp와 EFS가 문자 열이기 때문에 —Name 매개변수에 바인딩된다.

```
'Dhcp','EFS' | Get-Service
```

명령에서 매개변수에 지정된 형식이 파워셸의 최상위 개체인 Object와 PSObject 중 하나라면, 모든 종류의 개체를 바인딩할 수 있다. ByValue 파 이프라인 매개변수 바인딩을 수행할 때 파워셸에서는 가능한 한 가장 구 체적인 형식을 바인딩하는 매개변수를 먼저 처리하고, 여기서 처리가 안 되면 최상위 데이터 형식의 바인딩을 시도한다.

삽입 명령

파이프라인을 통해 명령의 매개변수에 바인딩하고 싶은 데이터가 파이프 라인을 통해 적절하게 처리될 수 없는 경우도 있다. 예를 들어 다음과 같은 경우를 생각해보자. 프로세스 목록을 작성해 놓은 ProcessLists.txt라는 파 일이 있고, 이 파일의 내용을 읽어서 Get-Process의 —Name 매개변수에 바 인딩시키기 위해 다음과 같은 구문을 작성했다. Get-Content는 지정한 경 로의 파일에서 내용을 가져오는 명령이다.

```
Get-Content -Path ProcessLists.txt | Get-Process
```

이 명령을 실행해보면 그림 3.9와 같은 오류가 발생한다. 이는 Get-Process의 ByValue 바인딩이 —InputObject 매개변수에 설정되어 있고, 게

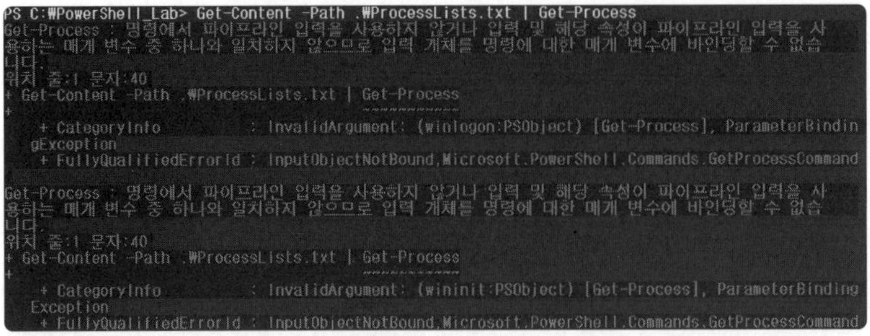

그림 3.9 바인딩 오류

다가 개체 형식은 Process이기 때문이다.

이와 같은 경우는 파이프라인 대신 다음 구문처럼 삽입 명령을 사용하면 된다. 괄호 안의 모든 명령이 먼저 실행되고, 그 결과가 매개변수에 바인딩된다.

```
Get-Process -Name (Get-Content ProcessLists.txt)
```

이 방식은 괄호 안의 모든 명령의 실행 결과가 바인딩되는 매개변수에 적합한 개체라면, 모든 매개변수에 사용할 수 있다.

ByPropertyName을 사용한 바인딩

파워셸에서 ByValue 방식을 사용해 파이프라인 입력을 바인딩할 수 없으면 ByPropertyName 방식을 시도한다. 이 방식은 앞선 명령의 속성 이름과 이어지는 명령에서 ByPropertyName으로 파이프라인 입력을 받는 매개변수 중 이름이 일치하는 것이 있으면 자동으로 바인딩을 수행한다.

예를 들어 다음과 같은 구문을 입력했다고 하자.

```
Get-Service | Stop-Process
```

이 명령 구문은 한눈에 잘못된 구조라는 것을 알 수 있다. 물론 실행하면 오류가 발생한다. 실행 결과의 옳고 그름을 떠나 파이프라인 관점에서 한번 살펴보자. 이 명령 구문의 파이프라인 처리 과정은 다음의 순서로 일어난다.

1. 첫 번째 명령에서 ServiceController 형식의 개체가 출력되어 파이프라인으로 넘어간다.

2. 두 번째 명령에서는 이 형식의 개체를 받을 수 있는 매개변수를 확인하지만 해당하는 매개변수가 없다.

3. 두 번째 명령에서 Object나 PSObject를 받는 매개변수가 있는지도 확인한다. 적절한 매개변수가 없다면, 첫 번째 명령의 결과를 두 번째 명령의 매개변수에 ByValue 방식으로 바인딩하는 작업은 실패한다.

4. ByValue 바인딩이 실패하면 바로 ByPropertyName 방식의 바인딩을 시도한다. Stop-Process에서 ByPropertyName 방식으로 파이프라인 입력을 지원하는 매개변수는 -Id와 -Name이다. Get-Service의 일치하는 속성은 Name뿐이다.

5. Stop-Process의 -Id는 무시되고 -Name에 Get-Service의 Name 속성 값이 바인딩된다(그림 3.10). -Name에는 서비스의 이름이 바인딩되므로 프로세스 목록에 해당 이름이 없다면 명령은 실패한다.

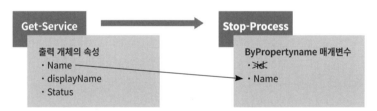

그림 3.10 ByPropertyName을 사용한 파이프라인 바인딩

3.4 정리

파워셸 명령의 실행 결과 형식이 개체라는 점은 리눅스나 유닉스 등 다른 운영체제의 셸과 다른 중요한 특징이다. 이 특징으로 인해 파워셸의 파이프라인 기능이 강력함과 유연성을 발휘한다. 이번 장에서 배운 파이프라인 시스템의 개념과 동작 방식을 잘 이해한다면, 앞으로 배울 파워셸의 기능들을 효과적으로 활용할 수 있다. 파이프라인 시스템에서 명령과 명령 간의 매개변수 바인딩이 어떻게 일어나는지 꼭 이해하도록 하자.

P r a c t i c a l   **P o w e r S h e l l**

파워셸 개체 다루기

파워셸이 기존의 다른 셸 환경과 다른 점 중 하나는 출력 결과에 있다. 파워셸의 실행 결과는 몇 가지 경우를 제외하고는 대부분의 형식이 개체다. 파워셸에서는 명령의 결과를 알맞게 출력하기 위해 개체의 선택과 정렬, 필터링을 위한 다양한 방법을 제공한다.

4장에서 다루는 내용은 다음과 같다.

- 다양한 파워셸 개체 선택 방법
- 개체를 정렬하는 방법
- 개체를 필터링하는 방법

4.1 개체 선택

파워셸에서는 명령의 결과로 출력되는 개체 멤버의 기본 부분 집합을 정의해 놓았다. 예를 들어, 시스템에서 실행 중인 프로세스 목록을 확인할 때 Get-Process를 사용하면 그림 4.1과 같은 결과를 보여준다.

그림 4.1은 열린 핸들, 비 페이징 메모리, 페이징 메모리, 작업 집합, 가상 메모리, CPU 시간, 프로세스 ID, 그리고 프로세스 이름을 보여주고 있지만 실제로는 보이지 않는 값이 더 많다. 기본 정보가 유용하기도 하지만 때로는 파일의 핸들 수보다는 현재 작업 집합과 피크 작업 집합 같은 다른

```
PS C:\Users\steelflea> Get-Process

Handles  NPM(K)    PM(K)      WS(K)     CPU(s)      Id  SI ProcessName
    211       9     4120       7428               4388   0 AdminService
    274      20    13780      17020       0.33   13084   1 AlienFusionController
    252      28    22872      23108              13612   0 AlienFusionService
   1150      43    34620      46788       7.08   11932   1 AlienwareAlienFXController
    208      14     3064      11344       3.73   12884   1 AlienwareOn-ScreenDisplay
   1032      40    32800      41680       6.09   12096   1 AlienwareTactXMacroController
   1001      47    30588      49932      18.88    6344   1 ApplicationFrameHost
    172      10     2336       8596       0.03   11220   1 AppVShNotify
    599      38     4556      14492       8.78    2108   1 AquaSnap.Daemon
    194      14     2596       8728       0.09   12376   1 AquaSnap.Daemon.x64
    218      14     2232       9264       0.61   12644   1 AquaSnap.DpiAwareAgent
    282      16    11536      20376       5.00   13668   0 audiodg
```

그림 4.1 출력되는 개체 멤버의 기본 부분 집합

정보에 초점을 맞추고 싶을 수도 있다. 즉, 출력 결과의 기본값에서 표시하고 싶지 않은 부분과 표시되지 않은 값 중에서 표시하고 싶은 부분이 있을 것이다. 이때 사용하는 명령이 Select-Object다.

Select-Object는 단독으로 실행하기보다는 파이프라인 시스템에서 바로 전에 실행된 명령의 결과를 입력으로 받아서 실행한다. Select-Object의 두 가지 기본 사용법은 명령의 결과를 제한하는 방법과 결과에서 표시할 속성을 지정하는 방법이다.

명령의 결과 제한하기

첫 번째 사용법은 파이프라인에서 앞서 실행한 명령의 결과 목록을 제한하는 사용법이다. 출력 개체의 컬렉션을 표나 스프레드시트라고 할 때 표시할 행을 선택하는 것이다. 파이프로 들어온 개체 컬렉션의 시작이나 끝에서 지정한 행의 번호를 선택하는 매개변수를 사용한다. 주로 사용하는 대표적인 매개변수와 동작은 표 4.1과 같다.

매개변수 사용 예	동작
-First n	첫 몇 개의 결과 반환
-Last n	마지막 몇 개의 결과 반환
-Skip n	선택 전에 일정한 행의 수를 넘김
-index n1,n2,n3,…,n#	행 번호(시작 번호는 0)를 지정하여 결과 반환
-index (n1..n2)	두 개의 행 번호를 지정해 범위 출력

표 4.1 결과를 제한하는 매개변수

예를 들어 현재 시스템의 서비스 목록에서 첫 번째 7개와 마지막 7개, 첫 7 개를 건너뛰고 선택하는 명령 구문은 각각 다음과 같다.

- 첫 번째 7개의 서비스 출력

```
Get-Service | Select-Object -First 7
```

- 마지막 7개의 서비스 출력

```
Get-Service | Select-Object -Last 7
```

- 첫 7개의 목록을 제외하고 출력

```
Get-Service | Select-Object -skip 7
```

Select-Object의 실행 결과에서는 특정 행을 비연속적으로 선택하거나 범 위를 지정해서 선택할 수도 있다. 이때 index 매개변수를 사용하며 행 번 호는 0(첫 번째)에서 시작한다는 점을 기억하자. 예를 들어, 현재 시스템의 프로세스 목록에서 특정 행을 선택하는 경우와 범위를 선택하는 경우 명 령 구문의 예는 다음과 같다.

- 첫 번째와 네 번째 프로세스 출력

```
Get-Process | Select-Object -index 0,3
```

- 네 번째에서 일곱 번째까지의 프로세스 출력

```
Get-Process | Select-Object -index (3..6)
```

```
PS C:\Users\steelflea> Get-Process | Select-Object -Index 0,3

Handles  NPM(K)    PM(K)     WS(K)    CPU(s)     Id  SI ProcessName
-------  ------    -----     -----    ------     --  -- -----------
    125       8     1772      1568              3380   0 AdminService
   1407      40    36120     42512     14.38    6468   1 AlienwareAlienFXController


PS C:\Users\steelflea> Get-Process | Select-Object -Index (3..6)

Handles  NPM(K)    PM(K)     WS(K)    CPU(s)     Id  SI ProcessName
-------  ------    -----     -----    ------     --  -- -----------
   1412      40    36192     42540     14.38    6468   1 AlienwareAlienFXController
    191      14     2988      5324      9.61    9852   1 AlienwareOn-ScreenDisplay
   1348      38    34540     38604      9.38    9696   1 AlienwareTactXMacroController
    884      44    33140     37748     22.73   12544   1 ApplicationFrameHost
```

그림 4.2 비연속 목록 선택과 범위 지정 선택

표시할 속성 지정

Select-Object의 두 번째 사용법은 표시할 속성을 지정하는 방법이다. 개체의 컬렉션을 표나 스프레드시트라고 할 때 열을 선택하는 것이다.

이 작업에 사용되는 매개변수와 동작을 표 4.2에 정리했다. 속성 목록(와일드카드 허용)을 콤마로 분리하여 여러 개를 지정할 수 있다. 특정 속성을 선택하고 나면 기본 속성은 표시되지 않는다.

매개변수 사용 예	동작
-Property 속성1[,속성2,속성3...]	선택한 속성만 표시.

표 4.2 표시할 속성을 지정하는 매개변수

예를 들어 프로세스 목록을 표시할 때 프로세스 이름과 프로세스 ID, 페이징 풀(PM), 가상 메모리(VM)을 출력하고 싶다면 명령 구문은 다음과 같다.

```
Get-Process | Select-Object -Property Name,ID,PM,VM
```

앞서 배운 특정 부분 집합을 선택하는 매개변수와 함께 다음과 같이 사용할 수도 있다.

```
Get-Process | Select-Object -Property Name,ID,PM,VM -Last 7
```

[따라해보기] **표시할 개체 목록과 개체 속성 선택하기**

1. 윈도우 클라이언트 OS(윈도우 10/8.1/8/7)에서 동작중인 로컬 인쇄 스풀러 서비스를 찾는다.

   ```
   Get-Service -Name Spoo*
   ```

2. 스풀러 서비스와 종속성이 있는 서비스 목록을 확인하는 멤버를 찾는다.

   ```
   Get-Service -Name Spooler | Get-Member | Select-Object -Last 7
   ```

3. 스풀러 서비스에 종속성이 있는 서비스 목록을 선택한다.

   ```
   Get-Service -Name Spooler | Select-Object -Property
   ServicesDependedOn
   ```

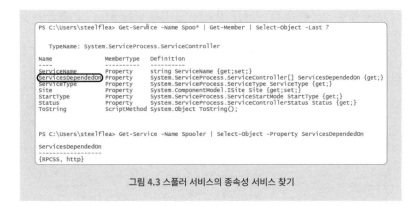

```
PS C:\Users\steelflea> Get-Service -Name Spoo* | Get-Member | Select-Object -Last 7


   TypeName: System.ServiceProcess.ServiceController

Name            MemberType   Definition
----            ----------   ----------
ServiceName     Property     string ServiceName {get;set;}
ServicesDependedOn Property   System.ServiceProcess.ServiceController[] ServicesDependedOn {get;}
ServiceType     Property     System.ServiceProcess.ServiceType ServiceType {get;}
Site            Property     System.ComponentModel.ISite Site {get;set;}
StartType       Property     System.ServiceProcess.ServiceStartMode StartType {get;}
Status          Property     System.ServiceProcess.ServiceControllerStatus Status {get;}
ToString        ScriptMethod System.Object ToString();


PS C:\Users\steelflea> Get-Service -Name Spooler | Select-Object -Property ServicesDependedOn

ServicesDependedOn
------------------
{RPCSS, http}
```

그림 4.3 스풀러 서비스의 종속성 서비스 찾기

사용자 지정 속성 사용하기

사용자 지정 속성은 '**계산된 속성**'이라고도 한다. 파워셸의 실행 결과는 일
반적으로 기본 정의된 속성 집합의 이름을 표시한다. 기본으로 포함된 속
성 이름을 좀 더 알기 쉬운 레이블로 변경하거나 특정 속성의 값을 인식하
기에 편한 단위로 계산해 표시할 수 있다. 계산된 속성은 **해시 테이블**이라
는 구조로 입력한다.

> ☑ **해시 테이블(Hash Table)**
>
> 앞으로 자주 접하게 될 용어 중 하나다. 일부 프로그래밍 언어에서는 결합형 배열
> (associative array)이나 사전이라고도 한다. 하나의 해시 테이블은 다수의 항목을
> 포함하며, 각 항목을 키와 값으로 구성한다.

Select-Object에서 계산된 속성을 만들 때 해시 테이블을 사용하려면 파
워셸에서 인식하는 키를 사용해 레이블과 식을 표현해야 한다.

- 사용자 지정 속성의 레이블 지정
  label 또는 l(숫자 1과 자주 혼동하지 않도록 한다), name 또는 n

- 사용자 지정 속성의 표현식
  expression 또는 e. 표현식 내에서는 $PSItem(또는 $_)를 사용하여 파이

프의 개체 컬렉션의 각 개체를 참조한다. 식을 나타내는 구문을 스크립트 블록({}) 내에 표시한다.

사용자 지정 속성을 만드는 해시 테이블의 구조는 그림 4.4와 같다.

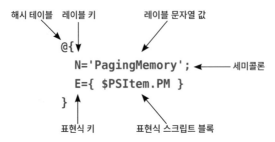

그림 4.4 사용자 지정 속성을 만드는 해시 테이블

사용자 지정 속성을 사용해 기본 출력되는 단위를 좀 더 읽기 쉽게 만들 수 있다. 예를 들어, 그림 4.5를 보면 Get-ChildItem 명령을 실행하면서 Length라는 속성의 값도 출력하도록 했는데, 이 속성은 파일의 크기를 바이트 단위로 표시한다. 따라서 사용자가 자주 접하는 익숙한 단위로 표시하는 것이 좋다.

```
PS C:\> Get-ChildItem -Path C:\Users\steelflea\Downloads | Select-Object -Property Name,Length

Name                                Length
----                                ------
00-MSFT_whiteboard_Impact_V4.mp4    41775720
00-MSFT_whitebpard_Innovate_V4.mp4  47646870
2016SecurityTrend.pdf               1557780
AI and machine learning-SAS.pdf     4685963
NOOBS_v2_1_0.zip                    1174483160
ubuntu-16.04.1-desktop-amd64.iso    1513308160
Windows10 Pro.pptx                  5086238
```

그림 4.5 크기를 바이트 단위로 표시하는 Get-ChildItem 실행 결과

파워셸에서 단위를 표시할 때 사용할 수 있는 유용한 단축 표현은 다음과 같다.

- KB: 킬로바이트
- MB: 메가바이트
- GB: 기가바이트
- TB: 테라바이트
- PB: 페타바이트

그림 4.5의 파워셸 명령을 다음의 해시 테이블로 고쳐서 실행하면 그림 4.6과 같이 레이블을 Size(MB)로 표시하고 크기도 MB 단위로 표시한다.

```
@{n='Size(MB)'; e={$PSItem.Length/1MB}}
```

```
PS C:\> Get-ChildItem -Path C:\Users\steelflea\Downloads |
Select-Object -Property Name,@{n='Size(MB)'; e={$PSItem.Length/1MB}}

Name                                     Size(MB)
----                                     --------
00-MSFT_Whiteboard_Impact_V4.mp4         39.8404312133789
00-MSFT_Whiteboard_Innovate_V4.mp4       45.4395961761475
2016SecurityTrend.pdf                    1.48561477661133
AI and machine learning-SAS.pdf          4.46888256072998
NOOBS_v2_1_0.zip                         1120.07442474365
ubuntu-16.04.1-desktop-amd64.iso          1443.203125
Windows10 Pro.pptx                       4.85061454772949
```

그림 4.6 사용자 지정 속성을 사용한 출력

그림 4.6에서 표시한 크기에는 소수점 자릿수가 많이 나왔다. 이렇게 숫자에 소수점 자리가 있는 경우 '번호 서식'을 적용해, 표시하는 데이터의 서식과 소수점 이하 자릿수를 제한할 수 있다.

번호 서식의 구조는 다음과 같다.

{[인덱스 번호]:[적용할 서식][자릿수 지정자]} -f [서식 문자열]

- 인덱스 번호: 서식을 적용한 항목의 인덱스 번호(0부터 시작)
- 적용할 서식: 표 4.3에 사용할 수 있는 서식을 정리했다.

이름	지정자	설명
숫자(Numeric)	N	값을 숫자로 표시하고, 자릿수 지정자는 표시할 소수 자릿수다.
통화(Currency)	C	값을 통화로 표시하고, 자릿수 지정자는 표시할 소수 자릿수다.
10진수(Decimal)	D	값을 10진수로 표시하고, 자릿수 지정자는 표시할 10진수 자릿수다.
백분율(Percentage)	P	값에 100을 곱해 백분율로 표고, 자릿수 지정자는 표시할 소수 자릿수다.
16진수(Hexadecimal)	X	값을 16진수로 표시하고, 자릿수 지정자로 지정한 값이 16진수 자릿수보다 클 경우 자릿수 차이만큼 앞에 0을 붙인다.

표 4.3 서식의 종류

- 자릿수 지정자: 서식에 따라 자릿수 지정자의 역할이 다르다. 표 4.3을 참고하자.
- –f: 서식 연산자, 왼쪽에 표시할 데이터 서식 문자열을 입력한다.

예를 들면 42.12345라는 수에 번호 서식을 적용해 소수점 이하 2번째 자리 까지 표시하는 경우 다음과 같이 작성한다.

"{0:N2}" –f 42.12345

[따라해보기] **시스템의 볼륨 정보 표시**

시스템의 볼륨 정보를 확인하는 파워셸 명령은 Get-Volume이다.

1. Get-Volume으로 기본 출력 형식을 확인한다.

2. 드라이브 문자와 전체 크기, 남은 크기만 표시하는 명령 구문을 실행한다.

```
Get-Volume | Select-Object –Property
DriveLetter,Size,SizeRemaining
```

3. 전체 크기와 남은 크기의 레이블을 각각 '전체 크기(GB)'와 '남은 크기(GB)'로 표시하고 단위는 기가바이트(GB)로 표시한다.

```
Get-Volume | Select-Object –Property DriveLetter,
@{n='전체 크기(GB)';e={'{0:N2}'-f ($PSItem.Size/1GB)}},
@{n='남은 크기(GB)';e={'{0:N2}'-f ($PSItem.SizeRemaining/1GB)}}
```

```
PS C:\> Get-Volume | Select-Object -Property DriveLetter,Size,SizeRemaining

DriveLetter          Size SizeRemaining
-----------          ---- -------------
                 37748736      37748224
                504360960      76496896
                786427904     471248896
C            501619695616  223401402368
               8496959488     841285632


PS C:\> Get-Volume | Select-Object -Property DriveLetter,
@{n='전체 크기(GB)';e={'{0:N2}'-f ($PSItem.Size/1GB)}},
@{n='남은 크기(GB)';e={'{0:N2}'-f ($PSItem.SizeRemaining/1GB)}}

DriveLetter 전체 크기(GB) 남은 크기(GB)
----------- ----------- -----------
            0.04        0.04
            0.47        0.07
            0.73        0.44
C           467.17      208.06
            7.91        0.78
```

그림 4.7 사용자 지정 속성으로 시스템 볼륨 정보 표시

4.2 개체의 정렬과 계산

파워셸 명령은 특정 순서로 출력한다. 예를 들어, Get-Process와 Get-Service의 출력은 이름의 알파벳순으로 정렬된다. Get-EventLog를 실행해 보면 결과가 시간순으로 정렬된다. 이렇듯 명령마다 출력의 고유한 정렬 순서가 정의되어 있다. 명령의 결과를 다른 순서로 정렬할 때 사용하는 명령이 바로 Sort-Object다.

파워셸 명령의 실행 결과를 계산해서 출력하고 싶은 경우도 있다. 예를 들어 시스템의 프로세스와 서비스의 전체 개수, 혹은 프로세스 전체에서 사용하는 메모리의 합계를 알고 싶을 수도 있을 것이다. 이런 목적으로 사용하는 명령은 바로 Measure-Object다.

개체를 정렬하는 Sort-Object

Sort-Object 명령은 단독으로 사용하지 않으며, 항상 파이프라인에서 사용한다. Sort-Object의 결과는 기본적으로 오름차순으로 정렬된다. 구문 형식과 주로 사용하는 옵션은 표 4.4와 같다.

구문 형식	Sort-Object [[-Property]<개체[]>] [-Descending] [-CaseSensitive]
옵션	설명
-Property	정렬을 위해 사용하려는 속성 이름을 받는 매개변수이며 쉼표로 분리해서 속성을 나열한다.
-Descending	정렬 순서를 내림차순으로 바꾼다. 정렬할 속성을 둘 이상 사용하면, 첫 번째 속성으로 먼저 정렬하고, 그 다음 두 번째 속성 순으로 정렬한다. 기본적으로 문자열 속성은 대소문자를 구분하지 않는다.
-CaseSensitive	정렬할 때 대소문자를 구분한다.

표 4.4 Sort-Object의 주요 옵션

한 명령 구조 내에서 어떤 속성은 오름차순으로, 다른 속성은 내림차순으로 정렬할 수는 없다.

예를 들어, 현재 시스템의 프로세스 목록을 출력할 때 WorkingSet이라는 속성 값으로 정렬하고자 한다면 다음의 구문을 작성한다.

```
Get-Process | Sort-Object -Property workingset
```

개체 컬렉션을 계산하는 Measure-Object

파워셸에서는 컬렉션에서 개체의 숫자 속성과 텍스트 파일 등 문자열 개체의 문자, 단어 및 줄을 계산할 수 있다.

Measure-Object는 기본적으로 컬렉션의 개체 수를 세고 계산한 결과를 포함해 측정한 개체 내역을 출력하지만, 파이프에 들어온 개체 컬렉션 자체는 출력하지 않는다. 구문 형식과 주로 사용하는 옵션은 표 4.5와 같다.

구문 형식	Measure-Object [[-Property] <개체[]>][-Average][-Maximum][-Minimum][-Sum]
	Measure-Object [[-Property] <개체[]>][-Character][-Line][-Word]
옵션	**설명**
-Property	포함하는 속성은 숫자 값이어야 한다.
-Sum	지정한 속성의 총합을 나타낸다.
-Average	지정한 속성의 평균 값을 나타낸다.
-Minimum	지정한 속성의 최소 값을 나타낸다.
-Maximum	지정한 속성의 최대 값을 나타낸다.
-Character	입력 개체의 글자 수(공백 포함)를 나타낸다.
-Line	입력 개체의 줄 수를 나타낸다.
-Word	입력 개체의 단어 수를 나타낸다.

표 4.5 Measure-Object의 주요 옵션

Sum과 Average, Minimum, Maximum은 반드시 Property 매개변수와 함께 사용해야 한다. Character나 Line, Word는 텍스트 파일이나 문자열과 같은 입력된 개체에서 사용한다.

예를 들어, 페이징 메모리 값에 대한 총합과 평균을 계산하고 싶다면 Measure-Object를 사용해 다음과 같은 구문을 작성한다.

```
Get-Process | Measure-Object -Property PM -Sum -Average
```

"Hello PowerShell"과 같은 문자열 개체의 글자 수를 세고자 한다면 다음과 같은 구문을 작성한다.

```
"Hello PowerShell" | Measure-Object -Character
```

사이트의 평균 및 최대/최소 응답시간

특정 컴퓨터나 사이트의 연결과 응답을 테스트하는 파워셀 명령은 Test-Connection 이다. 이 명령은 DOS 명령창에서 사용하는 Ping과 같다. 특정 사이트에 대한 연결을 테스트하고 응답 시간을 계산해 보자.

1. 다음 명령으로 *www.microsoft.com*에 대한 5번의 응답을 테스트한다.

```
Test-Connection -Count 5 -Comp www.microsoft.com |
  Select-Object -Property Address,IPv4Address,ResponseTime
```

2. 다음 명령으로 *www.microsoft.com*에 대한 5번의 응답시간을 구해서 평균 및 최대/최소 응답시간을 구한다.

```
Test-Connection -Count 5 -Comp www.microsoft.com |
  Measure-Object -Property ResponseTime -Average -Minimum
  -Maximum
```

```
PS C:\Users\steelflea> Test-Connection -Count 5 -Comp www.microsoft.com |
Select-Object -Property Address,IPv4Address,ResponseTime

Address            IPV4Address      ResponseTime
-------            -----------      ------------
www.microsoft.com 184.25.91.189               3
www.microsoft.com 184.25.91.189               3
www.microsoft.com 184.25.91.189               4
www.microsoft.com 184.25.91.189               5
www.microsoft.com 184.25.91.189               4


PS C:\Users\steelflea> Test-Connection -Count 5 -Comp www.microsoft.com |
Measure-Object -Property ResponseTime -Average -Minimum -Maximum


Count    : 5
Average  : 4.2
Sum      :
Maximum  : 5
Minimum  : 4
Property : ResponseTime
```

그림 4.8 마이크로소프트 사이트의 응답시간 출력

4.3 개체 필터링

파워셀은 기본적으로 컬렉션의 모든 개체를 반환한다. 그러나 실무에서는 개체의 컬렉션에서 특정 조건에 맞는 개체만 뽑아서 보고 싶을 때가 많다. 다양한 기준을 지정해서 파이프라인의 개체를 필터링하는 방법은 꼭 익혀야 하는 기술이다.

필터링을 수행하는 명령은 Where-Object이며, 파이프라인에서 다른 명령의 결과를 받을 수 있는 경우에만 사용한다. Where-Object는 컬렉션의 처음과 끝에서 개체를 선택하는 Select-Object의 기능과 다르며, 더 유연하다.

필터링은 파이프라인에서 남겨두려는 개체와 제거하려는 개체가 무엇인지를 파워셸에 알려주는 작업이다. 이 작업에는 기준을 평가하는 연산자가 필요하며 이를 **비교 연산자**라 한다. 개체의 속성을 지정한 값과 비교하고 비교한 결과가 참이면 개체가 유지되고 거짓이면 제거된다.

Where-Object의 구문 형식과 주로 사용하는 옵션은 표 4.6과 같다.

구문 형식	Where-Object [-Property] <문자열> [[-Value] <개체>]
	Where-Object [-FilterScript] <스크립트 블록>
옵션	**설명**
-Property	기본 필터로 사용하려는 개체의 속성을 지정한다. 하나의 속성만 지정할 수 있다. 기본 필터링에 사용한다.
-Value	속성 값을 지정한다.
-FilterScript	고급 필터로 사용하는 스크립트를 지정한다.

표 4.6 Where-Object의 주요 옵션

필터링에 사용하는 파워셸 비교 연산자의 목록은 표 4.7과 같다.

연산자	설명
-eq	같다
-ne	같지 않다
-gt	보다 크다
-lt	보다 적다
-ge	보다 크거나 같다
-le	보다 적거나 같다
-in 및 -contains	특정 개체가 컬렉션에 있는지 확인
-notin	특정 개체가 컬렉션에 존재하지 않는지 확인
-as	특정 개체가 특정 형식인지 여부 확인
-like	임의 문자 기호와 일치하는지 확인

-notlike	임의 문자 기호와 일치하지 않는지 확인
-match	정규식과 일치한다
-notmatch	정규식과 일치하지 않는다

표 4.7 파워셸 비교 연산자

기본 필터링 기법

Where-Object 명령의 기본 필터링 기법을 사용한 구문은 다음의 예처럼 읽고 이해하기 쉽다.

```
Get-Service | Where-Object -Property Status -eq Running
```

이 구문은 실행 중인 서비스만 보여준다. 하지만 이 방식의 한계는 한 가지 조건만 비교할 수 있다는 점이다. 두 개 이상의 비교 조건을 수용하려면 다른 방식을 찾아야 한다.

다음 구문은 언뜻 보면 실행될 것 같지만, 실제로는 속성의 역참조를 지원하지 않기 때문에 원하는 결과를 출력하지 않는다.

```
Get-Service | Where-Object -Property Name.Length -gt 7
```

Get-Member 명령으로 서비스 개체의 멤버를 확인해보면 Name 속성의 데이터 형식은 문자열이다. 파워셸은 System.String 개체를 사용해 문자열을 다루는데, System.String 개체에는 Length라는 속성이 있다.

이 구문은 한번에 7자 이상의 이름을 갖는 모든 서비스를 표시할 것 같지만, 실제로는 컬렉션의 전체 개체를 각각 따로 처리해야만 동작한다. 이 때문에 좀 더 고급 필터링 기법이 필요하다.

고급 필터링 기법

Where-Object의 고급 필터링 기법을 사용하면 조건을 여러 개 사용할 수 있으며, 표현식의 종류에도 제약이 없다. 고급 필터링 기법에서는 -FilterScript 매개변수에 필터링 범위를 포함하는 필터 스크립트를 작성해야 하며 필터 스크립트의 결과는 참이나 거짓으로 평가되어야 한다.

필터 스크립트 내에서는 파이프라인 안의 각 개체를 하나씩 임시 저장소에 담아서 순서대로 처리해야 한다. 이때 파이프라인으로 넘어오는 개체 컬렉션에서 꺼낸 개체를 임시로 담은 저장소를 가리킬 때 $PSItem 이나 $_ 를 사용한다.

 필터 스크립트는 파이프라인에서 넘어오는 각 개체에 대해 한 번씩 실행 된다. 이제 앞서 문제가 있었던 다음 구문을 다시 고쳐보자.

```
Get-Service | Where-Object –Property Name.Length –gt 7
```

각 개체별로 Name 속성의 길이를 평가하는 필터 스크립트를 작성하면 다 음과 같다.

```
Get-Service | Where-Object –FilterScript {$PSItem.Name.Length –gt 7}
```

–FilterScript는 생략 가능하고 $PSItem은 $_로 표시할 수 있으므로, 다음 구문도 동일한 결과를 출력한다.

```
Get-Service | Where-Object {$_.Name.Length –gt 7}
```

여기서 Where-Object는 '?'를 사용한 단축 표현이 가능하므로, 다음 구문도 동일한 결과를 출력한다.

```
Get-Service | ? {$_.Name.Length –gt 7}
```

필터 스크립트에서는 둘 이상의 비교 구문도 사용할 수 있다. 여러 개의 비 교 구문을 쓸 경우 사용하는 논리 연산자 –and 와 –or를 사용한다.

 논리 연산자는 bool 형식(True와 False 두 개의 값을 갖는 데이터 형식) 을 연산하여 bool 형식을 반환한다. 표 4.8에서 파워셸에서 사용할 수 있는 논리 연산자를 볼 수 있다.

논리 연산자	이름	설명
A -and B	논리 곱	A와 B가 모두 참인 경우만 참
A -or B	논리 합	A와 B중 어느 하나가 참이면 모두 참
A -xor B	배타적 논리합	A와 B가 서로 다른 값인 경우만 참
-not 또는 !	반대	참은 거짓, 거짓은 참

표 4.8 논리 연산자

예를 들어 볼륨의 상태가 정상이 '아니거나' 여유 공간이 100MB 이하인 볼륨만 나타내고 싶은 경우 다음과 같은 구문을 작성한다. –FilterScript 를 약식으로 –Filter로 사용할 수도 있다.

```
Get-Volume | Where-Object -Filter { $PSItem.HealthStatus -ne 'Healthy'
-or $PSItem.SizeRemaining -lt 100MB }
```

> ☑ **필터링 최적화**
>
> 1. 필터링 성능을 높이려면 필터링 명령이 가능한 명령 구문의 시작 부분으로 이동한다.
> 2. 자체 필터링 매개변수(예: –Filter)가 있는 명령은 Where-Object 대신 해당 매개변수를 사용한다.

[따라해보기] **특정 서비스를 상태에 따라 출력**

1. M으로 시작하는 서비스 중에서 현재 실행 중인 서비스만 출력한다.

```
Get-Service M* | Where-Object {$_.Status -eq "Running"}
```

2. M으로 시작하는 서비스 중에서 현재 중지된 서비스만 출력한다.

```
Get-Service M* | Where-Object {$_.Status -eq "Stopped"}
```

3. 1번과 2번의 결과를 모두 포함해 출력한다.

```
Get-Service M* | Where-Object {$_.Status -eq "Running" -or
$_.Status -eq "Stopped"}
```

4. 3번의 결과에서 먼저 서비스의 상태를 내림차순으로 정렬한 다음 서비스의 이름을 내림차순으로 정렬해서 출력한다.

```
Get-Service M* | Where-Object {$_.Status -eq "Running" -or
$_.Status -eq "Stopped"} | Sort-Object -Property Status,Name
-Descending
```

```
PS C:\Users\steelflea> Get-Service M* |
Where-Object {$_.Status -eq "Running" -or $_.Status -eq "Stopped"} |
Sort-Object -Property Status,Name -Descending

Status   Name                DisplayName
------   ----                -----------
Running  MpsSvc              Windows Firewall
Running  ModuleCoreService   McAfee Module Core Service
Running  mfevtp              McAfee Validation Trust Protection ...
Running  mfemms              McAfee Service Controller
Running  mfefire             McAfee Firewall Core Service
Running  McProxy             McAfee Proxy Service
Running  mcpltsvc            McAfee Platform Services
Running  McNaiAnn            McAfee VirusScan Announcer
Running  McMPFSvc            McAfee Personal Firewall Service
Running  mccspsvc            McAfee CSP Service
Running  mcbootdelaystar...  McAfee Boot Delay Start Service
Running  McAPExe             McAfee AP Service
Stopped  MyFw40Service       MyFirewall 4.0 Service
Stopped  MSK80Service        McAfee Anti-Spam Service
Stopped  msiserver           Windows Installer
Stopped  MSiSCSI             Microsoft iSCSI Initiator Service
Stopped  MSDTC               Distributed Transaction Coordinator
Stopped  MessagingServic...  MessagingService_7fbff
Stopped  McOobeSv2           McAfee OOBE Service2
Stopped  McODS               McAfee Scanner
Stopped  McAWFwk             McAfee Activation Service
Stopped  McAfee SiteAdvi...  McAfee SiteAdvisor Service
Stopped  MapsBroker          Downloaded Maps Manager
```

그림 4.9 M으로 시작하는 서비스의 상태와 이름으로 정렬

4.4 정리

지금까지 파워셸 명령을 실행한 후 출력되는 개체의 집합을 다루는 3가지 방법을 설명했다. 출력 결과에서 원하는 파워셸 개체를 선택하는 다양한 방법부터 출력 결과 집합(컬렉션)을 정렬하는 방법과 출력 결과 집합에 계산을 적용하는 방법, 비교 연산자와 논리 연산자를 사용해 특정 조건에 부합하는 결과를 확인하는 기본 및 고급 필터링 방법까지 익혔다. 여기서 설명한 3가지 파워셸 명령을 다양하게 조합해 사용하면, 원하는 방식으로 실행 결과를 출력할 수 있다. 파워셸 명령의 출력 결과인 개체의 컬렉션을 자유롭게 다룰 수 있다면, 파워셸 스크립트를 분석하거나 작성할 때도 많은 도움이 될 것이다.

5장

Practical PowerShell

입력과 출력

앞서 우리는 다양한 파워셸 명령을 실행하고 결과를 확인했다. 실은 대부분 명령을 실행하고 그 실행 결과를 화면으로 본 것이다. 5장에서는 파워셸 명령에서 입력과 출력을 수행하는 다양한 작업 방법과, 입력과 출력 작업 시 데이터 형식을 다루는 방법을 살펴본다.

5장에서 입력과 출력에 관해 살펴볼 내용은 다음과 같다.

- 다양한 출력 명령과 출력 개체 형식 다루기
- 다양한 입력을 명령과 입력 개체 형식 다루기
- 파이프라인에서 개체 컬렉션 다루기

표준 스트림

입출력 명령의 동작을 이해하기 위해서는 프로그래밍에서 입출력 라이브러리를 사용할 때 등장하는 **스트림**의 개념을 이해해야 한다. 스트림은 "프로그램(또는 프로세스)과 입출력 장치 사이의 미리 연결된 통로"라고 간단히 정의할 수 있다. 그림 5.1은 스트림은 시스템에 연결된 키보드(입력 장치)와 모니터(출력 장치) 등을 통해 발생하는 입출력을 추상화한 것이다.

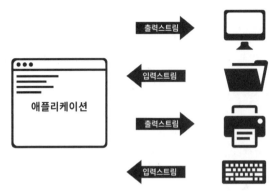

그림 5.1 표준 입출력 스트림

데이터를 출력할 때는 스트림에 데이터를 쓰고 필요에 따라 모니터, 파일, 프린터 등에 보낸다. 반대로 입력할 때는 키보드나 파일 등을 통해 스트림으로 데이터를 기록하고 프로그램에서 가져온다. 따라서 프로그래머는 입출력 장치를 직접 제어할 필요 없이 미리 정의된 입출력 장치에 맞는 스트림 라이브러리만 사용하면 된다.

일반적으로 운영체제에서 프로그램을 실행할 때 기본적으로 3개의 스트림이 열린다. 이를 보통 **표준 스트림**이라 한다.

- 표준 입력 스트림(Standard Input, STDIN): 0번. 프로그램으로 들어가는 데이터 스트림으로 주로 키보드를 통한 입력이며, 다른 프로그램이나 프로세스를 통해 받을 수도 있다.
- 표준 출력 스트림(Standard Output, STDOUT): 1번. 프로그램에서 데이터를 출력하는 스트림으로 주로 텍스트 터미널로 출력되지만, 다른 프로그램이나 프로세스로 출력할 수 있다.
- 표준 에러 출력 스트림(Standard Error, STDERR): 2번. 프로그램에서 에러나 진단 메시지를 출력하기 위해 사용하는 스트림으로, 텍스트 터미널로 출력되거나 외부 프로세스로 출력할 수 있다.

파워셸에서도 데이터의 입출력은 스트림을 통해 일어나며 입력 스트림 하나와 출력 스트림 7개를 제공한다. 파이프라인에서 사용하는 스트림은 표준 출력 스트림 하나뿐이다. 파워셸에서 사용하는 스트림의 종류와 관련 명령은 표 5.1과 같다. 관련 파워셸 명령은 뒤에서 하나씩 설명할 것이다.

번호	스트림 명	입출력 개체 형식	관련 명령	리디렉션
0	표준 입력	Object 및 PSObject와 그 파생 형식	Read-Host	
1	표준 출력	Object 및 PSObject와 그 파생 형식	Write-Output, Out-Default 등	>
2	에러 출력	에러 레코드	Write-Error	2 > &1
3	경고 출력	경고 레코드	Write-Warning	3 > &1
4	상세 정보 출력	자세한 정보 레코드	Write-Verbose	4 > &1
5	디버그 출력	디버그 레코드	Write-Debug	5 > &1
6	진행	진행 레코드	Write-Progress	N/A
7	정보	정보 레코드	Write-Information, Write-Host	6 > &1

표 5.1 파워셸 스트림

파워셸은 실행환경 내부에서 사용하는 스트림과 외부의 프로세스와 상호 작용하는 스트림에 차이가 있다. 이를 정리하면 그림 5.2와 같다.

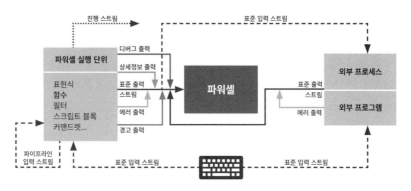

그림 5.2 파워셸 스트림

5.1 출력 명령

파워셸 명령을 실행하고 결과를 표시하는 출력 장치의 가장 일반적인 예는 화면(콘솔 또는 스크린)이다. 실행 결과를 화면이 아닌 다른 출력 장치,

즉 파일이나 프린터 등에 보낼 수도 있다.

파이프라인에서 이전 명령의 실행 결과를 다른 출력 장치로 보내는 명령을 **출력 재지정** 명령이라고 하며 Out-Host, Out-File, Out-Printer가 대표적이다. 이들 명령은 모두 파이프라인에서 사용될 경우 제일 나중에 실행되어야 하므로 항상 맨 오른쪽에 위치한다.

콘솔에서 상호작용 방식으로 사용하는 경우보다는 나중에 배울 파워셸 스크립트 작성에서 주로 출력에 사용하는 명령도 있다. 바로 Write-* 동사로 시작하는 명령이다.

콘솔 출력: Out-Host와 Out-Default

화면에 출력하는 대표적인 명령이 Out-Host와 Out-Default다. 앞서 파이프라인을 설명하면서 실행해본 파워셸 구문은 따로 화면 출력 명령을 지정하지 않았지만, 화면에 결과를 모두 출력했다. 파워셸에서는 직접 Out-* 명령을 지정하지 않으면 Out-Default가 암시적으로 호출되도록 했기 때문이다.

Out-Default 명령은 내부에서 개체를 Out-Host 명령에 전달한다. Out-Host는 파워셸 기본 환경에서 정의한 출력 서식에 따라 출력을 화면으로 보내고 명령줄에서 표시하는 명령으로, Out-Host의 매개변수를 사용해 화면 출력을 변경하지 않는 한 파이프라인에서 지정할 필요는 없다.

결국 Out-Default는 Out-Host와 같은 역할을 하는 것처럼 보이지만, Out-Default는 필요에 따라 최종 출력을 재정의할 수 있는 자리 표시자로 생각해야 한다.

예를 들어, Get-ChildItem을 실행하면 그림 5.3의 (1)처럼 표 형식으로 출력한다. 다음의 구문을 실행하면 현재 세션에서 Out-Default 함수를 재정의한다.

```
function out-default {$input | Format-List | out-host}
```

다시 Get-ChildItem을 실행하면 그림 5.3의 (2)처럼 리스트 형식으로 출력한다. Function 키워드의 사용 방법은 스크립트 작성을 다룰 때 설명할 것이다.

(1) 표 형식 출력

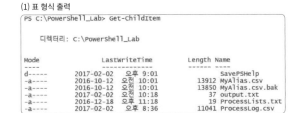

(2) 리스트 형식 출력(Out-Default 재정의 후)

그림 5.3 Out-Default 재정의

Out-Host를 명시적으로 사용하는 경우는 −Paging 매개변수를 사용할 때다. −Paging 매개변수를 사용하면 PowerShell ISE에서는 동작하지 않는다. 예를 들어 다음 구문은 C 드라이브 루트에서 모든 파일과 폴더 목록을 한 페이지 단위로 재귀적으로 출력한다.

```
Get-ChildItem C:\ −Recurse | Out-Host −Paging
```

이 명령 구문은 다음과 같이 more를 사용해도 결과는 같다.

```
Get-ChildItem C:\ −Recurse | more
```

여기서 more은 파워셸 v1.0에서는 Out-Host −Paging을 래핑한 함수였으나, 2.0로 오면서 기존 DOS 명령인 more.com을 래핑한 함수로 바뀌었다.

콘솔 출력: Write-Host와 Write-Output

지금부터 살펴볼 Write-Host와 Write-Output은 앞으로 스크립트 작성 과정에서 자주 만나게 될 명령이다. 보통 문자열만 출력할 때는 두 가지의 기능 차이가 없어 보이지만, 조금 자세히 들여다보면 중요한 차이가 있다.

1. Write-Host

Write-Host는 사용자가 지정한 출력을 호스트에 쓴다. 파워셸 5.0부터 Write-Host는 콘솔에 문자열을 출력하며, 이때 정보 스트림을 사용한다. 출력할 내용으로 문자열이 아닌 개체 자체를 지정했을 경우는 개체에 대한 문자열 변환 결과를 출력한다.

> 💡 **도움말에서 자주 언급되는 '호스트(Host)'**
>
> 호스트는 파워셸 실행환경이다. 구체적으로는 파워셸 콘솔이나 ISE 등을 말한다.

Write-Host의 구문 형식과 주로 사용하는 옵션은 표 5.2와 같다.

구문 형식	Write-Host [[-Object] <개체>][-BackgroundColor <콘솔색>] [-ForegroundColor <콘솔색>][-NoNewline][-Separator <개체>]
옵션	설명
-Object	콘솔에 출력할 개체 지정
-ForegroundColor	출력하는 문자열의 색상 지정
-BackgroundColor	출력하는 문자열의 배경색 지정
-NoNewline	콘솔에 문자열 출력 시 개행 문자 붙일지 여부 지정. 기본값은 $true다.
-Separator	콘솔에 출력되는 개체들 사이에 구분 문자열

표 5.2 Write-Host의 구문 형식과 주요 옵션

예를 들어 $Msg라는 변수에 저장된 값을 출력하면서 구분자로 ♡을 사용하고 전경색은 흰색, 배경색은 검은색으로 하면 작성할 명령 구문은 그림 5.4와 같다.

```
PS C:\> $Msg=@("Hello","PowerShell","World")
PS C:\> Write-Host -Object $Msg -ForegroundColor White -BackgroundColor Black -Separator ♡
Hello♡PowerShell♡World
```

그림 5.4 Write-Host 사용 예

여러 개의 Write-Host 구문을 사용할 경우 기본 출력은 각 구문을 새 줄에 출력한다. 각 구문의 출력을 한 줄에 표시하려는 경우 -NoNewline 옵션을 사용한다. 예를 들어 다음과 같이 작성한 구문을 실행하면 "Hello

PowerShell World"를 콘솔에 출력한다.

```
Write-Host -Object "Hello " -NoNewline; Write-Host "PowerShell World"
```

2. Write-Output

Write-Output은 지정한 개체를 파이프라인의 다음 명령으로 보낼 때 사용한다. 이 명령을 파이프라인의 마지막에 사용하면 파워셸 콘솔로 출력한다. Write-Output은 표준 출력 스트림으로 출력하며, 문자열뿐만 아니라 모든 개체를 처리할 수 있다.

Write-Output에서 주로 사용하는 옵션은 표 5.3과 같다.

구문 형식	Write-Output [-InputObject] <PS개체[]> [-NoEnumerate]
옵션	설명
-InputObject	파이프라인으로 보낼 개체를 지정한다.
-NoEnumerate	지정한 개체가 배열인 경우 파이프라인에 배열 각 요소를 전달하지 않고 배열 자체를 전달한다.

표 5.3 Write-Output의 중요 옵션

-NoEnumerate를 지정한 경우와 지정하지 않은 경우의 차이점은 그림 5.5와 같다. 이들 명령 구문은 1~5의 값 범위를 배열로 파이프라인에 넘겨 그리드 뷰로 출력한다. Out-GridView에 대해서는 다음 절에서 설명한다.

```
Write-Output @(1..5) | Out-GridView
Write-Output @(1..5) -NoEnumerate | Out-GridView
```

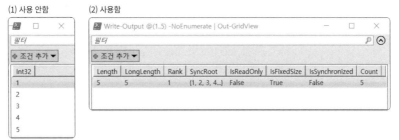

그림 5.5 Write-Output의 -NoEnumerate 옵션

Write-Output의 기본 별칭은 write와 echo 두 가지로 정의되어 있다. 기본

별칭으로 짐작할 때 비슷한 기능을 하는 Write-Host보다는 다양한 시나리오에 광범위하게 쓸 수 있는 용도로 제공하는 명령이라고 볼 수 있다. 파이프라인의 마지막에 사용될 경우 Write-Output은 생략하는 경우가 많지만 스크립트를 작성할 때 읽고 이해하기 쉽도록 명시하는 것이 좋다.

표 5.4에 Write-Host와 Write-Output을 차이점을 요약했다.

항목	Write-Host	Write-Output
파이프라인	미지원	지원
문자열 외의 개체 입력	개체의 문자열 변환 결과. ToString()을 호출한 효과.	정의된 파워셸 서식에 따라 콘텐츠 표시
개행 유무	필요 시 개행 제거 가능	항상 개행
출력 꾸밈(색)	문자 출력이므로 가능	개체 출력이므로 불가능
다중 입력 값	한 줄에 하나의 값으로 표시	배열로 변환. 각 값을 개행.
배열 입력	한 줄에 하나의 값으로 표시	각 값을 새 줄에 출력
해시 테이블 입력	배열 개체 형식명 출력	키와 값으로 출력

표 5.4 Write-Host와 Write-Output 비교

그리드 뷰 출력

파워셸 명령의 출력을 콘솔이 아니라 그리드 뷰 GUI로 보낼 수 있다. 이때 사용하는 명령이 Out-GridView이다. 이 명령은 PowerShell ISE가 설치된 상태에서만 사용할 수 있다. 구문 형식과 주로 사용하는 옵션은 표 5.5와 같다.

구문 형식	Out-GridView [-InputObject <PS개체>][-OutputMode <OutputModeOption>] [-Title <문자열>]
	Out-GridView [-InputObject <PS개체>][-PassThru][-Title <문자열>]
옵션	설명
-Title	그리드 뷰 창의 타이틀 지정. 값은 문자열로 지정
-OutputMode	None을 제외한 값을 사용할 경우 그리드 뷰에 [확인]/[취소] 버튼이 생기며 뷰에서 선택한 행을 명령줄에 반환한다.
-PassThru	OutputMode에 Multiple 값을 지정한 경우와 같으며, 선택한 행을 파이프라인의 다음 명령으로 전달한다.

표 5.5 Out-GridView의 구문 형식과 주요 옵션

예를 들어, 다음 구문은 현재 디렉터리의 목록을 그리드 뷰로 표시한다.

```
Get-ChildItem -Recurse | Out-GridView
```

그림 5.6에서 실행 결과를 볼 수 있다.

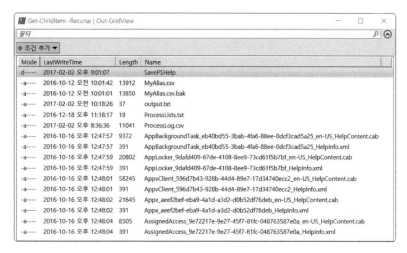

그림 5.6 그리드 뷰에서 현재 디렉터리 목록 표시

그림 5.6에서 본 그리드 뷰는 3가지 멋진 기능을 제공한다.

1. 목록의 해당 열 헤더를 클릭하면 오름/내림차순으로 빠르게 정렬한다.
2. [필터] 상자에 입력하는 내용에 따라 즉시 필터링을 적용한다.
3. [조건 추가] 드롭다운 버튼을 클릭하고 필요한 열만 필터링할 수 있다.

[따라해보기] **그리드 뷰 옵션 활용**

1. 시스템의 서비스 목록을 가져와서 상태와 이름으로 정렬하고 그리드 뷰로 출력한다.

   ```
   Get-Service | Sort-Object Status, DisplayName | Out-GridView
   ```

2. 그리드 뷰의 타이틀을 "정렬된 서비스 목록"으로 하고 서비스 목록을 다중 선택해서 콘솔에 출력한다. 실행 결과는 그림 5.7의 (1)과 같다.

   ```
   Get-Service | Sort-Object Status, DisplayName | Out-GridView
   -Title "정렬된 서비스 목록" -OutputMode Multiple
   ```

3. 첫 번째 그리드 뷰에서 다중 선택한 목록을 다시 그리드 뷰로 출력한다. 두 번째

   그리드 뷰의 타이틀은 "선택한 서비스 목록"이다.

   ```
   Get-Service | Sort-Object Status, DisplayName | Out-GridView
   -Title "정렬된 서비스 목록" -PassThru | Out-GridView -Title "선택한
   서비스 목록"
   ```

   실행 결과는 그림 5.7의 (2)와 같다.

(1) 첫 번째 그리드 뷰

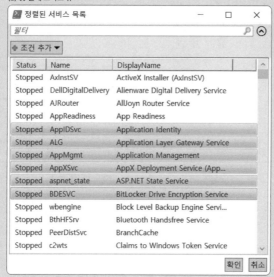

(2) 두 번째 그리드 뷰

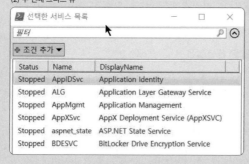

그림 5.7 서비스 목록을 표시하는 그리드 뷰

파일 출력

파워셸 명령의 처리 결과를 파일로 저장할 때 사용하는 명령은 Out-File이다. 이 명령은 개체를 텍스트 파일로 렌더링해서 저장하며, 셸에서 개체를 화면에 텍스트로 렌더링하는 데 사용하는 기술과 동일한 기술을 사용한다.

이 명령의 동작은 개체의 형식을 변경하지 않기 때문에 개체를 변환하거나 내보내기 하는 것과는 다르다. 즉, 셸에서 화면에 표시된 것을 단순히 캡처하는 동작일 뿐이다. Out-File의 구문 형식과 주로 사용하는 옵션은 표 5.6과 같다.

구문 형식	Out-File [-FilePath] <문자열> [[-Encoding] <문자열>][-Append][-Force] [-InputObject <PS개체>][-NoClobber][-NoNewline][-Width <정수>]
옵션	**설명**
-FilePath	출력할 파일의 경로를 지정한다. 형식은 문자열이다.
-Encoding	파일에 사용하는 문자 인코딩 형식을 지정한다. 지정할 수 있는 값은 unknown, string, unicode(기본값), bigendianunicode, utf8, utf7, utf32, ascii, default, oem의 10가지다.
-Append	기존 파일의 끝에 출력을 추가하는 스위치다.
-NoClobber	기존 파일을 덮어쓰지 않도록 하는 스위치다. 기본적으로 Out-File 명령은 지정한 경로에 파일이 있는 경우 경고 없이 바로 파일을 덮어쓴다. Append와 같이 사용되면 무시된다.
-Width	출력 시 각 줄의 문자 수를 지정한다. 지정한 문자 수를 넘기면 잘린다. 생략하면 호스트의 특징에 따라 결정된다. 윈도우 파워셸 콘솔의 경우 기본 값은 80자다. 형식은 32비트 정수다.
-NoNewline	콘솔에 표시되는 콘텐츠가 개행문자로 끝나지 않도록 지정한다.

표 5.6 Out-File의 구문 형식과 주요 옵션

예를 들어, 서비스 목록을 가져와 상태로 정렬한 다음 이름과 상태 속성만 포함하는 ASCII 형식의 ServiceList.csv 파일로 출력할 경우 다음과 같이 구문을 작성할 수 있다.

```
Get-Service | Sort-Object -Property Status | Select-Object -Property
  Name, Status | Out-File -FilePath ServiceList.csv -Encoding ascii
```

Out-File의 결과는 대개 사람이 읽기 위한 용도이므로 이를 다시 읽어 데이터를 정렬하거나 선택, 계산하는 조작은 어렵거나 불가능할 수 있다.

프린터 출력

파워셀에서 프린터 출력에 사용하는 명령은 Out-Printer다. 이 명령을 사용하려면 사전에 운영체제에서 프린터 출력을 위한 설정이 되어 있어야 한다. 구문 형식은 다음과 같다.

```
Out-Printer [[-Name] <대체 프린터>] [-InputObject <입력 개체>]
```

주로 사용하는 옵션인 -Name은 대체 프린터를 지정한다. 생략하면 현재 시스템의 기본 프린터로 출력한다. 예를 들어 다음 구문은 "Hello PowerShell"이라는 문자열 개체를 "SteelFlea-Aw"라는 컴퓨터의 "Microsoft Print to PDF"라는 대체 프린터로 출력한다.

```
"Hello PowerShell" | Out-Printer -Name "\\SteelFlea-Aw\Microsoft Print
  to PDF"
```

Get-Printer로 현재 시스템에서 사용할 수 있는 프린터 목록을 확인할 수 있다. 예를 들어 프린터의 이름과 드라이버 이름, 포트 이름을 표시하려면 다음 구문을 실행한다.

```
Get-Printer | Select-Object -Property Name,DriverName,PortName
```

```
PS C:\PowerShell_Lab> Get-Printer | Select-Object -Property Name,DriverName,PortName

Name                                   DriverName                        PortName
----                                   ----------                        --------
Send To OneNote 2016                   Send to Microsoft OneNote 16 Driver nul:
Snagit 13                              Snagit 13 Printer                 C:\ProgramData\T
Samsung ML-2160 Series (192.168.0.13)  Samsung Universal Print Driver 3  SEC001599A937BB
Microsoft XPS Document Writer          Microsoft XPS Document Writer v4   PORTPROMPT:
Microsoft Print to PDF                 Microsoft Print To PDF            PORTPROMPT:
Hancom PDF                             Hancom PDF                        Hancom PDF Port
Fax                                    Microsoft Shared Fax Driver       SHRFAX:
```

그림 5.8 Get-Printer로 시스템의 프린터 목록 출력

5.2 출력 서식과 형식 변환

앞서 출력 관련 명령을 소개했지만, 결과를 출력하기 전에 필요한 경우 출력할 개체의 모습을 다듬을 수 있다. 이 작업을 서식 조정이라고 한다. 파워셀에서는 출력할 개체의 서식을 바꿀 수 있는 몇 가지 명령을 제공한다. 이들 명령은 주로 Format-*이라는 동사로 시작한다.

파워셸에서는 정의된 기본 출력 서식을 변경할 때 Format-* 명령으로 서식 개체를 만들고 Out-* 명령으로 서식이 적용된 출력을 지정한 장치로 보낸다. 명령을 실행하고 출력 결과에 가독성을 높이기 위해 서식을 적용할 수 있다.

출력 기본 서식

기본 서식 명령은 Format-Wide, Format-List, Format-Table이다. 이들 명령에 기본으로 표시되는 속성이 정의되어 있으며, 다른 속성을 지정할 수도 있다.

Format-Wide

파이프 개체를 가로로 배열해서 표시하며 별칭은 FW다. 기본은 개체의 이름 속성을 두 개의 열로 출력한다. 주로 사용하는 구문 형식과 옵션은 표 5.7과 같다.

구문 형식	Format-Wide [[-Property] <개체>] [-AutoSize] [-Column <정수>]
옵션	**설명**
-Property	기본 속성인 Name 외에 다른 속성 하나를 지정한다.
-AutoSize	출력 창에 적절한 열 수를 계산한다.
-Column	표시할 열의 수를 지정한다.

표 5.7 Format-Wide의 구문 형식과 옵션

예를 들어, 현재 디렉터리의 파일 목록을 3개의 열로 출력하려면 다음의 구문을 실행한다.

```
Get-ChildItem | Format-Wide -Column 3
```

현재 디렉터리의 파일들의 생성 시간을 창에 맞게 가로로 배열해서 출력하려면 다음과 같이 실행한다.

```
Get-ChildItem | Format-Wide -Property CreationTime -AutoSize
```

앞서 두 가지의 실행 결과는 그림 5.9와 같다.

```
PS C:\PowerShell_Lab> Get-ChildItem | Format-Wide -Column 3

    디렉터리: C:\PowerShell_Lab


SavePSHelp                     MyAlias.csv                    MyAlias.csv.bak
output.txt                     ProcessLists.txt               ProcessLog.csv
ServiceList.csv                ServiceList.txt


PS C:\PowerShell_Lab> Get-ChildItem | Format-Wide -Property CreationTime -AutoSize

2016-10-16 오후 12:47:17    2016-10-12 오전 9:53:52     2016-10-12 오전 10:01:15   2017-02-01 오후 11:24:42
2016-12-18 오후 11:14:06    2017-02-02 오후 8:36:22     2017-03-11 오전 12:31:28   2017-03-11 오전 12:32:13
```

그림 5.9 Format-Wide의 몇 가지 실행 예

Format-List

개체의 속성을 목록 형식으로 표시하며 별칭은 FL이다. 이 명령은 개체의 모든 속성과 값을 빠르게 확인할 때 유용하다. 주로 사용하는 구문 형식과 옵션은 표 5.8과 같다.

구문 형식	Format-List [[-Property] <속성[]>]
옵션	설명
-Property	기본 속성 외에 다른 속성이나 속성 목록을 지정한다. 속성 목록은 쉼표로 분리한다. 와일드카드(*)를 사용하면 모든 속성과 값을 표시한다.

표 5.8 Format-List의 구문 형식과 옵션

예를 들어, 프로세스의 목록과 각 프로세스의 속성 중 이름과 ID, 시작 시간을 표시하고 싶다면 다음과 같이 실행한다.

```
Get-Process | Format-List -Property Name,ID,StartTime
```

실행 결과는 그림 5.10과 같다.

```
PS C:\PowerShell_Lab> Get-Process | Format-List -Property Name,ID,StartTime

Name      : AcroRd32
Id        : 15564
StartTime : 2017-03-12 오후 11:36:29

Name      : AdminService
Id        : 2944
StartTime : 2017-03-07 오후 1:33:54
```

그림 5.10 Format-List의 실행 예

Format-Table

개체의 속성을 열(표) 형식으로 표시하며 별칭은 FT다. 이 명령은 항상 열 사이에 공간을 추가해 출력 창의 너비에 맞게 채운다. 주로 사용하는 구문 형식과 옵션은 표 5.9와 같다.

구문 형식	Format-Table [[-Property] <개체[]>] [-AutoSize] [-Wrap]
옵션	설명
-Property	기본 속성 외에 다른 속성이나 속성 목록을 지정한다. 속성 목록은 쉼표로 분리한다. 와일드카드(*)를 사용하면 모든 속성과 값을 표시한다.
-AutoSize	출력 창에 적절한 열 수를 계산한다.
-Wrap	해당 열에 표시되는 데이터가 잘리지 않도록 한다. 열의 콘텐츠를 여러 행으로 줄바꿈 한다.

표 5.9 Format-Table의 구문 형식과 옵션

예를 들어, Out-* 동사로 시작하는 명령 중 별칭이 있는 항목의 모든 속성을 구하는 명령을 다음과 같이 작성할 수 있다.

```
Get-Alias -Definition out-* | Format-Table -Property *
```

하지만 이 구문은 일부 속성의 값이 잘린다. 이런 경우 -wrap 스위치를 사용해 다음과 같이 고치면 값이 잘리지 않고 모두 표시할 수 있다.

```
Get-Alias -Definition out-* | Format-Table -Property * -Wrap
```

두 가지 구문의 실행 결과는 그림 5.11과 같다.

```
PS C:\PowerShell_Lab> Get-Alias -Definition out-* | Format-Table -Property *

HelpUri                                          ResolvedCommandName DisplayName            Referenc
                                                                                            edComman
                                                                                            d
-------                                          ------------------- -----------            -------
http://go.microsoft.com/fwlink/?LinkID=113367 Out-Printer         lp -> Out-Printer      Out-P...
http://go.microsoft.com/fwlink/?LinkID=113364 Out-Gridview        ogv -> Out-Gridview    Out-G...
http://go.microsoft.com/fwlink/?LinkID=113365 Out-Host            oh -> Out-Host         Out-Host


PS C:\PowerShell_Lab> Get-Alias -Definition out-* | Format-Table -Property * -wrap

HelpUri                                          ResolvedCommandName DisplayName            Referenc
                                                                                            edComman
                                                                                            d
-------                                          ------------------- -----------            -------
http://go.microsoft.com/fwlink/?LinkID=113367 Out-Printer         lp -> Out-Printer      Out-Prin
                                                                                            ter
http://go.microsoft.com/fwlink/?LinkID=113364 Out-Gridview        ogv -> Out-Gridview    Out-Grid
                                                                                            view
http://go.microsoft.com/fwlink/?LinkID=113365 Out-Host            oh -> Out-Host         Out-Host
```

그림 5.11 Format-Table의 실행 예

출력 고급 서식

앞서 Select-Object 명령에서 사용자 지정 속성을 만들어 사용하는 법을 배웠다. 동일한 방식을 Format-List와 Format-Table에 적용할 수 있다. 하지만 사용자 지정 속성 표현식에 적용할 수 있는 옵션에는 차이가 있다 (표 5.10).

옵션	설명	대상 명령
formatString	서식과 자릿수 지정, 서식의 종류는 표 4.3 참고	Format-List Format-Table
align	맞춤 방식 지정. Left, Right, Center 중에서 선택.	Format-Table

표 5.10 사용자 지정 속성 표현식 추가 옵션

예를 들어 다음의 조건을 만족하는 결과를 출력하고 싶다고 하자.

- 프로세스별 이름, ID, 물리 메모리 크기 출력
- 물리 메모리 크기의 레이블을 'PM(MB)'로 바꾸고 값을 MB 단위로 출력
- **PM(MB)** 열의 값을 소수점 둘째 자리, 왼쪽 맞춤으로 출력.

이 조건을 만족하는 구문은 다음과 같이 작성할 수 있다.

```
Get-Process | Format-table -Property Name,ID,@{n='PM(MB)'; e={$PSItem.
  PM / 1MB};formatString='N2';align='Left'}
```

실행 결과는 그림 5.12와 같다.

```
Name                        Id PM(MB)
----                        -- ------
AcroRd32                 15564 105.81
AdminService              2944 1.89
AlienFusionController    10168 10.20
AlienFusionService         572 22.32
```

그림 5.12 Format-Table에 사용자 지정 표현식 사용

Format-Wide, Format-List, Format-Table 명령은 특정 속성을 중심으로 데이터를 그룹화해서 보여주는 옵션인 -GroupBy를 제공한다. 이 옵션을 사용하면 지정한 속성의 값이 변할 때마다 새로운 제목(헤더) 집합을 만든다. 즉, 시스템의 서비스 현황을 출력하는 다음과 같은 구문을 실행한 경우 그림 5.13과 같이 Status의 값이 변할 때마다 새 제목 집합을 만들어 출력한다.

```
Get-Service | Format-Table -GroupBy Status
```

```
PS C:\PowerShell_Lab> get-service | Format-Table -GroupBy Status

   Status: Stopped

Status    Name              DisplayName
------    ----              -----------
Stopped   AJRouter          AllJoyn Router Service
Stopped   ALG               Application Layer Gateway Service


   Status: Running

Status    Name              DisplayName
------    ----              -----------
Running   AlienFusionService Alienware Fusion Service


   Status: Stopped

Status    Name              DisplayName
------    ----              -----------
Stopped   AppIDSvc          Application Identity
```

그림 5.13 -GroupBy 매개변수 사용

사실 출력을 그룹화하려고 마음먹었을 때 생각한 결과는 그림 5.13의 결과
는 아니었다. 이를 해결하려면 먼저 해당 속성의 값으로 개체를 먼저 정렬
하는 과정을 거치면 된다. 앞서의 구문을 다음과 같이 바꾸면, 그림 5.14와
같이 서비스 전체를 중지와 실행 상태로 그룹화해서 출력한 결과를 얻을
수 있다.

```
Get-Service | Sort-Object -Property Status | Format-Table -GroupBy
  Status
```

```
PS C:\PowerShell_Lab> Get-Service | Sort-Object -Property Status | Format-Table -GroupBy Status

   Status: Stopped

Status    Name              DisplayName
------    ----              -----------
Stopped   AJRouter          AllJoyn Router Service
Stopped   RemoteRegistry    Remote Registry
Stopped   RetailDemo        소매 데모 서비스
Stopped   RmSvc             무선 송수신 장치 관리 서비스
Stopped   RpcLocator        Remote Procedure Call (RPC) Locator
Stopped   SCardSvr          Smart Card
Stopped   ScDeviceEnum      Smart Card Device Enumeration Service

   Status: Running

Status    Name              DisplayName
------    ----              -----------
Running   SystemEventsBroker System Events Broker
Running   UnistoreSvc_56d9f User Data Storage_56d9f
Running   DellDataVaultWiz  Dell Data Vault Wizard
Running   UmRdpService      Remote Desktop Services UserMode Po...
Running   AppMgmt           Application Management
Running   DcomLaunch        DCOM Server Process Launcher
```

그림 5.14 정렬과 함께 사용한 -GroupBy 옵션

Format-* 명령(특히 Format-Table)의 기능은 앞서 배운 Select-Object와 겹치는 부분이 많다. 두 가지 명령 모두 속성 목록을 받아서 표시되는 속성을 제어하며, 사용자 지정(또는 계산된) 속성을 만들 수 있다. 따라서 이두 가지 명령을 사용할 때는 다음과 같은 기준을 따르면 좋다.

- 개체 컬렉션을 파이프로 넘겨 또 다른 명령에서 처리하기 위해 정렬이나 필터링, 내보내기, 열거 등이 필요하다면 Select-Object를 사용한다.
- 개체 컬렉션에 대한 모든 처리가 끝났고, 단지 화면에 출력하기 위한 조정만 필요하다면 서식 명령인 Format-* 명령을 사용한다.

출력 개체의 형식 변환

파워셸에서는 파이프라인 개체를 다른 형식의 데이터로 나타내는 기능을 제공한다. 예를 들어 개체의 형식을 HTML, CSV, 또는 XML 형식으로 변환할 수 있다. 이와 관련해 파워셸에는 ConvertTo-*와 Export-*가 준비되어 있다.

ConvertTo 동사와 관련된 파워셸 명령은 대표적으로 다음 세 가지다. 이들 명령은 이름만으로도 어떤 동작을 할지 짐작할 수 있다.

- ConvertTo-CSV
- ConvertTo-HTML
- ConvertTo-XML

이들 명령의 주로 사용하는 구문 형식과 옵션은 표 5.11과 같다.

구문 형식	ConvertTo-Csv [[-Delimiter] <문자>]
	ConvertTo-Html [[-Property] <개체[]>] [[-Body] <문자열[]>] [[-Head] <헤더[]>] [[-Title] <문자열>] [-CssUri <Uri>] [-PostContent <문자열[]>] [-PreContent <문자열[]>]
	ConvertTo-Xml [-Depth <정수>]
옵션	설명
-Delimiter	속성 값들을 구분하는 구분 기호. 기본 값은 쉼표(,)
-Property	HTML에 지정한 개체의 속성 컬렉션
-Body	여는 <BODY> 태그 다음에 올 텍스트 지정

-Head	\<HEAD\> 태그의 콘텐츠를 지정
-Title	\<TITLE\> 태그 사이에 나타나는 HTML 파일의 제목 지정
-CssUri	\<link\> 태그에 연결할 CSS 파일의 URI 지정
-PostContent	닫는 \</TABLE\> 태그 다음에 오는 텍스트 지정
-PreContent	여는 \<TABLE\> 태그 다음에 오는 텍스트 지정
-Depth	XML에 포함할 개체의 수준 지정. 기본 값은 1. 개체의 속성에서 또 개체를 포함하는 경우는 2를 지정

표 5.11 ConvertTo-Csv/Html/Xml 구문 형식과 옵션

이를테면 ConvertTo-HTML과 같은 명령을 사용하면 파이프라인에서 개체를 입력으로 받아 파이프라인의 출력으로 변환된 HTML 데이터를 내보낸다. 이때 변환된 데이터는 파워셸 세션의 메모리상에 유지되고 이를 파이프라인을 통해 또 다른 명령으로 보내어 데이터를 화면이나 파일에 출력한다.

현재 시스템의 동작 중인 프로세스 정보를 읽어와 csv 형식의 파일로 저장하고 싶다면 다음의 구문을 실행한다. 실행 결과는 그림5.15와 같다.

```
Get-Process | ConvertTo-CSV | Out-File Process.csv
```

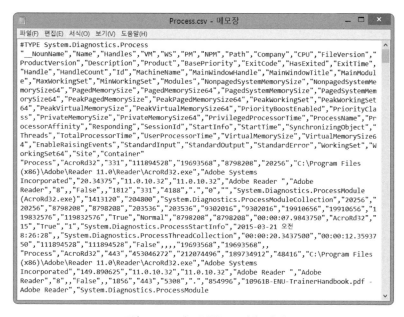

그림 5.15 프로세스 목록을 CSV 파일로 출력

Export 동사를 사용하는 명령으로 Export-CSV와 Export-CliXML이 대표적이다. 이 두 가지 명령은 내부적으로 동시에 두 가지 작업을 수행한다.

1. 데이터를 변환하는 작업
2. 파일과 같은 외부 저장소에 데이터를 쓰는 작업

예를 들어, 프로세스 정보를 현재 위치에 csv 형식의 파일로 저장하려면 다음과 같이 할 수도 있다.

```
Get-Process | Export-CSV Process.csv
```

즉, 이 경우 Export-CSV 명령은 ConvertTo-CSV와 Out-File 두 가지 명령의 기능이 결합되었다고 보면 된다. 따라서 Export-* 명령의 결과는 다시 파이프라인으로 보낼 수 없다.

Export-* 명령에서 주로 사용하는 구문 형식과 옵션은 표 5.12와 같다.

구문 형식	Export-Csv [[-Path] <문자열>] [-NoClobber] [-Encoding <문자열>] [-Append] [[-Delimiter] <문자>]
	Export-Clixml [-Depth <정수>] [-Path] <문자열> [-NoClobber] [-Encoding <문자열>]
옵션	**설명**
-Path	CSV/XML 파일 출력 경로 지정
-NoClobber	기존 파일을 덮어쓰지 않도록 하는 스위치. 지정한 경로에 파일이 있는 경우 경고 없이 바로 파일을 덮어쓴다.
-Encoding	CSV 파일에 사용하는 문자 인코딩 형식을 지정. 지정할 수 있는값은 unicode, bigendianunicode, utf8, utf7, utf32, ASCII(기본값), default, oem의 8가지이다.
-Append	지정한 파일의 끝에 CSV 출력 추가
-Delimiter	속성 값들을 구분하는 구분 기호. 기본값은 쉼표(,)
-Depth	XML에 포함할 개체의 수준 지정. 기본값은 2

표 5.12 Export-CSV/Clixml 구문 형식과 옵션

이러한 변환 작업에서 알아야 할 중요한 사실은, 변환 전에는 본래의 특성을 가진 개체였지만 변환 후에는 더 이상 원래의 특성을 가진 개체가 아니며 완전히 다른 형식이 된다. 이렇게 변환된 데이터로 정렬이나 선택, 계산

과 같은 조작을 하기는 쉽지 않다. 따라서 이들 명령은 해당 개체의 조작이
모두 끝난 후에 사용하는 것이 좋다.

따라해보기 **서비스 목록 CSV 출력**

1. 시스템의 서비스 목록을 가져와 상태별로 정렬한다.

   ```
   Get-Service | Sort-Object -Property Status
   ```

2. 속성 중에서 이름과 상태, 시작 유형만 출력한다. 시작 유형은 기본 출력 속성이
   아니므로 Get-Member를 통해 확인한다.

   ```
   Get-Service | Sort-Object -Property Status | Select-Object -
     Property Name,Status,StartType
   ```

3. 2번의 결과를 CSV 파일로 변환하고 현재 디렉터리에 ServiceList.csv 파일로 내
   보낸다.

   ```
   Get-Service | Sort-Object -Property Status | Select-Object
     -Property Name,Status,StartType | ConvertTo-Csv | Out-File
     -FilePath ServiceList.csv
   ```

이제 파워셸 구문의 실행 과정을 분석해보자. ①Get-Service를 실행한 후 파이프
라인에 들어가는 개체의 형식은 System.ServiceProcess.ServiceController다.
②Sort-Object로 넘어간 후에도, 파이프라인에는 여전히 ServiceController 개체
가 있다.

　③Select-Object를 실행하고 나면 이때는 개체의 형식이 Selected.System.
ServiceProcess.ServiceController로 바뀐다. 이 개체는 앞서의 ServiceController
에서 파생된 것으로, 일부 멤버가 제거된 상태이다. 즉, 이 개체는 Name과 Status,
StartType 속성만 포함하는 것이므로 이후로는 더 이상 DisplayName 속성으로 이들
을 정렬할 수 없다.

　④다음으로 ConvertTo-CSV를 거치면 파이프라인에서는 CSV 형식의 데이터를 포
함하는 System.String 개체 형식으로 바뀐다. 파워셸에서는 더 이상 이들 개체를 정
렬하거나 선택할 수 없게 된다. ⑤마지막으로 Out-File이 동작하면서 파이프라인에
는 비워지며, 결과는 파일에 기록된다.

5.3 입력 명령과 입력 개체

파워셸에서 데이터를 입력 받는 시나리오는 크게 다음과 같은 두 가지 상황으로 볼 수 있다.

- 사용자로부터 대화식으로 입력 받기
- 파일이나 데이터베이스 등 기존에 저장된 데이터 원본에서 데이터 가져오기

주로 파워셸 명령 창에서 사용자와 대화식으로 입력을 처리하지만, 뒤에서 배울 파워셸 스크립트에서도 대화식 입력 처리를 위한 코드를 작성할 때가 많다.

외부 원본에서 데이터 입력 받기

다른 데이터 원본에서 데이터를 가져오는 방법은 두 가지로 나눌 수 있다.

- 데이터 형식과 구조 가져오기
- 데이터를 단순히 읽어오기

먼저, 가져오기를 수행하는 명령은 파일과 같은 외부 저장소에서 서식이 적용된 데이터를 읽어서 다시 개체로 변환하는 과정이다. 이렇게 변환된 개체를 파이프라인을 통해 다른 명령으로 전달하면 추가적인 조작이 가능하다.

가져오기 프로세스의 유효성은 데이터의 형식에 달렸다. 예를 들어 CSV 파일은 단순 데이터 구조에 적합하며 복잡한 데이터 유지에 적합하지 않다. 대조적으로 XML의 경우는 복잡한 계층적 관계의 데이터를 유지하는 데 적합하다.

파워셸에서 데이터 가져오기에 주로 사용하는 명령은 Import-Csv와 Import-Clixml이다. Import 동사도 Export 동사의 경우처럼 두 단계의 과정을 의미한다. Import 명령에 주로 사용하는 구문 형식과 옵션은 표 5.13과 같다.

구문 형식	Import-Csv [[-Delimiter] <구분기호>] [[-Path] <경로명>] [-Header <열 제목[]>] [-Encoding <인코딩형식>]
	Import-Clixml [-Path] <문자열> [-Skip <정수>] [-First <정수>]
옵션	**설명**
-Delimiter	속성 값들을 구분하는 구분 기호. 기본값은 쉼표(,)
-Path	가져올 CSV/XML 파일 경로 지정
-Header	가져오는 파일의 대체 열 제목 행을 지정한다.
-Encoding	CSV 파일에 사용하는 문자 인코딩 형식을 지정. 지정할 수 있는값은 unicode, bigendianunicode, utf8, utf7, utf32, ASCII(기본 값), default, oem의 8가지.
-Skip	지정한 개체의 수를 무시하고 남은 개체를 가져온다.
-First	지정한 개체의 수만 가져온다

표 5.13 Import-Csv/Clixml 구문 형식과 옵션

다음의 파워셸 구문을 실행하면 시스템의 서비스 목록을 CSV 파일로 저장한다.

```
Get-Service | Export-CSV Services.csv
```

이제 다시 다음 명령 구문을 실행해보자.

```
Import-CSV ServiceList.csv | Sort-Object -Property Name,Status,
  StartType -Descending | Select-Object -First 5
```

이 명령은 ServiceList.csv 파일을 읽어 부분 데이터 충실도를 갖는 원래 개체로 다시 구성하므로, Name과 같은 속성으로 개체를 내림차순으로 정렬한 뒤 첫 5개의 개체를 선택한다. 실행 결과는 그림 5.16과 같다.

```
PS C:\Powershell_Lab> Import-CSV ServiceList.csv |
Sort-Object -Property Name,Status,StartType -Descending |
Select-Object -First 5

Name          Status   StartType
----          ------   ---------
XboxNetApiSvc Stopped  Manual
XblGameSave   Stopped  Manual
XblAuthManager Stopped Manual
wwanSvc       Stopped  Manual
wudfsvc       Running  Manual
```

그림 5.16 가져오기

가져오기는 해당 데이터의 형식을 명령에서 알고 있어서 이 데이터로 개

체를 구성할 수 있음을 의미한다. 가져오기는 파일의 내용을 읽는 것과는
다르다.

두 번째로 파워셸에서 데이터를 단순히 읽어 오는 명령인 Get-Content의
동작을 살펴보기 위해 다음과 같은 구문을 작성하고 실행해보자.

```
Get-Content ServiceList.csv | Sort-Object -Property Name -Descending |
  Select-Object -First 5
```

결과는 그림 5.17과 같다.

```
PS C:\PowerShell_Lab> Get-Content ServiceList.csv |
Sort-Object -Property Name -Descending |
Select-Object -First 5
#TYPE Selected.System.ServiceProcess.ServiceController
"WSearch","Running","Automatic"
"wudfsvc","Running","Manual"
"AlienFusionService","Running","Automatic"
"AppMgmt","Running","Manual"
```

그림 5.17 읽어오기

아마 예상한 결과와 다를 것이다. 그 이유는 Get-Content는 메모장에서
CSV 파일 내용을 살펴보는 동작을 모사하기 때문이다. 즉 내용의 구조와
형식을 이해하는 것이 아니다.

하지만 방법이 전혀 없는 것은 아니다. 앞서 배운 ConvertTo 동사를 사용
한 명령과 동작 방향이 반대인 ConvertFrom 동사를 사용하는 명령과 같이
사용한다면 원하는 결과를 얻을 수 있다.

ConvertFrom-* 명령은 데이터 원본에서 데이터를 읽어 다시 조작이 쉬운
개체 형태로 만들어 준다. CSV 형식의 데이터를 변환하는 데 사용하는 명령
은 ConvertFrom-Csv다. 주로 사용하는 구문 형식과 옵션은 표 5.14와 같다.

구문 형식	ConvertFrom-Csv [[-Delimiter] <문자>] [-Header <문자열[]>]
옵션	설명
-Delimiter	CSV 문자열에서 속성 값들을 구분하는 구분 기호. 기본값은 쉼표(,)
-Header	가져온 문자열에 대한 대체 제목을 지정한다.

표 5.14 ConvertFrom-Csv 구문 형식과 옵션

앞서의 명령을 다시 수정하여 다음과 같이 실행하면 그림 5.18과 같은 결과를 얻을 수 있다.

```
Get-Content ServiceList.csv | ConvertFrom-Csv | Sort-Object -Property
  Name -Descending | Select-Object -First 5
```

```
PS C:\PowerShell_Lab> Get-Content ServiceList.csv | ConvertFrom-Csv |
Sort-Object -Property Name -Descending |
Select-Object -First 5

Name            Status   StartType
----            ------   ---------
XboxNetApiSvc   Stopped  Manual
XblGameSave     Stopped  Manual
XblAuthManager  Stopped  Manual
WwanSvc         Stopped  Manual
wudfsvc         Running  Manual
```

그림 5.18 ConvertFrom-CSV 사용 결과

원하는 결과를 얻는 데 사용한 ConvertFrom-CSV는 해당 데이터를 해석하고 사용 가능한 개체로 구성해 파이프라인에 넣어준다.

> **💡 Import-CSV가 더 빠르다**
>
> Import-CSV를 단독으로 사용한 경우와 Get-Content와 ConvertFrom-CSV를 함께 사용한 경우가 동일한 결과를 보여주긴 하지만, Import-CSV를 사용할 때 결과를 더 빠르게 얻는다.

사용자의 입력 받기

콘솔에서 직접 명령을 실행하거나 스크립트를 작성해 실행할 때 사용자의 입력을 받아 처리해야 할 경우가 있다. 사용자 입력을 받는 데 사용하는 파워셸 명령은 Read-Host다. 주로 사용하는 구문 형식과 옵션은 표 5.15와 같다.

구문 형식	Read-Host [[-Prompt] <개체>] [-AsSecureString]
옵션	설명
-Prompt	프롬프트 텍스트를 지정한다. 문자열을 입력하며, 공백이 포함되는 경우 인용 부호로 감싼다.
-AsSecureString	사용자가 입력하는 문자를 '*'로 표시한다. ISE에서는 별도의 창이 실행되고 입력 문자를 검정색으로 채워진 원으로 표시.

표 5.15 Read-Host 구문 형식과 옵션

Read-Host 명령에서 받은 사용자 입력은 다시 사용해야 할 경우가 많으므로, 일반적으로 변수에 저장해 사용한다(파워셸에서 변수를 사용하는 방법은 8장에서 다룬다).

따라해보기 **비밀번호 입력 받기**

1. pwd라는 변수에 사용자의 비밀번호를 입력 받는 구문을 PowerShell ISE 명령창에서 실행한다.

    $pwd=Read-Host -Prompt "비밀번호를 입력하세요" -AsSecureString

2. 그림 5.19의 (1)과 같은 입력 창에서 비밀 번호를 입력하고 [확인]을 클릭한다.

3. ISE 명령 창에 $pwd를 입력해 변수에 저장된 값을 확인해본다. 그림 5.19의 (2)와 같이 파워셸에서 암호화된(SecureString 형식) 데이터라고 표시한다.

4. ConvertFrom-SecureString 명령을 사용하면 그림 5.19의 (2)와 같이 pwd에 저장된 암호화된 값을 확인한다(원래 값이 아님).

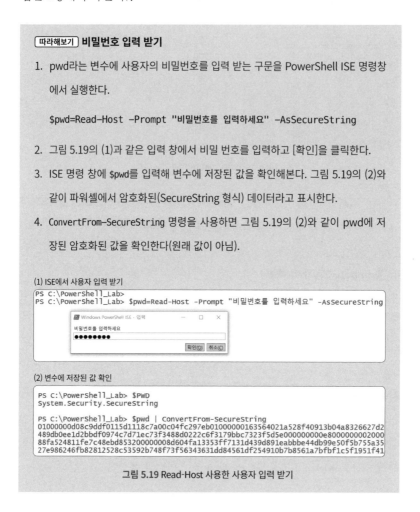

그림 5.19 Read-Host 사용한 사용자 입력 받기

5.4 파이프라인의 개체 컬렉션

명령의 실행 결과로 나온 개체가 하나가 아니라 여러 개, 즉 컬렉션일 때도 있다. 컬렉션은 유사한 개체의 집합이다. 그렇지만 컬렉션 그 자체도 개체이며 고유한 속성과 메서드를 갖는다. 따라서 이 속성과 메서드를 이용하

면 컬렉션에서 하나 이상의 개체를 쉽게 다룰 수 있다.

ForEach-Object를 사용해 컬렉션 다루기

컬렉션이 파이프라인을 통해 흐를 때 컬렉션의 각 개체를 한 번에 하나씩 다루는 과정을 **열거**(Enumeration)라고 한다. 파워셸에서 제공하는 특정 명령 자체에서 원하는 동작을 열거 형식으로 실행할 수 있을 때는 사전에 열거 작업을 수행하지 않아도 된다. 다루려는 개체의 멤버 중에 원하는 메서드가 있어서 이를 통해 단일 개체는 조작할 수 있지만, 컬렉션 내의 여러 개체에 해당 작업을 해야 할 때는 열거라는 방식을 통해 개체를 각각 처리해야 한다.

열거를 수행하는 대표적인 명령이 ForEach-Object다. 이 명령은 ForEach 와 %라는 두 개의 별칭을 제공한다. 주로 사용하는 구문 형식과 옵션은 표 5.16과 같다.

구문 형식	ForEach-Object [-MemberName <문자열>] [-ArgumentList <개체[]>]
	ForEach-Object [-Begin <스크립트블록>] [-Process] <스크립트블록[]> [-End <스크립트블록>] [-RemainingScripts <스크립트블록[]>]
옵션	**설명**
-MemberName	가져올 속성이나 호출할 메서드 지정
-ArgumentList	메서드 호출에 전달할 매개변수 배열 지정
-Begin	입력 개체를 처리하기 전에 실행하는 스크립트 지정
-Process	각 입력 개체에서 수행되는 작업 지정. 해당 작업을 기술한 스크립트 블록 입력.
-End	입력 개체를 모두 처리한 후 실행하는 스크립트 지정
-RemainingScripts	Process 매개변수에서 다루지 않는 모든 스크립트 블록 지정

표 5.16 ForEach-Object 구문 형식과 옵션

ForEach-Object는 4장에서 설명한 Where-Object처럼 기본 구문과 고급 구문이 있다.

기본 구문에서는 파이프라인에서 해당 명령으로 들어온 개체의 단일 메서드를 실행하거나 단일 속성을 액세스한다. 예를 들어, 다음의 구문은 c:\Test라는 폴더의 모든 파일을 암호화하는 명령이다.

```
Get-ChildItem -Path C:\Test\ -File | ForEach-Object -MemberName
  Encrypt
```

이 구문에서 -MemberName 다음의 값이 메서드 이름이라면 이름 뒤에 괄호
(예: Encrypt())를 포함하지 않는다. 위 구문은 다음과 같이 약식으로도 작
성 가능하다.

```
Get-ChildItem -Path C:\Test\ -File | % Encrypt
```

열거를 기본 구문으로 다룰 때의 한계는 파이프라인을 통해 넘어온 개체
의 멤버 하나만 사용할 수 있기 때문에, 논리 비교나 표현식 평가, 다른 명
령이나 코드를 실행할 수 없다. 예를 들어, 파일을 암호화하고 파일의 전체
이름을 출력하려고 다음과 같은 명령 구문을 사용하면 에러를 표시한다.

```
Get-ChildItem -Path C:\Test -File | ForEach-Object -MemberName
  Encrypt,FullName
```

이런 경우에 필요한 방법이 열거의 고급 구문이다. 고급 구문은 더 많은 유
연성과 기능을 제공한다. 이 방법은 파이프로 전달된 각 개체에 지정한 스
크립트 블록을 실행한다. 앞에서 본 특정 폴더 내의 파일을 암호화하고 전
체 이름을 출력하는 구문을 고급 구문으로 올바로 하면 다음과 같다.

```
Get-ChildItem -Path C:\Test\ -File | ForEach-Object -Process {$PSItem.
  Encrypt();$PSItem.FullName}
```

ForEach-Object 명령의 -Process 매개변수에서 지정한 스크립트 블록은
파이프라인으로 들어온 각 개체에 대해 한 번씩 실행된다. $PSItem(또는
$_)은 현재 개체를 나타낸다.

> 💡 **고급 구문의 열거에서 메서드 표시**
>
> 고급 구문의 열거를 사용할 때, 메서드 이름에는 항상 여는 괄호와 닫는 괄호를 붙여
> 야 한다. 예를 들어 다음 ForEach-Object 구문에서는 Encrypt()가 메소드다.
>
> ```
> ForEach-Object -Process {$PSItem.Encrypt();$PSItem.FullName}
> ```

ForEach-Object를 사용하는 고급 기법의 시나리오 한 가지를 더 들자면,
지정한 횟수만큼 주어진 작업을 반복해야 하는 경우다. 다음과 같은 명령

구문은 범위 연산자를 사용해 100개의 무작위 값을 얻는다.

```
1..100 | ForEach-Object -Process { Get-Random }
```

두 개의 마침표(..)가 바로 범위 연산자다. 위 명령에서 실제 정수 값은 사용되지 않는다. 100개의 개체가 ForEach-Object로 넘어가지만 스크립트 블록을 100번 실행할 뿐이다.

개체의 속성과 메서드 다루기

개체의 속성이나 메서드를 편리하게 다루려면 명령의 결과를 변수에 저장하는 것이 좋다. 파워셸에서 개체를 변수에 저장하는 구문은 다음과 같다.

```
$variable = object
```

파워셸에서 변수의 이름에는 $를 붙인다. $variable은 variable 이름의 변수 공간을 나타내고, object는 저장되는 값이다.

다음은 변수에 명령 구문의 출력 개체를 저장하는 예다. 이 명령은 프로세스 정보를 읽어 조건에 해당하는 개체를 변수에 저장한다.

```
$ps=Get-Process | Where-Object {$_.processname -eq "powershell"}
```

변수에 저장한 개체의 Handles 속성에 접근할 때는 다음과 같이 한다.

```
$ps.Handles
```

개체의 속성 값을 알아내고 이런 속성 값을 변경하여 다른 동작을 수행하려면 다시 변수에 저장한 뒤 사용하거나 직접 값을 할당하여 변경한다.

조금 전에 알아낸 파워셸 프로세스의 핸들 값을 이용해서 출력하는 구문을 다음과 같이 작성할 수도 있다.

```
$whandle=$ps.Handles
write-host "파워셸 핸들은" $whandle"이다."
```

개체의 멤버를 확인할 때, MemberType이 Property인 항목의 Definition 열을 보면 해당 속성의 값을 읽고 변경할 수 있는 경우 끝에 중괄호 내에 get과 set을 표시하고 있다. 예를 들어 다음의 구문을 실행하면 그림 5.19와 같이 MaxWorkingSet 항목의 Definition 열에서 확인할 수 있다.

```
$ps | Get-Member
```

```
MachineName          Property      string MachineName {get;}
MainModule           Property      System.Diagnostics.ProcessModule MainModule {get;}
MainWindowHandle     Property      System.IntPtr MainWindowHandle {get;}
MainWindowTitle      Property      string MainWindowTitle {get;}
MaxWorkingSet        Property      System.IntPtr MaxWorkingSet {get;set;}
MinWorkingSet        Property      System.IntPtr MinWorkingSet {get;set;}
```

그림 5.19 MaxWorkingSet 항목의 Definition 열

MaxWorkingSet은 해당 프로세스에서 사용할 수 있는 최대 메모리를 확인하고 설정할 수 있는 속성이다. 따라서 다음과 같이 속성 값을 변경할 수 있다.

```
$ps.maxworkingset=30*1024*1024
```

개체의 속성은 개체의 상태를 나타내지만 메서드는 개체의 동작을 나타낸다. 개체 메서드의 사용방법은 해당 메서드에서 매개변수가 필요한지 여부에 따라 다르다. 앞서 시스템의 프로세스 정보를 읽어 그중 파워셸 개체를 $ps에 저장했다. 이 변수에 저장한 해당 프로세스를 중지하려면 다음 명령처럼 프로세스 개체의 멤버에 있는 kill 메서드를 이용할 수 있다.

```
$ps.kill()
```

5.5 정리

대화식 셸에서 명령어를 배우거나 프로그래밍 언어를 처음 배울 때 가장 먼저 접하는 부분이 입력과 출력이므로, 입출력 동작의 이해를 위해 표준 스트림에 대해 설명했다. 다음으로 파워셸에서 자주 사용하는 출력 명령과 출력 형식, 입력 명령과 입력 형식을 다루는 방법을 설명했다. 마지막으로, 파이프라인에서 개체 컬렉션을 다룰 때 유용한 Foreach-Object 명령의 기본 사용법과 고급 사용법을 익혔다.

지금까지 4장과 5장에 걸쳐 파워셸에서 개체를 자유롭게 다루기 위해 알아야 하는 주요 개념과 핵심 명령의 사용법을 설명했다. 지금까지의 내용을 잘 따라왔다면, 이제 파워셸 개체에 대해 이해하고 어떻게 다룰지 감을 잡았을 것이다.

6장

저장소 다루기

파워셸에서 다양한 형태의 저장소를 디스크 드라이브처럼 다룰 수 있다면, 파일 탐색기나 DOS 셸의 명령으로 파일 시스템을 탐색하고 조작하는 방식을 그대로 사용할 수 있을 것이다. 이는 기존의 경험을 그대로 새로운 기술에 적용할 수 있기 때문에 사용자에게 유리하다.

파워셸에서는 다양한 저장소를 연결하고 파일 시스템처럼 일관된 경험으로 다루게 해주는 PSProvider와 PSDrive라는 두 가지 기술을 제공한다. PSProvider는 저장소에 대한 어댑터 역할을 한다. 이를 저장소에 대한 '공급자'라고 부른다. PSDrive는 저장소 형식에 대한 실제 연결을 제공한다. 이 두 가지 기술을 사용하면 다양한 형식의 저장소를 다룰 수 있다.

6장에서 살펴볼 내용은 다음과 같다.

- 파워셸 공급자(PSProvider)의 개념과 관련 명령
- 파워셸 드라이브(PSDrive)의 개념과 관련 명령
- Item과 ItemProperty

6.1 PSProvider

PSProvider는 파워셸을 데이터 저장소에 연결하는 어댑터다. 저장소의 유형이 다양하므로 각 저장소에 맞는 다양한 공급자가 있다. 공급자는 데이

터를 모두 계층형 저장소로 나타낸다. 폴더 구조처럼 하위 항목과 중첩 구조를 가진 파일 시스템을 떠올리면 된다.

계층형 저장소

윈도우의 파일 시스템은 대표적인 계층형 저장소다. 디렉터리와 같은 컨테이너로 구성되며, 그 안에 다른 디렉터리를 포함하거나 파일 같은 요소를 포함할 수 있다. 하지만 계층형 저장소가 파일 시스템만 있는 것은 아니다. 대표적인 계층형 구조를 가지는 데이터 저장소의 예를 들면 다음과 같다.

- 레지스트리
- 인증서 저장소
- Active Directory
- 사용자 지정 변수나 환경 변수
- IIS

그림 6.1은 대표적인 계층형 저장소인 파일 시스템과 레지스트리를 탐색하는 데 자주 사용하는 파일 탐색기와 레지스트리 편집기다.

파워셸의 핵심 설계 원칙 중 하나는 기존에 사용하던 일련의 기술이나 프로세스를 유사한 작업에 그대로 응용하는 것이다. 예를 들어 레지스트리나 Active Directory 요소를 탐색하는 방법은 파일 시스템을 탐색하는 방법과 유사한 점이 많으므로 사용하는 명령도 비슷하다.

공급자 목록 확인과 도움말 액세스

현재 시스템에서 제공하는 공급자를 확인할 때 사용하는 명령은 Get-PSProvider이다. 그림 6.2는 기본 설치 상태의 Windows Server 2016에서 제공하는 공급자 목록을 확인한 것이다

이런 공급자는 모듈을 로드하면 셸에 추가된다. 예를 들어 그림 6.2에 보이지 않는 Active Directory 같은 경우 이 모듈에 PSProvider를 포함하고 있으므로 Import-Module 명령으로 모듈을 로드할 때 해당 공급자가 추가된다.

(1) 레지스트리 편집기

(2) 파일 탐색기

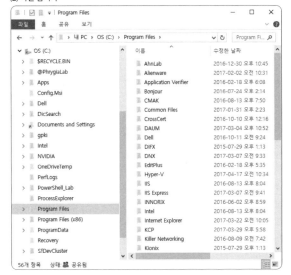

그림 6.1 계층형 데이터 저장소의 예

```
PS C:\> Get-PSProvider

Name            Capabilities                        Drives
----            ------------                        ------
Registry        ShouldProcess, Transactions         {HKLM, HKCU}
Alias           ShouldProcess                       {Alias}
Environment     ShouldProcess                       {Env}
FileSystem      Filter, ShouldProcess, Credentials  {C, D}
Function        ShouldProcess                       {Function}
Variable        ShouldProcess                       {Variable}
WSMan           Credentials                         {WSMan}
```

그림 6.2 Get-PSProvider 실행 결과

시스템에서 제공하는 각 공급자의 도움말은 다음의 구문으로 확인할 수 있다.

`Get-Help <공급자 이름>`

예를 들어, 레지스트리의 경우 공급자 이름이 Registry이므로, `Get-Help Registry` 구문으로 해당 공급자의 도움말을 확인한다.

그림 6.2에서는 사용 가능한 공급자 목록과 함께 각각에 대해 Capabilities라는 항목이 보인다. 각 공급자는 서로 다른 기반 기술에 연결되기 때문에 각 공급자의 기능은 서로 다르다. 각 기능 항목이 뜻하는 바는 다음과 같다.

- ShouldProcess: –WhatIf와 –Confirm 스위치를 지원하는 공급자
- Filter: 필터링을 지원하는 공급자
- Credential: 대체 자격증명을 지원하는 공급자
- Transactions: 트랜잭션된 작업을 지원하는 공급자

> ☑ **트랜잭션**
>
> 트랜잭션은 반드시 완전히 완료되거나 실패하는 경우 완전히 롤백되어야 하는 작업의 단위다. 예를 들어 은행에서 돈을 송금할 때 발생하는 작업의 단계는 다음과 같다.
>
> 1. 은행 계좌 접근
> 2. 내 은행 계좌에서 일정 금액 차감
> 3. 상대방 은행 계좌 접근
> 4. 상대방 은행 계좌에 내 은행 계좌에서 차감한 금액 추가
>
> 송금은 이 4가지 단계가 모두 완료되어야 끝난다. 도중에 한 단계라도 실패하면 내 계좌의 돈은 그대로 유지된다.

공급자를 다루는 여러 가지 명령은 모든 유형의 공급자가 지원하는 기능을 다 포함하고 있다. 그러나 공급자마다 지원하는 기능이 다르기 때문에 명령의 어떤 옵션은 사용할 수 없는 경우가 있다. 예를 들어 Get-

ChildItem의 -UseTransaction 옵션은 그림 6.2에서 Capabilities 항목에 Transactions가 있는 레지스트리에서만 사용할 수 있다.

6.2 PSDrive

PSDrive는 PSProvider를 사용해 셸에 연결한 특정 저장소 형식을 나타낸다. 각 PSDrive는 데이터 저장소에 연결할 때 하나의 PSProvider를 사용한다. 예를 들어 C 드라이브는 FileSystem이라는 공급자를 사용해 파일 시스템에 연결한 논리 디스크를 나타내는 저장소 형식이다. PSDrive를 다루는 명령은 3가지이다.

* Get-PSDrive
* New-PSDrive
* Remove-PSDrive

드라이브 확인을 위한 Get-PSDrive

시스템에서 사용할 수 있는 모든 드라이브를 확인할 때 Get-PSDrive 명령을 사용한다. 그림 6.3에서 기본 설치 상태의 Windows Server 2016에서 사용할 수 있는 드라이브 목록을 볼 수 있다.

```
PS C:\> Get-PSDrive

Name        Used (GB)     Free (GB) Provider      Root
----        ---------     --------- --------      ----
Alias                               Alias
C                9.84        49.60 FileSystem    C:\
Cert                               Certificate   \
D                5.35         0.00 FileSystem    D:\
Env                                Environment
Function                           Function
HKCU                               Registry      HKEY_CURRENT_USER
HKLM                               Registry      HKEY_LOCAL_MACHINE
Variable                           Variable
WSMan                              WSMan
```

그림 6.3 Get-PSDrive 실행 결과

그림 6.3에서 볼 수 있는 파워셸 세션의 드라이브는 다음과 같다.

* 레지스트리 드라이브: HKLM(HKEY_LOCAL_MACHINE)과 HKCU (HKEY_CURRENT_USER)

- 로컬 디스크 드라이브: C와 D
- 파워셸 저장소 드라이브: Variable, Function, Alias
- WS-Management(WS-MAN) 설정 드라이브: WSMan
- 환경 변수 드라이브: Env
- 인증서 저장소 드라이브: Cert

드라이브 생성과 제거: New-PSDrive와 Remove-PSDrive

기본으로 제공하는 드라이브 외에 사용자 지정 드라이브를 만들고자 할 때는 New-PSDrive를 사용한다. 이 명령을 사용할 때는 고유한 드라이브 이름(콜론 제외)과 시작 위치, 해당 공급자의 이름을 제공해야 한다. 사용하는 PSProvider의 기능에 따라 대체 자격증명과 다른 옵션을 지정하기도 한다. 파워셸 3.0부터는 네트워크 드라이브와 외장 드라이브에 대한 연결, UNC 경로에 대한 자격 증명도 지원한다.

New-PSDrive 명령을 사용해 만든, 임시 파워셸 드라이브나 연결한 네트워크 드라이브를 끊을 때는 Remove-PSDrive를 사용한다. 이 명령으로 윈도우의 물리 드라이브나 논리 드라이브를 제거할 수는 없다. 표 6.1에 두 가지 명령에 대한 구문 형식과 자주 사용하는 옵션을 정리했다.

구문 형식	New-PSDrive [-Name] <문자열> [-PSProvider] <문자열> [-Root] <매핑 위치> [-Credential <PS 자격증명>] [-Persist] [-Scope <문자열>]
	Remove-PSDrive [-Name] <문자열[]> [-PSProvider] <문자열[]> [-Scope <문자열>]
옵션	**설명**
-Name	새로운 드라이브의 이름을 지정한다. 네트워크 드라이브를 영구적으로 연결하는 경우 드라이브 문자를 입력한다.
-PSProvider	해당 드라이브를 지원하는 파워셸 공급자를 지정한다.
-Root	파워셸 드라이브를 매핑하는 데이터 저장소 위치를 지정한다.
-Persist	윈도우의 네트워크 드라이브 연결을 만든다. 이 드라이브는 세션에 의존적이지 않고 탐색기 등에서 볼 수 있도록 영구적으로 연결된다.
-Credential	작업 수행 권한이 있는 자격 증명
-Scope	해당 드라이브에 대한 범위를 지정한다. 가능한 값은, Global, Local(기본값), Script, 현재 범위에 상대적인 숫자.

표 6.1 New-PSDrive 구문 형식과 옵션

☑ **-Scope 옵션 활용**

파워셸 명령의 –Scope 옵션은 파워셸에서는 읽고 변경할 수 있는 위치를 제한하여 변수, 별칭, 함수 및 윈도우 파워셸 드라이브(PSDrive)에 대한 액세스를 보호한다. 범위에 대한 간단한 규칙 몇 가지를 적용하면 파워셸에서는 변경하지 않아야 하는 항목을 변경하는 실수를 방지할 수 있다.

자세한 내용은 about_Scopes를 확인해보자. 다음 링크에서 자세한 정보를 얻을 수 있다.

* *https://technet.microsoft.com/ko-KR/library/hh847849.aspx*

[따라해보기] **네트워크 드라이브 연결**

SVR1 서버에서 SVR2 서버의 공유 폴더(PSShare)를 네트워크 드라이브에 연결할 때 –Persist 스위치 사용 여부에 따른 결과를 확인해보자.

1. SVR1에서 SVR1Share라는 드라이브 이름으로 새로운 임시 PSDrive를 만든다.

```
PS C:\> New-PSDrive -Name "SVR1Share" -PSProvider FileSystem -Root "\\SVR2\PSShare"

Name            Used (GB)      Free (GB) Provider      Root
----            ---------      --------- --------      ----
SVR1Share                                FileSystem    \\SVR2\PSShare
```

그림 6.4 임시 파워셸 드라이브 생성

2. SVR1에서 'Z'라는 드라이브 이름과 –Persist 옵션으로 새로운 영구 PSDrive를 만든다.

```
PS C:\> New-PSDrive -Persist -Name "Z" -PSProvider FileSystem -Root "\\SVR2\PSShare"

Name            Used (GB)      Free (GB) Provider      Root
----            ---------      --------- --------      ----
Z                    9.85          49.60 FileSystem    \\SVR2\PSShare
```

그림 6.5 영구 파워셸 드라이브 생성

3. Get–PSDrive 명령을 사용해 앞서 만든 두 개의 드라이브를 비교해본다. 영구 연결을 사용한 경우만 탐색기에서 네트워크 드라이브로 연결되며, 로컬 드라이브처럼 취급할 수 있다. 네트워크의 공유를 다룰 때 자주 이용하는 DOS 명령어인 'Net

Use'를 사용해보면 그 차이를 보다 명확히 알 수 있다. 그림 6.6에서 그 차이점을 확인해보자.

```
PS C:\> Get-PSDrive -Name "SVR1Share", "Z"

Name           Used (GB)     Free (GB) Provider     Root
----           ---------     --------- --------     ----
SVR1Share                              FileSystem   \\SVR2\PSShare
Z                   9.85        49.60 FileSystem   \\SVR2\PSShare


PS C:\> Net Use
새 연결 정보가 저장됩니다.

상태           로컬         원격                      네트워크

-------------------------------------------------------------------
OK          Z:          \\SVR2\PSShare           Microsoft Windows Network
명령을 잘 실행했습니다.
```

그림 6.6 새로 만든 두 가지 PSDrive의 차이점 확인

4. 앞서 만든 두 개의 PSDrive를 제거한다.

```
Remove-PSDrive -Name SVR1Share, Z 또는
Get-PSDrive -Name SVR1Share, Z | Remove-PSDrive
```

파일 시스템 관리 명령과 파워셸 명령

파워셸 드라이브를 탐색할 때는 콘솔에서 파일 시스템을 다루는 기존의 DOS 명령어를 자유롭게 사용할 수 있다. 자주 사용하는 CD, MkDir, Dir, RmDir, Move, Del, Copy, Ren과 같은 명령이 동작하지만, 사실 이들 명령은 유사한 기능을 하는 파워셸 명령의 별칭으로 제공되는 것이다.

그림 6.7을 보면 파워셸 콘솔에서 CD 명령의 결과는 사실 Set-Location의 결과와 같다. 별칭을 확인해보면 CD 명령이 Set-Location의 결과임을 알 수 있다.

```
PS C:\> cd .\PSShare

PS C:\PSShare> cd ..

PS C:\> Set-Location -Path .\PSShare

PS C:\PSShare> Get-Alias -Name cd

CommandType     Name
-----------     ----
Alias           cd -> Set-Location
```

그림 6.7 CD 명령과 Set-Location 명령

이렇게 별칭으로 제공되는 유사한 DOS 명령어는 원래 DOS 명령어의 문법과는 다르다. 예를 들어 하위 디렉터리를 포함하는 `Dir /s`와 같은 기존의 문법을 사용할 수 없다. 대응되는 파워셸 명령은 `Get-ChildItem -Recurse`이므로 `Dir -Recurse`처럼 사용해야 한다.

표 6.2는 자주 사용하는 파일 시스템 명령과 파워셸 명령을 비교한 것이다.

파일 시스템 명령	파워셸 명령	설명
Dir	Get-ChildItem	지정한 위치에서 해당 항목과 자식 항목을 가져온다.
MkDir	New-Item	새로운 항목을 만들고 값을 설정한다.
RmDir, Del	Remove-Item	지정한 항목을 제거한다.
Copy	Copy-Item	항목을 한 위치에서 다른 위치로 복사한다.
Move	Move-Item	항목을 한 위치에서 다른 위치로 이동한다.
Ren	Rename-Item	현재 위치의 항목의 이름을 변경한다.
CD	Set-Location	현재 작업 위치를 지정한 위치로 설정한다.
	Get-Location	현재 작업 위치나 위치 스택에 관한 정보를 표시한다.
	Get-ItemProperty	지정한 항목의 속성을 표시한다.
	Set-Item	항목의 값을 지정한 값으로 변경한다.
	Set-ItemProperty	항목의 속성 값을 만들거나 변경한다.

표 6.2 파일 시스템 명령과 파워셸 명령

PSProvider를 사용해 연결한 PSDrive와 작업하는 모든 파워셸 명령은 Item과 ItemProperty와 같은 일반적인 명사를 포함한다. 공급자에 따라서 Item은 다르게 해석된다. 예를 들어, 파일 시스템의 경우 Item은 파일이나 폴더다. 레지스트리의 경우는 Item이 키나 설정, 인증서 저장소의 경우 폴더나 인증서가 될 것이다.

[따라해보기] **별칭 삭제하기**

앞서 2장에서 별칭 시스템을 소개하면서 별칭 관련 명령을 소개했지만, 별칭을 삭제할 때 사용하는 명령은 없었다. 별칭의 삭제는 별칭을 저장한 저장소를 다루는 명령으로 삭제할 수 있다. 이 실습에서 별칭을 만들고 삭제하는 과정을 따라해볼 것이다.

1. PSDrive를 만드는 New-PSDrive의 별칭을 npd라는 이름으로 만든다.

   ```
   New-Alias -Name npd -Value New-PSDrive
   ```

2. 별칭 저장소로 전환한다.

   ```
   Set-Location -Path Alias:
   ```

3. New-PSDrive 관련 별칭을 모두 찾는다.

   ```
   Get-Alias -Definition New-PSDrive
   ```

4. 조금 전에 만든 npd라는 별칭을 삭제한다.

   ```
   Remove-Item -Path .\npd
   ```

   다시 New-PSDrive 별칭을 조회해 목록을 삭제했는지 확인한다.

   ```
   Get-ChildItem | Where-Object -Property Definition -eq -Value
     New-PSDrive
   ```

5. 다시 파일 시스템 저장소로 전환한다.

   ```
   Set-Location -Path C:\
   ```

Item과 ItemProperty

PSDrive는 항목을 포함하며, 항목은 항목 속성을 갖는다. 따라서 항목과 항목 속 항목을 다룰 때 Item과 ChildItem, ItemProperty 명사를 채용한 파워셸 명령을 사용한다. 이들 명령은 일반적으로 다루려는 항목이 위치한 경로를 지정해야 한다. 따라서 이들 명령은 대부분 -Path와 -LiteralPath 두 가지 옵션을 제공한다.

- -Path: 별표(*)와 물음표(?)를 와일드카드 문자로 사용할 수 있다. 예를 들어 *.bmp처럼 표시하면 확장자가 bmp인 모든 파일을 가리키는 것이다.
- -LiteralPath: 모든 문자를 리터럴로 다루며 와일드카드로 해석하는 문자가 없다. 예를 들어 *.bmp 처럼 표시하면 실제로 파일 이름이 *.bmp를 뜻하는 것이다.

레지스트리 공급자가 제공하는 HKCU 드라이브의 경우, 항목은 레지스트리 키다. 이들 레지스트리 키에는 다른 키를 포함할 수 있고, 자체 항목 속성을 가질 수 있다. 그림 6.8을 보면 HKCU:Keyboard Layout은 내부에 3개의 다른 키를 포함하고 있으며, Preload라는 키에서는 '1'이라는 속성을 가지고 있다. 항목 속성은 Get-ItemProperty와 Set-ItemProperty 명령으로 다룰 수 있다.

(1) 파워셸 콘솔

(2) 레지스트리 편집기

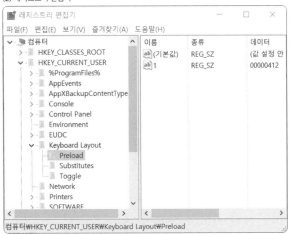

그림 6.8 레지스트리 키와 속성

[따라해보기] **파일 시스템과 레지스트리 다루기**

1. C 드라이브로 변경한다.

   Set-Location -Path C:\ 또는 cd c:\

2. C:\Program Files 폴더를 'PROGDIR'이라는 임시 드라이브로 매핑한다.

```
New-PSDrive -Name PROGDIR -Root "C:\Program Files" -PSProvider
    FileSystem
```

3. PROGDIR 드라이브의 디렉터리를 모두 표시한다.

```
Get-ChildItem -Path PROGDIR:\ 또는 dir PROGDIR:
```

그림 6.9에서 지금까지의 실행 결과를 볼 수 있다.

```
PS C:\PSShare> Set-Location -Path C:\
PS C:\> New-PSDrive -Name PROGDIR -Root "C:\Program Files" -PSProvider FileSystem

Name            Used (GB)     Free (GB) Provider      Root
----            ---------     --------- --------      ----
PROGDIR             0.00         49.60 FileSystem    C:\Program Files


PS C:\> Get-ChildItem -Path PROGDIR:\


    디렉터리: C:\Program Files


Mode                LastWriteTime         Length Name
----                -------------         ------ ----
d-----        2016-07-16    오후 10:23           Common Files
d-----        2016-09-12    오후  8:19           Internet Explorer
d-----        2016-09-12    오후  8:19           Windows Defender
d-----        2016-09-12    오후  8:19           Windows Mail
d-----        2016-09-12    오후  8:19           Windows Media Player
d-----        2016-07-16    오후 10:23           Windows Multimedia Platform
d-----        2016-12-08    오전  9:43           Windows NT
d-----        2016-09-12    오후  8:19           Windows Photo Viewer
d-----        2016-07-16    오후 10:23           Windows Portable Devices
d-----        2016-07-16    오후 10:23           WindowsPowerShell
```

그림 6.9 PROGDIR 드라이브 생성과 항목 확인

4. 레지스트리 공급자의 HKCU 드라이브에 'PowerShell\School'이라는 새로운 레지스트리 키를 만든다.

```
New-Item -Path HKCU:\ -Name PowerShell

New-Item -Path HKCU:\PowerShell -Name School
```

5. School 키 내에 'Class'라는 속성을 만들고 'basic'이라는 값을 설정한다.

```
New-ItemProperty -Path HKCU:\PowerShell\School -Name Class
    -Value basic
```

6. 새로 만든 School 키 내의 Class 속성과 값을 확인한다.

```
Get-ChildItem -Path HKCU:\PowerShell
```

또는

```
  dir HKCU:\PowerShell
```

그림 6.10에서 지금까지 레지스트리에 수행한 작업을 볼 수 있다.

```
PS C:\> New-Item -Path HKCU:\PowerShell -Name School


    Hive: HKEY_CURRENT_USER\PowerShell


Name                                Property
----                                --------
School


PS C:\> New-ItemProperty -Path HKCU:\PowerShell\School -Name Class -Value basic


Class        : basic
PSPath       : Microsoft.PowerShell.Core\Registry::HKEY_CURRENT_USER\PowerShell\School
PSParentPath : Microsoft.PowerShell.Core\Registry::HKEY_CURRENT_USER\PowerShell
PSChildName  : School
PSDrive      : HKCU
PSProvider   : Microsoft.PowerShell.Core\Registry


PS C:\> dir HKCU:\PowerShell


    Hive: HKEY_CURRENT_USER\PowerShell


Name                                Property
----                                --------
School                              Class : basic
```

그림 6.10 레지스트리 키와 속성, 값 다루기

6.3 정리

파워셸에서 DOS나 탐색기에서 파일 시스템을 다루듯 저장소를 다룰 수 있다면, 기존의 사용자 경험을 그대로 적용할 수 있으니 새로운 기술에 대한 이해와 응용이 더 빠를 것이다. 6장에서는 파워셸에서 다양한 계층형 저장소를 다루기 위해 제공하는 두 가지 기술을 살펴봤다.

먼저 다양한 저장소를 지원하는 어댑터 기술인 PSProvider의 개념과 역할, 관련 명령을 살펴봤고, 두 번째로 어댑터를 사용해 실제 저장소 연결하는 기술인 PSDrive와 관련한 명령의 사용법을 설명했다. 저장소의 항목과 항목 속성을 다루기 위해 사용하는 공통 명령인 *-Item과 *-ItemProperty에 대해서도 살펴봤다.

7장에서는 시스템 관리자들의 가려운 곳을 긁어주는 파워셸의 원격 관리 기술에 대해 살펴본다.

## 2부

Practical PowerShell

원격관리와
파워셸 스크립팅 기술

실무에서 인프라 관리를 위해 파워셸을 활용할 때 중요한 지식인 원격 관리를 구성하고 사용하는 방법과 파워셸 스크립트를 작성하는 기술을 학습한다.

7장

원격 관리 기술

대부분의 시스템 관리자가 자주 하는 작업은 여러 대의 서버를 대상으로 할 때가 많다. 이렇게 여러 대의 서버를 대상으로 반복적으로 작업하면서 각 서버를 개별로 액세스한다면 시간도 많이 걸리고 능률도 떨어진다. 무 엇보다 작업의 일관성이 떨어지고 실수도 잦을 수 있다.

파워셸에서 제공하는 원격 관리 기술은 이런 위험에 놓인 시스템 관리자 를 위한 것이다. 파워셸 원격 관리 기능과 관련해서 7장에서 살펴볼 내용 은 다음과 같다.

- 원격 관리(Remoting) 기술의 개요와 아키텍처
- 원격 관리의 보안
- 원격 관리 설정과 원격 관리 명령

7.1 원격 관리 개요

파워셸에서 원격 관리 기술은 오픈 표준 기술인 WS-Management(Web Services for Management, WS-MAN)을 사용한다. 이 프로토콜은 웹 브라 우저에서 웹 서버와 통신하는 데 사용하는 HTTP(HTTPS) 프로토콜로 이 뤄져 있다. 이 때문에 제어가 쉽고 방화벽을 통과할 수 있다. 윈도우 운영 체제에서는 WinRM(Windows Remote Management) 서비스에 이 프로토

콜을 구현했다. 파워셸에서는 WS-Management 구성 데이터를 추가하거나 변경, 삭제할 수 있는 WSMan 공급자를 제공한다.

파워셸에서 원격 관리를 사용하려면 연결 요청을 받는 컴퓨터에서 원격 관리를 사용하도록 설정해야 한다. 원격 관리를 시도하는 컴퓨터에서는 추가 구성이 필요하지 않다. 다행히도 Windows Server 2012 이상에서는 기본으로 원격 관리를 사용하도록 설정되어 있으며 파워셸 2.0이나 3.0에서는 따로 설정해야 한다.

WinRM은 파워셸 원격 관리에 사용되기도 하지만, 다른 애플리케이션의 통신을 처리할 수도 있다. 기본적으로 Windows Server 2012 R2 이상에서 WinRM은 64비트 파워셸, 32비트 파워셸, 그리고 서버 관리자 구성요소의 통신을 처리한다. 향후에 더 많은 애플리케이션에서 사용하게 될 것이고 특히 서버에서는 관리 통신의 필요를 다루기 위해 WinRM을 적극 적용할 것이다.

원격 관리 아키텍처

원격 관리의 기본 구성은 5985 포트에서 HTTP를 사용한다. 원격 관리 기술에서 HTTPS를 사용해 SSL(Secure Sockets Layer) 기반의 암호화를 요구하고 허용하도록 구성할 수도 있는데, 이때 기본 포트는 5986이다. 하지만 이 경우 수신측 컴퓨터에서 SSL 인증서를 구성해야 하므로 원격 구성이 다소 복잡해진다.

원격 관리에 사용되는 WinRM 서비스는 여러 개의 리스너(수신기)를 등록한다. 각 리스너에서 HTTP나 HTTPS를 통해 들어오는 트래픽을 허용하며 이때 각 리스너를 하나의 로컬 IP 주소나 다수의 IP 주소에 바인딩할 수 있다. 그렇다고 해서 HTTP 프로토콜에 의존성이 있는 IIS를 설치해야 하는 것은 아니다.

들어오는 트래픽에는 트래픽이 향하는 목적지, 즉 끝점을 가리키는 봉투(envelope)를 포함한다. 파워셸에서는 이 끝점을 '세션 구성'이라고도 한다. 각 끝점은 특정 애플리케이션과 연결되어 있으며, 트래픽이 끝점으로 향할 때 WinRM에서 관련된 애플리케이션을 시작하지만 들어오는 트래픽

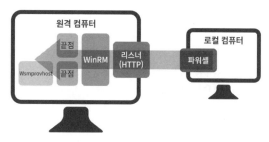

그림 7.1 원격 관리 아키텍처

을 간섭하지 않고 해당 애플리케이션에서 작업을 완료할 때까지 기다린다. 애플리케이션은 다시 WinRM으로 전달하고 WinRM은 데이터를 트래픽이 나온 컴퓨터로 다시 전송한다.

파워셸을 사용하는 시나리오에서는 명령을 WinRM으로 보내는데, 이때 원격 컴퓨터의 프로세스 목록에서 Wsmprovhost라는 프로세스가 WinRM에 의해 실행된다. 파워셸은 이 명령을 실행하고 결과 개체를 XML로 변환(직렬화)한다. XML 텍스트 스트림은 다시 WinRM으로 넘겨져 송신 측 컴퓨터로 전송된다. 송신 측 컴퓨터의 파워셸은 XML을 다시 정적 개체로 역직렬화한다.

파워셸에서는 WinRM으로 다중 끝점 또는 세션 구성을 등록할 수 있다. 64비트 운영체제는 64비트 파워셸 호스트와 32비트 호스트 모두에 대해 끝점을 등록한다. 필요에 따라서는 고유한 끝점을 만들어 권한과 기능을 더 정교하게 다룰 수 있다.

이름 측면에서 파워셸 기능으로서 원격 관리와 더 일반적인 개념의 원격 연결은 다르다. 많은 명령에서 각자 고유한 통신 프로토콜을 구현하고 있다. 향후에는 이 중 많은 부분이 원격 관리로 변경될 것이다.

파워셸 명령에서 -ComputerName이라는 매개변수를 갖는다고 원격 관리를 사용한다는 의미는 아니다. 비 원격 관리 명령은 자체 고유 프로토콜을 사용한다. 예를 들어 Get-WmiObject는 RPC(Remote Procedure Calls)를 사용하지만, Get-Process는 해당 컴퓨터의 원격 레지스트리 서비스로 통신한다. Exchange Server 2013은 자체 통신 채널이 있고 Active Directory 명령은 자체 프로토콜을 사용해 특정 웹 서비스 게이트웨이와 통신한다. 이러한 모든 통신 형식은 나름의 방화벽 요구사항이 있고 특정 구성이 필요하다.

7.2 원격 관리 보안

파워셸에서 만든 끝점은 기본적으로 특정 그룹의 멤버만 연결을 허용한다. Windows Server 2012/2016과 윈도우 8/10에서 이 그룹은 Remote Management Users 그룹과 로컬 Administrators 그룹이다. 이전 버전의 운영체제에서는 로컬 Administrators 그룹의 멤버만 기본적으로 허용했다. 일반적인 엔터프라이즈 시나리오에서는 도메인 관리자가 원격 관리 기능을 사용한다고 볼 수 있다. 각 끝점에는 SACL(Security Access Control List)이 있어 연결하는 사용자에 대한 감사(Audit) 로그를 남길 수 있다. 이 감사 로그는 이벤트 뷰어에서 확인할 수 있다.

인증

기본 원격 관리 동작은 연결할 때 대체 자격 증명을 지정하는 옵션이 있더라도 원격 컴퓨터에 로그온 자격 증명을 위임한다. 원격 컴퓨터에서는 이 자격 증명을 사용해 사용자를 가장하고 지정한 작업을 수행한다. 이러한 작업이 컴퓨터에서 허용된 작업이라면 수행이 가능하고, 이러한 작업에 감사(auditing)를 설정한 경우 원격 관리를 통해 수행한 작업도 감사 기록에 남는다. 기본적으로 원격 관리로는 보안에 영향을 줄 수 있는 작업을 수행할 수 없다. 예를 들어, 해당 자격 증명이 허용하지 않으면 사용하는 환경의 기존 보안에서 어떤 것도 추가하거나 제거하지 않는다.

자격 증명을 원격 컴퓨터로 위임하는 일은 보안에 문제를 일으킬 수 있다. 예를 들어, 공격자가 알려진 원격 컴퓨터로 성공적으로 가장(impersonation)한 경우, 잠재적으로 공격자에게 높은 특권의 자격 증명을 전달하는 일이 될 수 있고 공격자는 이를 이용해 악의적인 목적을 달성할 수 있다. 이러한 위험 때문에 기본적으로 원격 관리에서는 사용자가 원격 컴퓨터에 자신을 인증하는 것뿐만 아니라 원격 컴퓨터가 스스로를 사용자에게 인증시키는 상호 인증이 필요하다. 이 방식은 정확히 지정한 대상의 컴퓨터에만 연결하도록 보장한다.

상호 인증은 Active Directory 커베로스 인증 프로토콜의 네이티브 기능이며, 신뢰된 도메인 컴퓨터들 간에 연결할 때 상호 인증이 자동으로 일어난다. 비 도메인 환경의 컴퓨터와 연결할 때 SSL 인증서 형식으로 또 다른 형식의 상호 인증을 제공하거나, 로컬 TrustedHosts 목록에 원격 컴퓨터를 추가해 상호 인증 요구사항을 해제해야 한다.

TrustedHosts

Active Directory 도메인 서비스 환경에서 원격 관리는 원격 컴퓨터를 찾을 때 정규화된 컴퓨터 이름(FQDN)으로만 컴퓨터를 가리켜야 한다. IP 주소나 DNS 별칭은 원격 관리에서 요구하는 상호 인증을 제공하지 않기 때문에 동작하지 않는다.

> **☑ 정규화된 도메인 이름**
>
> Active Directory 환경에서 컴퓨터를 식별할 때는 FQDN(Fully Qualified Domain Name) 형식을 사용한다. 이는 컴퓨터 이름과 도메인 이름을 결합한 형태다. 예를 들어 컴퓨터 이름이 web01이고 도메인 이름이 godev.kr이라면 FQDN은 다음과 같다.
>
> web01.godev.kr

IP 주소나 DNS 별칭으로 컴퓨터를 가리켜야 한다면, HTTPS(원격 컴퓨터에서 이 프로토콜을 사용하도록 구성해야 한다)를 사용해 연결하거나 로컬 TrustedHosts 목록에 IP 주소나 DNS 별칭을 추가하는 방법이 있다. Active Directory 환경에서는 원격 컴퓨터에 이름으로 쉽게 연결할 수 있지만, 독립형 환경에서는 IP 주소를 주로 사용한다.

다음의 명령으로 WSMan 공급자를 통해 WS-Management의 구성 데이터 저장소를 접근하면 TrustedHosts 목록을 확인할 수 있다. 그림 7.2의 결과는 목록에 아직 어떤 값도 추가되지 않았음을 나타낸다.

```
Get-ChildItem WSMan:\localhsot\Client\TrustedHosts
```

```
PS C:\Users\Administrator> Get-ChildItem WSMan:\localhost\Client\TrustedHosts

   WSManConfig: Microsoft.WSMan.Management\WSMan::localhost\Client

Type              Name                        SourceOfValue    Value
----              ----                        -------------    -----
System.String     TrustedHosts
```

그림 7.2 TrustedHosts 목록 확인

TrustedHosts 목록은 비 도메인 환경의 로컬 컴퓨터에서 구성할 수 있는
설정이며, 도메인 환경에서는 그룹 정책 개체(Group Policy Object, GPO)
를 사용해 상호 인증이 필요하지 않은 컴퓨터 목록을 구성할 수도 있다. 여
기서 컴퓨터는 실제 컴퓨터 이름, DNS 별칭, 또는 IP 주소 등 연결에 사용
하는 동일한 이름을 목록에 추가해야 한다.

와일드카드를 사용하면 SRV* 표현을 사용해 이름이나 DNS 별칭이 SRV.
으로 시작하는 모든 컴퓨터를 허용한다. 와일드카드만 사용할 수도 있는
데, 이때는 동일 IP 대역의 모든 주소를 허용한다. 와일드카드를 사용할 때
는 특히 주의를 기울여야 한다. TrustedHosts 목록 수정을 시도하면 그림
7.3과 같이 보안 구성 변경에 대한 주의를 표시하고 진행 여부를 묻는다.

```
WinRM 보안 구성
이 명령에서 WinRM 클라이언트에 대한 TrustedHosts 목록을 수정합니다. TrustedHosts 목록에 있는 컴퓨터가 인증되지
않을 수 있으며 클라이언트에서 자격 증명 정보를 이러한 컴퓨터에 보낼 수도 있습니다. 이 목록을 수정하시겠습니까?
[Y] 예(Y)  [N] 아니요(N)  [S] 일시 중단(S)  [?] 도움말 (기본값은 "Y"):
```

그림 7.3 TrustedHosts 목록 수정 진행 확인

TrustedHosts 목록을 수정할 때는 Set-Item 명령을 사용한다. Set-Item은
다른 저장소를 다루는 공급자에서도 자주 사용하는 명령으로 항목(Item)
값을 명령에서 지정한 값으로 변경한다. 구문 형식과 주로 사용하는 옵션
은 표 7.1과 같다.

HTTPS를 설정하지 않고 비 도메인 컴퓨터에 연결하는 TrustedHosts 목
록은 보안에 취약할 수 있다. 해당 컴퓨터가 연결하려는 원격 컴퓨터를 확
인하지 않고 원격 컴퓨터에 아주 높은 특권을 가진 자격 증명을 잠재적으
로 보낼 수 있다. TrustedHosts 목록은 보안이 강한 데이터 센터에 있는 서

구문 형식	Set-Item [-Path] <문자열[]> [[-Value] <개체>] [-Credential <자격증명>] [-Force]
옵션	설명
-Path	새로운 항목의 위치 경로를 지정. 와일드카드 허용
-Value	해당 항목에 설정할 새로운 값
-Credential	작업을 수행하는데 권한이 있는 자격 증명
-Force	읽기 전용 변수처럼 변경되지 않는 항목에 변경을 강제하는 경우 사용.

표 7.1 Set-Item 구문 형식과 옵션

버들처럼 쉽게 가장할 수 없고 손상시키기 어려운 컴퓨터에 임시로 연결할 때만 사용해야 한다.

[따라해보기] TrustedHosts 목록에 원격 관리 호스트 추가

SVR1(192.168.100.11), SVR2(192.168.100.12), SVR3(192.168.100.13)가 동일 네트워크 대역에 있고 작업 그룹(독립 서버) 환경이라고 가정한다.

1. SVR2가 원격 관리 대상이며 SVR1이 로컬 호스트인 경우 SVR2에서 각각 다음 구문을 실행한다.

   ```
   Set-Item WSMan:\localhsot\Client\TrustedHosts –Value
   "192.168.100.11"
   ```

2. SVR1과 SVR3에서 SVR2를 원격 관리하는 환경인 경우, SVR2에서 다음의 명령으로 두 대의 서버를 목록에 추가한다. 결과는 그림 7.4와 같다.

   ```
   Set-Item WSMan:\localhsot\Client\TrustedHosts –Value
   "192.168.100.11, 192.168.100.13"
   ```

   ```
   PS C:\Users\Administrator> Get-Item WSMan:\localhost\Client\TrustedHosts

      WSManConfig: Microsoft.WSMan.Management\WSMan::localhost\Client

   Type          Name          SourceOfValue Value
   ----          ----          ------------- -----
   System.String TrustedHosts                192.168.100.11,192.168.100.13
   ```

   그림 7.4 TrustedHosts 목록 확인

3. 동일한 IP 대역의 모든 컴퓨터에서 SVR2를 관리해야 하는 경우 다음 구문처럼 와

일드카드를 사용한다.

```
Set-Item WSMan:\localhsot\Client\TrustedHosts -Value *
```

4. SVR2의 TrustedHosts 목록을 모두 지우고 싶다면 다음의 구문을 실행한다.

```
Set-Item WSMan:\localhsot\Client\TrustedHosts -Value ""
```

> 💡 **신뢰는 양방향**
>
> TrustedHosts 목록은 원격 컴퓨터와 로컬 컴퓨터 모두에서 상대방을 추가해야 한다.

전송 보호

기본적으로 원격 관리는 HTTP를 사용하기 때문에 통신에서 콘텐츠에 대한 전송 보호(암호화)를 제공하지 않는다. 하지만 파워셸에서는 애플리케이션 수준 암호화를 기본으로 제공할 수 있으므로 커뮤니케이션에서 보호된 통신이 가능하다. 내부 네트워크에서 이러한 애플리케이션 수준 암호화는 대부분의 조직 요구사항을 충족한다.

자격 증명은 일반적으로 평문으로 전송되지 않는다. 기본 커베로스(kerberos) 인증 프로토콜을 사용하는 도메인 환경에서, 자격 증명은 암호화된 커베로스 티켓의 형식으로 전송된다.

HTTPS를 사용해 연결할 때 전체 채널은 원격 컴퓨터의 SSL 인증서 암호화 키를 사용해 암호화되며, 기본 인증 프로토콜이 사용되는 경우라도 암호는 평문으로 전송되지 않는다. HTTP와 기본 인증 프로토콜을 사용해 컴퓨터에 연결할 때 자격 증명은 암호를 포함한 평문으로 전송된다.

로컬 TrustedHosts 목록에 비 도메인 컴퓨터를 추가하고 연결을 시도하면 자격증명이 평문으로 전달되기 때문에, 새로운 컴퓨터를 프로비저닝할 용도로 특별히 고려한 서브넷처럼 통제가 가능하고 보호된 네트워크에서 비 도메인 컴퓨터를 연결하는 상황에서만 고려해야 한다. 일상적으로 비 도메인 컴퓨터에 연결하는 경우라면 자격증명이 평문으로 전송되지 않도록 HTTPS를 구성해야 한다.

> **⚠ TrustedHosts 사용이 바람직한 해결책은 아니다**
>
> 정말 필요한 경우가 아니면 TrustedHosts 목록 사용을 피하자. 비 도메인 컴퓨터는
> HTTPS를 사용해 구성하는 것이 장기적으로 더 안전한 솔루션이다.

7.3 원격 관리 기본 명령

당연한 말이지만, 연결할 대상 컴퓨터에서만 원격 관리를 활성화해야 한다. 연결을 시도하는 컴퓨터에서는 로컬 방화벽에서 나가는 트래픽을 허용할지 확인해야 하는 경우를 제외하고는 구성할 부분이 없다(비 도메인 환경의 경우에는 TrustedHosts 목록에 원격 관리 컴퓨터를 추가해야 한다).

원격 관리 사용과 해제

원격 관리 사용을 위한 명령은 Enable-PSRemoting이다. 이 명령은 로컬 Administrators 그룹의 멤버만 수행해야 하며 변경은 영구적이다. 원격 관리를 사용하도록 설정할 때 일어나는 작업은 다음과 같다.

- 윈도우 방화벽에서 5985 포트로 TCP 트래픽이 들어오도록 예외를 만든다.
- 모든 로컬 IP 주소에 대해 포트 5985에서 HTTP 리스너를 만든다.
- WinRM 서비스를 자동으로 시작하고 재시작하도록 설정한다.
- 파워셸에서 사용할 기본 끝점 4개를 등록한다.

도메인 환경에서 이 명령을 실행하면 다음과 같은 특별한 문제 없이 바로 활성화되지만, 비 도메인 환경에서 실행하는 경우 그림 7.5와 같은 오류를 만날 수 있다.

```
PS C:\WINDOWS\system32> Enable-PSRemoting
이 컴퓨터에서 요청을 수신하도록 WinRM이 이미 설정되었습니다.
Set-WSManQuickConfig : <f:WSManFault xmlns:f="http://schemas.microsoft.com/wbem/wsman/
1/wsmanfault" Code="2150859113" Machine="localhost"><f:Message><f:ProviderFault provid
er="Config provider" path="%systemroot%\system32\wsmsvc.dll"><f:WSManFault xmlns:f="ht
tp://schemas.microsoft.com/wbem/wsman/1/wsmanfault" Code="2150859113" Machine="Steelfl
ea-AW"><f:Message>이 컴퓨터의 네트워크 연결 형식 중 하나가 공용으로 설정되어 WinRM 방화벽 예외가 작동하지 않습니다. 네트워크 연결 형
식을 도메인 또는 개인으로 변경한 후 다시 시도하십시오. </f:Message></f:WSManFault></f:ProviderFault></f:Messa
ge></f:WSManFault>
위치 줄:116 문자:17
+                 Set-WSManQuickConfig -force
+
    + CategoryInfo          : InvalidOperation: (:) [Set-WSManQuickConfig], InvalidOp
    erationException
    + FullyQualifiedErrorId : WSManError,Microsoft.WSMan.Management.SetWSManQuickConf
    igCommand
```

그림 7.5 Enable-PSRemoting 오류

오류를 자세히 들여다보면 하나 이상의 네트워크 연결이 공용 프로필로 설정되어 명령이 실패했음을 알 수 있다. 이때 –SkipNetworkProfileCheck 매개변수를 추가해 네트워크 프로필 검사를 피할 수 있다.

Enable-PSRemoting -SkipNetworkProfileCheck -Force

이 명령을 실행하면 그림 7.6과 같이 원격 관리가 정상적으로 설정된 것을 확인할 수 있다.

```
PS C:\Windows\system32> Enable-PSRemoting -SkipNetworkProfileCheck -Force
이 컴퓨터에서 요청을 수신하도록 WinRM이 이미 설정되었습니다.
원격 관리를 위한 WinRM이 업데이트되었습니다.
WinRM 방화벽 예외를 사용합니다.
로컬 사용자에게 원격으로 관리자 권한을 부여하도록 LocalAccountTokenFilterPolicy를 구성했습니다.
```

그림 7.6 Enable-PSRemoting 명령과 –SkipNetworkProfileCheck 옵션

하지만 네트워크 연결 형식을 '개인'이나 '도메인'으로 변경하는 것을 더 권장한다.

원격 관리를 해제하려면 Disable-PSRemoting을 사용한다. 해제할 때는 원격 관리 사용을 설정할 때와는 반대로 동작하며, 다음과 같은 경고를 표시한다.

☑ **원격 관리 해제 시 경고 내용**

경고: 세션 구성을 사용하지 않도록 설정하면 Enable-PSRemoting 또는 Enable-PSSessionConfiguration 명령에서 변경한 내용이 일부 실행 취소되지 않습니다. 다음 단계를 따라 수동으로 변경 내용을 실행 취소해야 할 수 있습니다.

1. WinRM 서비스를 중지하고 사용하지 않도록 설정합니다.

2. IP 주소에 대한 요청을 허용하는 수신기를 삭제합니다.

3. WS-Management 통신에 대한 방화벽 예외를 사용하지 않도록 설정합니다.

4. LocalAccountTokenFilterPolicy 값을 0으로 복원하여 원격 액세스 권한을 컴퓨터의 관리자 그룹 구성원으로 제한합니다.

[따라해보기] **네트워크 프로필 변경**

1. Get-NetAdapter 명령으로 원격 컴퓨터의 네트워크 어댑터 정보에서 인터페이스
   인덱스(ifIndex)를 확인한다. 그림 7.7에서는 ifIndex 값이 7이다.

```
PS C:\Windows\system32> Get-NetAdapter

Name                        InterfaceDescription                    ifIndex Status

----                        --------------------                    ------- ------
이더넷                       Microsoft Hyper-V Network Adapter            7 Up
```

그림 7.7 Get-NetAdapter

2. 앞서 확인한 ifIndex 정보를 이용해 Get-NetConnectionProfile 명령으로 현재
   네트워크 연결 프로필을 확인한다. 그림 7.8에서는 Public으로 표시되어 있다.

```
PS C:\Windows\system32> Get-NetConnectionProfile -InterfaceIndex 7


Name             : 식별되지 않은 네트워크
InterfaceAlias   : 이더넷
InterfaceIndex   : 7
NetworkCategory  : Public
IPv4Connectivity : NoTraffic
IPv6Connectivity : NoTraffic
```

그림 7.8 Get-NetConnectionProfile

3. Set-NetConnectionProfile 명령과 –NetworkCategory 옵션으로 네트워크 연결
   프로필을 Private으로 변경한다. 그림 7.9에서 네트워크 연결 프로필을 변경하고
   결과를 확인했다.

```
PS C:\Windows\system32> Set-NetConnectionProfile -InterfaceIndex 7 -NetworkCategory Private

PS C:\Windows\system32> Get-NetConnectionProfile -InterfaceIndex 7

Name             : 식별되지 않은 네트워크
InterfaceAlias   : 이더넷
InterfaceIndex   : 7
NetworkCategory  : Private
IPv4Connectivity : NoTraffic
IPv6Connectivity : NoTraffic
```

그림 7.9 Set-NetConnectionProfile

1:1 원격 관리와 1:N 원격 관리

1:1 원격 관리는 원격 컴퓨터의 프롬프트를 얻는, 유닉스와 리눅스에서 사
용하는 SSH(Secure Shell) 도구를 닮았다. 원격 관리의 정확한 동작은 SSH
와는 아주 다르지만 최종 효과와 사용법은 대동소이하다. 파워셸에서 로

컬 컴퓨터에 입력하는 명령은 원격 컴퓨터로 전송되어 실행된다. 결과는 XML로 직렬화되고 다시 로컬 컴퓨터로 전송되어 역직렬화를 거쳐 파워셸 파이프라인으로 들어온다. 파워셸 원격 관리는 SSH와는 달리 텔넷 프로토콜을 사용하지 않는다.

1:1 원격 관리는 Enter-PSSession 명령과 -ComputerName 매개변수를 결합해 사용한다. 연결이 성립되면 파워셸에서는 연결한 컴퓨터를 나타내는 정보가 포함된 파워셸 프롬프트를 제공한다. 연결된 세션을 종료하고 다시 로컬 컴퓨터의 프롬프트로 돌아가려면 Exit-PSSession을 실행한다. 연결되어 있는 상태에서 파워셸 콘솔을 종료하면 연결은 자체적으로 종료된다.

1:N 원격 관리는 Invoke-Command 명령에서 -ScriptBlock 매개변수를 결합해 하나의 명령을 여러 대의 컴퓨터에 동시에 보낼 수 있다. 각 컴퓨터는 전송 받은 명령을 실행하고 결과를 XML로 직렬화해 다시 로컬 컴퓨터로 전송한다. 로컬 컴퓨터는 이 XML을 다시 개체로 역 직렬화해 파워셸 파이프라인에 넣는다. 이 과정에서 몇 가지 속성이 각 개체에 추가된다. 속성 중에는 각 결과가 어떤 컴퓨터에서 나왔는지를 가리키는 PSComputerName 이 있다. 이 속성은 컴퓨터 이름을 기반으로 정렬, 그룹, 필터링하는 데 사용할 수 있다.

Enter-PSSession과 Invoke-Command는 연결 옵션을 변경할 수 있는 몇 가지 매개변수를 지원한다. 두 명령의 자주 사용하는 구문 형식과 옵션은 표 7.2와 같다.

구문 형식	Enter-PSSession [-ComputerName] <문자열> [-Authentication {인증 메커니즘}][-ConfigurationName <문자열>][-Credential <자격증명>][-Port <정수>][-SessionOption <세션 옵션>][-UseSSL]
	Invoke-Command [[-ComputerName] <문자열[]>] [-ScriptBlock] <스크립트 블럭> [-Authentication <인증 메커니즘>][-Configuration Name <문자열>] [-Credential <자격증명>][-Port <정수>] [-SessionOption <세션 옵션>][-UseSSL]

옵션	설명
-ComputerName	원격 컴퓨터 이름. Invoke-Command에서는 복수로 지정 가능
-ScriptBlock	실행할 스크립트 블록. {}로 감싼다.
-Authentication	인증 프로토콜을 지정한다. 기본 값은 Kerberos이며, 다른 옵션으로 Basic, CredSSP, Digest, Negotiate, 그리고 NegotiateWithImplicitCredential이 있다. 지정하는 프로토콜은 WS-MAN 구성에서 사용할 수 있어야 한다.
-Configuration Name	끝점(세션 구성)을 지정한다. 예를 들어 원격 컴퓨터의 32비트 파워셸 끝점에 연결할 경우"Microsoft.Windows PowerShell32"을 지정한다.
-Credential	연결에 필요한 대체 자격증명을 지정한다. 원격 컴퓨터에서 수행하려는 작업에 대해 이 자격증명을 확인하기 때문에 충분한 권한이 있어야 한다. 비 HTTPS 연결과 기본 인증 프로토콜을 사용한다면 평문으로 전달된다.
-Port	연결을 위한 TCP 포트를 지정하는 데 사용한다. 연결하는 컴퓨터가 기본 5985 (HTTP)이나 5986 (HTTPS) 외에 다른 포트를 청취할 때 사용한다. 이 포트 기본값은 그룹 정책을 통해서나 직접 로컬에서 변경할 수 있다.
-UseSSL	PowerShell에서 HTTP 대신 HTTPS를 사용하도록 한다.
-SessionOption	세션에 대한 고급 옵션을 지정한다.

표 7.2 Enter-PSSession과 Invoke-Command의 구문 형식과 옵션

Enter-PSSession 기본 사용법

이 명령은 하나의 원격 컴퓨터와 애드혹 상호 작용 세션을 시작한다. 세션이 연결된 동안은 로컬 컴퓨터처럼 원격 컴퓨터에서 파워셸을 사용할 수 있다.

예를 들어, 다음 구문은 비 도메인 환경의 SVR3에서 SVR2(192.168. 100.12)로 세션을 시작한다(물론, 먼저 TrustedHosts 목록에 필요한 호스트를 추가해야 한다).

```
Enter-PSSession -ComputerName 192.168.100.12 -Credential SVR3\
Administrator
```

이 명령을 실행하면 그림 7.10의 (1)과 같이 -Credential 옵션에 입력한 값으로 자격 증명 입력을 요청 받는다. 그림 7.10의 (2)를 보면 SVR2로 세션을 맺은 후 현재 호스트명을 확인할 수 있다.

(1) 자격 증명 입력

(2) 연결된 세션에서 호스트명 확인

```
PS C:\> Enter-PSSession -ComputerName 192.168.100.12 -Credential SVR3\Administrator

[192.168.100.12]: PS C:\Users\Administrator\Documents> hostname
SVR2

[192.168.100.12]: PS C:\Users\Administrator\Documents>
```

그림 7.10 Enter-PSSession 실행

도메인 환경이라면 별도의 자격 증명 입력 없이 다음과 같이 쉽게 세션을
시작할 수 있다.

```
Enter-PSSession -ComputerName SVR2
```

현재 세션을 종료할 때는 Exit 또는 Exit-PSSession 명령을 사용한다.

기본 포트 번호나 사용하는 기본 인증 프로토콜과 같은 기본 설정값은
파워셸의 WSMan 공급자를 통해 해당 저장소에서 수정할 수 있다.

Invoke-Command 기본 사용법

이 명령은 로컬 또는 원격 컴퓨터에서 명령을 실행하고 에러를 포함해 명
령의 모든 출력을 반환한다. 원격 컴퓨터에 명령을 실행하기 전에 로컬 컴
퓨터에서 스크립트 블록의 내용을 사전에 평가해볼 수도 있다. 다음은 주
로 Invoke-Command를 활용하는 두 가지 방법이다.

1. Invoke-Command -ComputerName 이름1,..이름n -ScriptBlock {명령}
   이 기법은 스크립트 블록에 포함된 특정 명령이나 명령 조합을 나열한
   컴퓨터 목록에 보낼 수 있다. 이 기법은 하나 이상의 명령(각 명령의 구
   분은 세미콜론으로)을 보낼 때 좋다.

2. Invoke-Command -ComputerName 이름1,..이름n -FilePath 파일경로

이 기법은 파워셸 스크립트 파일(.ps1 확장자)의 내용을 나열한 컴퓨터 목록에 보낸다. 원격 컴퓨터에서 이 파일을 직접 액세스하는 것이 아니며 로컬 컴퓨터에서는 파일을 열고 해당 내용을 읽어 원격 컴퓨터에 보낸다. 이 기법은 명령 구문이 많을 경우에 좋다.

예를 들어, 다음 구문은 비 도메인 환경의 SVR2에서 SVR1(192.168. 100.11)과 SVR3(192.168.100.13)의 운영체제의 현재 UI 문화권 설정(Get-UICulture)을 확인한다. 그림 7.11에서 실행 결과를 확인할 수 있다.

```
Invoke-Command -ComputerName "192.168.100.11"," 192.168.100.13"
-Credential SVR2\Administrator -ScriptBlock {Get-UICulture}
```

```
PS C:\> Invoke-Command -ComputerName "192.168.100.11","192.168.100.13"
-ScriptBlock {Get-UICulture} -Credential SVR2\Administrator

LCID            Name            DisplayName              PSComputerName
----            ----            -----------              --------------
1042            ko-KR           한국어 (대한민국)              192.168.100.11
1042            ko-KR           한국어 (대한민국)              192.168.100.13
```

그림 7.11 Invoke-Command의 실행

도메인 환경이라면 다음과 같이 별도의 자격 증명 입력 없이 다음과 같이 더 간결하게 사용할 수 있다.

```
Invoke-Command -ComputerName SVR1,SVR3 -ScriptBlock {Get-UICulture}
```

> ☑ **파워셸에서 동시에 연결할 수 있는 컴퓨터 수**
>
> 기본적으로 파워셸은 동시에 32대의 컴퓨터에만 연결할 수 있다. 33번째 컴퓨터는 대기열에 들어간다. 초기 몇 대의 컴퓨터에서 작업을 완료하고 결과를 반환하면, 이어서 다른 컴퓨터를 대기열에서 꺼내 연결한다.

Invoke-Command의 -ComputerName 옵션은 간단한 문자열 개체의 컬렉션으로 컴퓨터 이름을 받는다. 다음은 컴퓨터 이름을 지정하는 몇 가지 기법이다.

1. 이름이 각각 SVR1, SVR2, SVR3인 컴퓨터를 지정하는 경우

   ```
   -ComputerName ONE,TWO,THREE
   ```

2. ComputerNames.txt라는 파일에 컴퓨터 이름을 줄 단위로 기록한 경우

   ```
   -ComputerName (Get-Content ComputerNames.txt)
   ```

3. ComputerNames.csv라는 파일에 컴퓨터 정보를 쉼표로 분리한 경우

   ```
   -ComputerName (Import-CSV ComputerNames.csv | Select-Object -Expand
   Computer
   ```

4. Active Directory에 가입된 컴퓨터 목록을 지정하는 경우.

   ```
   -ComputerName (Get-ADComputer -filter * | Select-Object -Expand
   Name)
   ```

> ☑ **Invoke-Command의 잘못된 사용**
>
> 다음 Invoke-Command 구문은 문제가 있다.
>
> Invoke-Command -ScriptBlock {Get-Service -ComputerName ONE,TWO}
>
> 이 명령은 로컬 컴퓨터에서 스크립트 블록 내의 Get-Service를 실행하고 파워셸 원격 관리를 사용하는 것이 아니라 Get-Service에서 사용하는 프로토콜을 사용하게 된다.

스크립트 블록이나 파일의 내용은 원격 컴퓨터에 리터럴 텍스트로 전송되어 실행된다. Invoke-Command를 실행하는 로컬 컴퓨터에서 스크립트 블록이나 파일의 분석은 수행하지 않는다. 변수 $svname에 특정 서비스 이름을 저장하고 CL1이라는 원격 컴퓨터에서 이 변수를 이용해 서비스를 조회하는 다음과 같은 구문을 작성했다고 하자.

```
$svname = 'WinRM'
Invoke-Command -ComputerName CL1 -ScriptBlock { Get-Service -Name
  $svname }
```

이 구문을 실행하면 변수 $svname은 로컬 컴퓨터에서 설정된다. 이 변수는 의도한 것처럼 스크립트 블록으로 삽입되지 않는다. 따라서 CL1은 $svname이 포함하는 값을 알아낼 방법이 없기 때문에 예상한 결과를 얻을

수 없다(원격 컴퓨터의 전체 서비스를 출력한다). 파워셸을 다루기 시작할 때 이런 식의 오해를 많이 하게 된다. 이런 문제에 대한 해결 방법은 9장 "고급 원격 관리"에서 자세히 다룬다.

7.4 정리

7장에서는 마이크로소프트에서 Windows Server 2012 이후에 채용한 원격 관리 표준 기술의 구현체인 WinRM 서비스와 파워셸 원격 관리 기술 아키텍처의 연관성을 살펴본 다음, 비 도메인 환경에서 Trustedhosts를 구성해 원격 관리를 수행하는 방법과 도메인 기반의 원격 관리 방법을 설명하고 보안 고려 사항을 다뤘다. 원격 관리의 두 가지 유형인 1:1로 세션을 유지하면서 원격으로 관리하는 방식과 1:N으로 다수의 컴퓨터에 일회성 관리 명령을 실행하는 방식에 대해서도 자세히 다뤘다.

지금까지 윈도우 인프라에서 수많은 서버를 관리해온 엔지니어라면 환영할 만한 기능인 파워셸 원격 관리 기술의 관해 살펴봤다. 파워셸의 원격 관리 기술을 사용하면 여러 서버에 반복적으로 해오던 작업을 더 빠르고 일관성 있게 수행할 수 있다. 11장에서 원격 관리 기술을 조금 더 깊이 살펴본다.

8장

파워셸 스크립트 기초

지금까지 파워셸을 잘 다루기 위해 꼭 알아야 할 기본 개념들과 공통 사용법을 익혔다. 콘솔과 대화식으로 상호작용하면서 명령을 실행하고 결과를 확인했다.

이제 파워셸의 실제적인 강력함을 맛볼 수 있는 스크립트 작성의 기본기를 다져보자. 스크립트를 작성하면 일련의 명령을 모아서 일괄 배치 작업을 수행하거나, 프로그래밍에 가까운 방식으로 구문을 작성해 강력한 자동화 효과를 발휘할 수 있다.

8장에서는 스크립트 작성에 필요한 필수적인 내용을 학습하며, 다루는 내용은 다음과 같다.

- 스크립트 실행 방법과 실행 정책
- 변수의 정의와 사용
- 스크립트 기본 작성 절차

8.1 파워셸 스크립트 실행

파워셸 스크립트 파일은 일반적으로 .ps1이라는 확장자를 사용한다. 이 확장자는 윈도우의 기본 실행 파일 형식이 아니다. 즉, 파워셸 스크립트 파일을 더블클릭해도 바로 실행되지 않으며 PowerShell ISE가 없다면 메모장과 같은 편집 프로그램을 통해 내용이 표시된다.

ps1 외에도 파워셸에서 사용하는 파일 확장자의 종류와 의미를 표 8.1에 정리했다.

확장자	설명
.ps1	파워셸 스크립트 파일
.psm1	파워셸 스크립트 모듈
.psd1	모듈 메니페스트
.format.ps1xml	뷰 정의
.ps1xml	타입 확장을 포함한 기타 xml 파일
.psc	파워셸 콘솔 구성 파일
.pssc	파워셸 세션 구성 파일

표 8.1 파워셸에서 사용되는 확장자

파워셸 스크립트 실행

1장에서 스크립트를 편리하게 작성하는 도구로 PowerShell ISE를 소개했다. ISE에서 스크립트를 편리하게 작성할 뿐만 아니라 실행 후 결과도 한눈에 볼 수 있다. 스크립트를 작성하고 실행할 때는 툴 바에서 [스크립트 실행] 버튼(▶)을 누르거나 단축키 [F5]를 누른다.

파워셸 명령줄에서 스크립트를 실행한다면, 보통은 현재 위치를 스크립트가 있는 폴더로 위치를 변경하고 스크립트의 이름을 입력한 다음 [Enter]를 누르면 된다고 생각하겠지만, 실제로 해보면 몇 가지 문제를 만나게된다.

파워셸에서 스크립트를 실행하는 환경은 실행할 스크립트를 포함하는 폴더를 시스템의 PATH 환경 변수로 지정했는지 여부에 따라 조금 다르다. 스크립트 폴더를 환경 변수로 지정한 경우는 간단히 스크립트 이름만으로 실행할 수 있지만, 그렇지 않은 경우는 다음의 두 가지 방법 중 하나를 사용한다.

- 스크립트를 전체 경로명으로 실행
- 전체 경로명을 지칭하는 약속으로 점(.)을 파일 경로명 앞에 붙여 실행

예를 들어 C:\ScriptBoxes 폴더에 ChangeExecutionPolicy.ps1이라는 스크립트가 있다면, 다음과 같이 입력하여 스크립트를 실행할 수 있다.

```
C:\ScriptBoxes\ChangeExecutionPolicy.ps1
```

하지만 파워셸 명령줄에서 ScriptBoxes 폴더로 위치를 이동한 경우는 다음과 같이 스크립트를 실행할 수도 있다.

```
.\ChangeExecutionPolicy.ps1
```

이때 사용한 점(.)은 현재 스크립트 파일이 위치한 전체 경로명과 동일하게 취급된다.

스크립트 폴더를 Path 환경 변수에 지정하지 않은 상태에서 점(.)을 경로명에 사용하지 않는 경우는 다음과 같은 메시지를 출력한다.

```
Suggestion [3,General]: ChangeExecutionPolicy.ps1 명령이 현재 위치에 있지만,
이 명령을 찾을 수 없습니다. Windows PowerShell은 기본적으로 현재 위치에서 명령을 로
드하지 않습니다. 이 명령을 신뢰하는 경우 대신 ".\ChangeExecutionPolicy.ps1"을 입
력하십시오. 자세한 내용은 "get-help about_Command_Precedence"를 참조하십시오.
```

특정 폴더에서 스크립트를 자주 실행한다면 그림 8.1과 같이 시스템 속성의 PATH 환경 변수에 해당 폴더를 추가하는 것이 좋다.

그림 8.1 윈도우 10의 PATH 환경 변수에 경로 추가

> **☑ 시스템 속성에서 환경 변수 설정하는 방법**
>
> 다음은 윈도우 10과 Windows Server 2016을 기준으로 한다.
>
> 1. 키보드에서 [Windows] 키를 누른채 [R] 키를 누른 다음 'sysdm.cpl' 입력하고
>   실행
>
> 2. [시스템 속성] 창의 [고급] 탭으로 이동. 하단의 [환경 변수] 버튼 클릭
>
> 3. [환경 변수] 창에서 두 번째 [시스템 변수] 섹션의 Path 변수를 선택한 다음 [편집]
>   버튼 클릭
>
> 4. [환경 변수 편집] 대화 상자에서 [새로 만들기] 버튼을 클릭해 경로 입력 후 [확인]
>   3번 클릭

파워셸 스크립트를 실행할 때 또 하나 기억해야 할 사항이 있다. 윈도우 운영체제는 파워셸 스크립트의 실행이 시스템에 미치는 영향력을 고려해, 잘못된 스크립트나 외부에서 가져온 안전이 검증되지 않은 스크립트를 함부로 실행하지 못하도록 기본적으로 실행을 제한하고 있다. 스크립트를 실행하려면 실행 정책을 통해 이 제한을 명시적으로 변경해야 한다.

실행 정책

파워셸에서 사용하는 스크립트는 여타의 다른 종류의 스크립트와 눈에 띄는 차이점이 하나 있는데, 스크립트 하단에 그림 8.2와 같은 전자 서명이 들어갈 수 있다는 점이다.

```
# SIG # Begin signature block
# MIIdpQYJKoZIhvcNAQCoIIdljCCHZICAQExCZAJBgUrDgMCGgUAMGkGCisGAQQB
# gjcCAQSgWZBZMDQGCisGAQQBgjcCAR4wJgIDAQAABBAfzDtgwUsITrck0sYpfvNR
# AgEAAgEAAgEAAgEAAgEAMCEwCQYFKw4DAhoFAAQU8a0NjRzpHMew0O9AI6gDOPAm
#... skip ...
# wfKOJT1Ua/hZA2KfawebBHl/JSi1TibuK340VriYaePoeHX+m/8Q6TS4a6e3/P5a
# 1b/BySMs7e0U+V3maPgm9ZkGDZrQqQPIBhxX6n8x3M+8RJsPL3MKjvKo4sHCG24F
# J9572Ly+MOSQGFdC6ewaY4FZOKd4mdn8NmQhvVVXCTh6+zcwLP6lH4bCblL/d2gDK
# N2D11511OoYT
# SIG # End signature block
```

그림 8.2 파워셸 스크립트의 전자 서명

파워셸에서 안전한 스크립트를 실행하려면 기본적으로 서명이 필요하다.

이는 파워셸 전문 프로그래머가 없는 시스템 환경을 대비한 예방 조치이다. 물론 이런 제약사항은 변경이 가능하다. 바로 파워셸 실행 정책을 통해서다.

파워셸의 실행 정책은 시스템 관리자 계정으로만 변경할 수 있다. 흔히 알고 있는 Administrators 그룹의 멤버십이 있다면 가능할 것 같지만 실제로는 계정 자체가 관리자 계정이어야, 다시 말해 Administrator 계정으로 파워셸 세션을 열어야 파워셸 프롬프트에서 실행 정책을 변경할 수 있다.

실행 정책을 다루는 데 필요한 두 가지 명령은 Get-ExcutionPolicy와 Set-ExecutionPolicy다.

- Get-ExcutionPolicy: 현재 파워셸 세션에서 실행 정책을 확인한다.
- Set-ExecutionPolicy: 원하는 실행 정책을 지정해야 하며, -ExecutionPolicy 매개변수에서 지정한다.

실행 정책은 6가지가 있으며 표 8.2에 정리해 놓았다.

실행 정책	설명
Restricted	구성 파일을 로드하거나 스크립트를 실행하지 않는다. 기본값이다.
AllSigned	로컬 컴퓨터에 작성하는 스크립트를 포함하여 모든 스크립트 및 구성 파일에 신뢰할 수 있는 게시자가 서명해야 한다.
RemoteSigned	인터넷에서 다운로드한 모든 스크립트 및 구성 파일에 대해 신뢰할 수 있는 게시자가 서명해야 한다.
Unrestricted	모든 구성 파일을 로드하고 모든 스크립트를 실행한다. 인터넷에서 다운로드한 서명되지 않은 스크립트를 실행할 경우 실행하기 전에 사용 권한을 묻는 메시지가 표시된다.
Bypass	어떤 스크립트도 차단하지 않으며 경고나 메시지를 표시하지 않는다.
Undefined	현재 할당된 실행 정책을 현재 범위에서 제거한다. 이 옵션으로 그룹 정책에서 설정한 실행 정책을 제거할 수 없다.

표 8.2 실행 정책의 종류

[따라해보기] **스크립트 실행 정책 확인과 변경**

관리자 계정으로 파워셸 세션을 실행하고 실행 정책을 변경해보자.

1. [Windows PowerShell]을 오른쪽 마우스 버튼으로 클릭한 후 [관리자 권한으로 실행]을 클릭한다.
2. [사용자 계정 컨트롤] 대화상자가 나타난다. 현재 시스템에 로그인한 계정이 Administrator가 아니라면 UAC 자격증명을 입력해야 하고, Administrators 그룹의 멤버인 계정이라면 그림 8.3과 같이 대화상자에서 [예]를 클릭한다.

사용자 계정 컨트롤
이 앱이 디바이스를 변경할 수 있도록 허용하시겠어요?
Windows PowerShell
확인된 게시자: Microsoft Windows
자세한 내용 표시
예
아니요

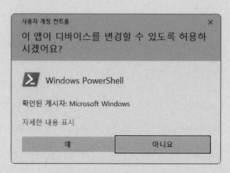

그림 8.3 관리자 권한으로 실행

3. [관리자: Windows PowerShell] 창이 표시되면 파워셸 프롬프트에서 다음 명령으로 현재 실행 정책을 확인한다.

```
Get-ExecutionPolicy
```

4. 다음 명령으로 실행 정책을 remotesigned로 변경한다. 실행 정책 변경을 시도하면 그림 8.4와 같은 경고 메시지를 표시한다.

```
Set-ExecutionPolicy -ExecutionPolicy remotesigned
```

실행 규칙 변경
실행 정책은 신뢰하지 않는 스크립트로부터 사용자를 보호합니다. 실행 정책을 변경하면 about_Execution_Policies 도움말
항목(http://go.microsoft.com/fwlink/?LinkID=135170)에 설명된 보안 위험에 노출될 수 있습니다. 실행 정책을
변경하시겠습니까?
[Y] 예(Y) [A] 모두 예(A) [N] 아니요(N) [L] 모두 아니요(L) [S] 일시 중단(S) [?] 도움말 (기본값은 "N"):

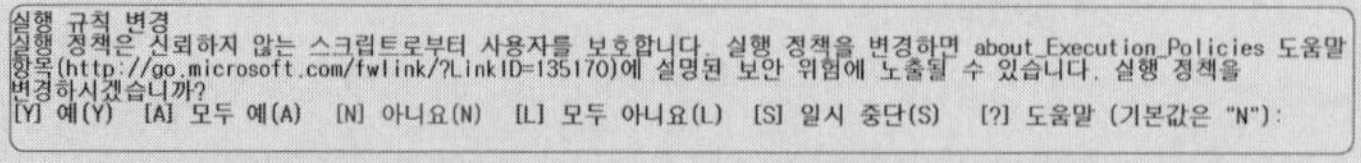

그림 8.4 스크립트 실행 정책 변경의 경고 메시지

5. Y 또는 A를 눌러 변경을 완료한다.

8.2 변수

앞서 여러 장에서 파워셸을 대화식으로 실행하는 예를 설명하면서 잠깐 변수를 언급했다. 파워셸 스크립트를 작성할 때 변수의 사용은 필수적이 므로 변수에 대해 제대로 한번 살펴보자.

변수는 개체를 저장하기 위해 이름을 부여한 임시 저장소 컨테이너이 다. 일반적으로 변수에 둘 이상의 개체를 저장할 수 있을 때, 이 변수를 '배 열'이라 한다.

파워셸에서는 변수를 VARIABLE:이라는 PSDrive에 저장하고 관리한다. PSDrive는 디스크 드라이브처럼 다루는 데이터 저장소로 앞서 6장에서 살 펴봤다. 만든 변수는 이 드라이브에서 변경하거나 확인, 제거할 수 있다.

변수를 관리하는 별도의 명령 집합도 제공한다. Get-Command -Noun Variable을 실행해 관련 명령의 목록을 확인해보고 사용법은 Get-Help를 통해 확인해보자. 지금쯤이면 낯선 명령도 당황하지 않고 사용법을 쉽게 찾아서 활용할 수 있을 것이다.

파워셸에서는 새로운 파워셸 세션을 열 때마다 고유한 VARIABLE: 드 라이브를 갖는다. 이 드라이브에는 셸 동작을 제어하는 내장변수 몇 가지 가 포함된다. 이들 내장 변수 중의 일부는 읽기만 가능하고 수정이 불가 능한 상수다. 예를 들어 내장 $ShellId는 읽기 전용 변수지만, $Verbose Preference는 변경할 수 있다.

변수의 범위와 이름

변수는 범위에 영향을 받는다. 즉, 특정 메모리 내의 컨테이너에서 만들어 지고 그 컨테이너가 존재하는 동안만 존재한다. 변수를 만든 위치에 따라 유효 범위가 다르다.

- 명령 프롬프트에서 만들어진 변수: 전역 범위이며 현재 셸 세션이 열려 있는 동안만 유효하다.
- 스크립트에서 만든 변수: 해당 스크립트 실행되는 동안만 유효하다.
- 함수 내에서 만든 변수: 해당 함수가 실행 중인 동안만 유효하다.

변수의 이름을 정할 때는 통상 문자와 숫자, 밑줄을 사용한다. 중괄호({})
를 사용해 감싸면 중간에 공백이 있는 다른 문자나 단어를 사용할 수 있다.
예를 들어 다음과 같은 예는 모두 정상적인 변수다.

- X
- UserName
- Number5
- Moved_Svr
- {System Path}

> **☑ 변수 모범 사례**
>
> 문자와 숫자만을 포함하는 변수 이름의 사용을 권장한다. 밑줄은 정말 필요할 때만
> 사용한다. 중괄호를 사용한 변수는 가급적 권장하지 않는다.

앞서 변수를 선언할 때 $를 변수명 앞에 붙인다고 한 내용을 기억할 것이
다. 변수의 이름을 얘기할 때는 $를 제외한 부분을 말한다. $ 표시는 파워
셸 엔진에 변수 자체가 아니라 변수의 내용을 액세스하고자 한다는 의도
를 알리는 것이다.

다음의 파워셸 구문을 실행하면 어떤 결과가 나올까?

```
$var = 'daily'
Set-Variable —Name $var —Value 700
```

결론부터 말하면 변수 var의 값은 여전히 daily다. 그 이유는 첫 번째 구문
에서 var 변수에 daily가 저장된다. 그 다음 두 번째 구문이 실행되면 마치
var 변수에 700이 들어갈 것 같지만, 실제는 daily라는 새로운 변수가 만
들어지고 여기에 700이라는 값이 들어간다. 두 번째 구문에서 $var이라고
썼기 때문에 실제는 daily라는 값으로 대치된 것이다. var 변수의 값을 바
꾸기 원한 것이라면 다음과 같이 고치면 된다.

```
Set-Variable —Name var —Value 700
```

변수의 형식

파워셸에서는 변수에 개체 형식을 꼭 지정하지 않아도 된다. 예를 들어, 다음의 두 가지는 모두 에러 없이 잘 실행된다.

1. `$a= Get-Service`
2. `$a = Get-Process`

첫 번째 구문에서 변수 a에 저장된 멤버를 확인해보면(Get-Member) System.ServiceProcess.ServiceController 개체의 컬렉션이 저장된 것을 알 수 있다. 두 번째 구문을 실행하면 a는 System.Diagnostics.Process 개체의 컬렉션을 포함하도록 변경된다.

기본적으로 파워셸의 처리 단위는 개체(PSObject)이므로 굳이 특정 형식을 지정할 필요가 없다. 그렇지만 변수에 형식을 꼭 지정해야 할 경우도 있을 것이다. 변수에 형식을 지정하는 구문은 다음과 같다.

> [데이터형식] $변수명

변수에 형식을 지정하면, 해당 변수에 또 다른 형식의 개체를 저장하지 못한다. 가장 자주 사용하는 형식은 다음과 같다.

- 문자열 개체: [string]
- 불 값: [Boolean]
- 정수 값: [int]

예를 들어, 정수 형식으로 선언한 변수에 다른 형식의 값을 저장하려고 시도하면 그림 8.5와 같은 결과를 보게 된다.

```
PS C:\WINDOWS\system32> [int]$Num=42

PS C:\WINDOWS\system32> $Num="forty Tow"
값 "forty Tow"을(를) "System.Int32" 유형으로 변환할 수 없습니다. 오류: "입력 문자열의 형식이 잘못되었습니다."
위치 줄:1 문자:1
+ $Num="forty Tow"
+ ~~~~~~~~~~~~~~~~~
    + CategoryInfo          : MetadataError: (:) [], ArgumentTransformationMetadataException
    + FullyQualifiedErrorId : RuntimeException
```

그림 8.5 선언된 형식과 다른 형식의 값을 저장하는 경우

처음 파워셸을 사용하는 사람이 쉽게 저지르는 실수는 파워셸 구문의 실행 결과가 여러 멤버로 이뤄진 복잡한 데이터 구조체라는 사실을 간과하는 것이다. 예를 들면 다음과 같은 실수가 흔하다. 다음 구문은 특정 위치의 파일 목록을 변수에 저장한 다음, 이 변수에 저장한 파일의 내용을 확인하는 것이다.

```
$file = Get-ChildItem -Path C:\ScriptBoxes -File
Get-Content -Path $file
```

이 구문은 두 가지 문제를 내포하고 있다. 먼저 $file에 저장된 값이 단 하나의 개체가 아닐 수 있다는 점이다. ScriptBoxes라는 폴더에 다수의 파일이 있다면, 여러 개체를 포함할 수 있으므로 Get-Content를 사용하면 각각의 파일에서 내용을 동시에 가져와 의도한 결과와 다르게 나올 수 있다. 특정 파일의 내용만 확인하려면 $file이 컬렉션이라는 사실을 깨닫고 다음과 같은 방식으로 배열처럼 다뤄야 한다.

```
Get-Content -Path $file[0]
```

두 번째는 $file에 저장된 개체들은 모두 FileInfo 형식이지만, -path 매개변수는 문자열 형식의 개체만 받는다는 사실이다. 따라서 파일 개체의 FullName 속성을 사용해 두 번째 구문을 다음과 같이 고쳐야 문제의 소지가 없다.

```
Get-Content -Path $file.FullName
```

파일 개체의 FullName 속성은 파워셸 3.0부터 지원된다.

변수에서 문자열을 다룰 때 고려사항

문자열은 단일 인용 부호와 이중 인용 부호로 감쌀 수 있다. 파워셸에서는 단일 인용 부호로 감싼 문자열의 내용은 평가하지 않는다. 예를 들어 다음과 같은 구문의 실행 결과를 보면 $test 변수의 값이 평가되지 않았다.

```
PS C:\> $test = '멋진 윈도우 파워셸 테스트!'
PS C:\> $str = '이 테스트는 $test'
PS C:\> $str
이 테스트는 $test
```

반면에 이중 인용 부호로 감싼 다음과 같은 구문에서의 결과를 보면 $test의 변수에 저장된 값이 평가된 것을 알 수 있다.

```
PS C:\> $test = '멋진 윈도우 파워셸 테스트!'
PS C:\> $str = "이 테스트는 $test"
PS C:\> $str
이 테스트는 멋진 윈도우 파워셸 테스트!
```

이상의 두 가지 비교에서 알 수 있는 것은 단일 인용 부호 내의 변수는 단순 리터럴(값)일 뿐이며, 이중 인용 부호 내의 변수는 해당 변수의 콘텐츠로 대체된다는 사실이다.

> ☑ **억음 악센트 기호**
>
> 이중 인용 부호에서 억음 악센트 기호(`)도 쓰임새가 있다. 이 기호를 다른 문자 앞에 두면 해당 문자의 특수 의미를 제거한다. 예를 들어 `$a는 억음 악센트 기호가 $의 특수 의미를 제거하므로 $a 자체를 리터럴 값으로 다룬다. 또한 `t는 탭으로 `n은 개행 문자로 사용된다.

8.3 스크립트 작성 절차

이제 앞서 여러 장에서 학습했던 파워셸과의 상호작용 명령을 스크립트로 만드는 작업을 시작해보자.

스크립트를 작성하는 일은 생각보다 복잡성이 높은 작업이 되기 쉽다. 스크립트에는 많은 요소가 포함되며 이런 요소로 인해 잠재적으로 에러와 버그를 만들어 낼 수 있다. 스크립트를 작성하면서 이런 에러와 버그를 고치는 데 보내는 시간을 조금이라도 줄이려면 스크립트 작성에 무작정 달려들기 전에 개별 명령 구문이 잘 동작하는지 확인해야 한다.

잘 동작하는 구문에서 시작한다

먼저 윈도우 파워셸 명령줄에서 스크립트에 작성하려는 구문을 테스트해야 한다. 테스트 값을 사용해 각 명령 구문이 잘 동작한다면, 그 구문을 스크립트에 사용할 수 있다. 하지만 스크립트로 전환하려면 스크립트에 맞도록 몇 가지를 적절하게 고쳐야 한다.

간단한 예를 통해 명령 구문을 스크립트로 변환하는 작업을 살펴보자. 잘 알다시피 윈도우에는 시스템의 중요 이벤트를 로그로 기록하고 보여주는 도구인 [이벤트 뷰어]가 있다. 이 도구를 사용하면 시스템의 문제 해결에 많은 도움을 얻을 수 있다.

그림 8.6에서 이벤트 뷰어의 [Windows 로그] 노드를 살펴보면 하위에 [보안] 노드가 있고 여기에 중요한 보안 감사 내역이 기록되어 있다. 특정 컴퓨터의 보안 감사 내역에서 최근 10개의 로그오프 성공 이벤트를 가져오는 파워셸 명령 구문을 어떻게 작성할 수 있을까?

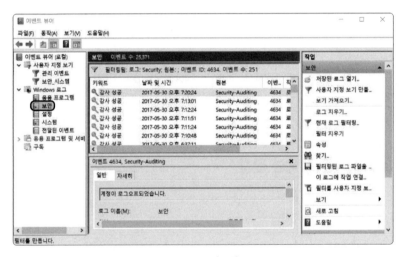

그림 8.6 이벤트 뷰어의 [보안] 감사 로그

파워셸 구문을 작성하려면 다음의 절차를 먼저 주목해야 한다.

1. 이벤트 뷰어의 내용을 가져오는 '파워셸 명령'이 무엇인지 알아야 한다.
2. 가져오고 싶은 데이터를 식별하는 데 필요한 정보를 이벤트 뷰어에서 파악한다.
3. 앞서 식별한 데이터를 사용할 수 있는 파워셸 명령의 매개변수에 어떤 것이 있는지 도움말을 통해 확인한다.

이러한 절차를 거쳤다면, 이벤트 ID는 4634이며 로그 이름은 'Security'라는 것을 파악했을 것이다. 그러면 파워셀 명령 프롬프트에서 예제 8.1의 구문을 입력하고 원하는 결과를 출력하는지 확인한다.

예제 8.1 이벤트 뷰어의 보안 로그 조회 구문(Chap8EX1.ps1)

```
Get-EventLog -LogName Security -ComputerName <컴퓨터 이름> | `Where-
Object EventID -eq 4634 | `Select-Object -First 10
```

재사용을 위한 매개변수화

이제 예제 8.1이 잘 동작한다는 것을 확인했으므로, 이 명령 구문을 다양한 컴퓨터와 이벤트 ID에 적용할 경우를 생각해보자. 재사용을 위한 매개변수화 절차는 다음과 같다.

1. 재활용할 때 변경해야 할 값을 선택한다.

   여기서는 예제 8.1에서 굵은 글씨로 표시한 **컴퓨터 이름**과 **4634**라는 값이 적절한 변경 대상이 될 수 있겠다. 필요하다면 로그 이름과 가져올 가장 최근 데이터의 수도 변경 대상으로 볼 수 있다. 변경 대상을 어떤 것으로 잡느냐는 해당 매개변수의 값이 둘 이상의 값 목록을 갖느냐 정도가 기준이다.

2. 파워셀에서 스크립트를 [CmdletBinding()] 특성으로 시작한다.

   변경되는 값을 매개변수화하기 위해 이 특성을 사용하면 스크립트를 실행할 때 지정한 매개변수를 스크립트 내의 구문에 바인딩한다.

3. [CmdletBinding()] 다음에 Param() 블록을 작성한다. [CmdletBinding()]을 사용할 때는 Param() 블록을 사용해야 한다. 이 블록 내에서 매개변수 목록은 콤마로 분리한다. 각 매개변수는 기본적으로 변수이므로, 이름은 $로 시작한다. 각각의 매개변수에 맞는 데이터 형식을 정의하는 것이 좋다.

파워셀에서 사용하는 주요 데이터 형식은 표 8.3과 같다.

데이터 형식	설명
[Array]	배열
[Bool]	TRUE 또는 FALSE
[DateTime]	날짜와 시간
[Guid]	32바이트 전역 고유 ID
[HashTable]	해시 테이블, 키-값 쌍의 컬렉션
[Int32],[int]	32비트 정수
[PsObject]	파워셸 개체
[Regex]	정규식
[ScriptBlock]	파워셸 스크립트 블록
[Single],[Float]	부동 소수점 수
[String]	문자열
[Switch]	파워셸 스위치 매개변수
[TimeSpan]	시간 간격
[XmlDocument]	XML 문서

표 8.3 파워셸에서 사용하는 주요 데이터 형식

매개변수의 기본 값과 필수 값

매개변수를 정의하면 스크립트를 실행할 때 매개변수에 해당하는 값을 전
달해야 한다. 값을 전달하지 않는 경우는 그림 8.7과 같은 에러를 만나게
된다. 이럴 때 필요한 방법이 기본 값을 정의하는 것이다.

```
PS C:\ScriptBoxes> .\Chap8Ex2.ps1
cmdlet Chap8Ex2.ps1(명령 파이프라인 위치 1)
다음 매개 변수에 대한 값을 제공하십시오.
ComputerName:
C:\ScriptBoxes\Chap8Ex2.ps1 : 'ComputerName' 매개 변수가 빈 문자열이므로 인수를 해당 매개 변수에 바인딩할 수 없습니다.
위치 줄:1 문자:1
+ .\Chap8Ex2.ps1
+ ~~~~~~~~~~~~~~~~
    + CategoryInfo          : InvalidData: (:) [Chap8Ex2.ps1], ParameterBindingValidationExc
    eption
    + FullyQualifiedErrorId : ParameterArgumentValidationErrorEmptyStringNotAllowed,Chap8Ex2
    .ps1
```

그림 8.7 스크립트 매개변수에 값을 전달하지 않은 경우

Param() 블록 내에 매개변수의 기본 값을 정의한다. 기본 값 정의 형식은
다음과 같다.

```
[데이터 형식]$변수명 = 값
```

특별히 필요해서 해당 값을 변경하는 경우 외에 매개변수에 전달하는 기
본 값을 정의한다면, 스크립트에 항상 동일한 값을 전달할 필요도 없고 또
값을 전달하지 않더라도 스크립트 실행에서 에러를 일으키지 않는다.

필요한 경우 Param() 블록 내의 매개변수 전체나 일부에 필수 값을 정의
할 수도 있다. 필수 값 정의 형식은 다음과 같다. 필수 값으로 정의하고 싶
은 매개변수마다 이 형식을 앞에 작성한다.

```
[Parameter(Mandatory = $True)]
```

매개변수를 필수로 정의하면 파워셸에서 스크립트를 실행할 때 해당 매개
변수에 값을 제공하지 않은 경우 이 값을 요청한다. 특정 매개변수를 필수
로 표시하면 기본값을 정의해도 무시된다.

앞서 예제 8.1을 스크립트로 작성한 예제 8.2를 살펴보고 실행해보면 조
금 전에 설명한 내용을 이해하게 될 것이다.

예제 8.2 이벤트 뷰어의 보안 로그 조회 스크립트(Chap8EX2.ps1)

```
[CmdletBinding()]
Param(
    [Parameter(Mandatory=$True)]
    [string]$ComputerName,
    [int]$EventID = 4634
)

Get-EventLog -LogName Security -ComputerName $ComputerName |

Where EventID -eq $EventID |
Select -First 10
```

예제 8.2에서 Param() 블록 내에서 매개변수 $EventID는 기본값을 정의했
고, $ComputerName은 필수 값으로 정의했다. 따라서 $EventID에는 값을 전
달하지 않아도 되지만, $ComputerName에는 반드시 값을 명시적으로 지정
해야 한다.

> ☑ **매개변수 이름 모범 사례**
>
> 예제 8.2의 스크립트에서 $ComputerName이라는 이름의 매개변수는 Get-EventLog
> 명령의 –ComputerName 매개변수와 같다. 이렇게 사용자 지정 매개변수를 정할 때 스
> 크립트에서 사용될 파워셸 명령의 매개변수와 일관성을 갖도록 만드는 것이 좋다.

이제 작성한 스크립트를 실행하는 방법은 두 가지다.

1. ISE의 스크립트 편집 창에서 실행

   ISE에서 키보드의 [F5]를 누르거나 툴 바에서 오른쪽 방향 녹색 삼각형
   아이콘을 클릭한다. 이때 필수 매개변수에 대해서는 요청을 하지만, 선
   택 사항은 요청하지 않는다.

2. 명령줄에서 매개변수를 지정해 실행

   그림 8.8과 같이 스크립트의 경로를 입력하고 스크립트 파일 이름과 매
   개변수를 콘솔창에 입력한 다음 [Enter]를 누른다. 이 방법은 원하는 모
   든 매개변수를 지정할 수 있다.

```
PS C:\ScriptBoxes> .\Chap8Ex2.ps1 -ComputerName BOOK-MPS-CL1

 Index Time          EntryType    Source              InstanceID Message
 ----- ----          ---------    ------              ---------- -------
 137288 5 30 23:11   SuccessA...  Microsoft-Windows...      4634 계정이 로그오프되었습니다.
 137287 5 30 23:11   SuccessA...  Microsoft-Windows...      4634 계정이 로그오프되었습니다.
 137254 5 30 23:09   SuccessA...  Microsoft-Windows...      4634 계정이 로그오프되었습니다.
 137253 5 30 23:09   SuccessA...  Microsoft-Windows...      4634 계정이 로그오프되었습니다.
```

그림 8.8 명령줄에서 매개변수를 지정해 스크립트 실행

> 따라해보기 **Outlook.com의 SMTP를 이용한 메일 전송**
>
> 이 실습은 Microsoft의 Outlook.com 계정이 필요하다. 메일을 보내는 데 사용하는
> 파워셸 명령은 Send-MailMessage다.
>
> 1. 파워셸 명령 프롬프트에서 동작을 테스트하기 위해 Send-MailMessage 명령에 필
>   요한 매개변수를 설정한다. 기본으로 사용할 정보는 보낸 사람과 받는 사람, 본문,
>   제목, SMTP 서버 주소, 포트, SSL 사용, 자격증명, 인코딩 형식이다.
>
>    ```
>    Send-MailMessage -From "kimdokyun <kimdokyun@outlook.com>" `
>    -To "dokyun.kim@gmail.com" -Subject "Test PowerShell Mail" `
>    ```

```
-Body "이 메일은 PowerShell에서 보냈습니다." `
-SmtpServer "smtp.live.com" -Port 587 -UseSsl `
-Credential (Get-Credential) -Encoding UTF8
```

-From 매개변수에는 "이름 <메일주소>" 형식으로 작성해야 수신된 메일의 보낸

사람 부분이 올바로 표시된다. -Encoding에서 인코딩 형식을 적절하게 지정해야

메일 본문의 내용을 제대로 읽을 수 있다.

2. 이제 재사용을 위해 스크립트에서 매개변수로 사용할 부분과 기본 값, 필수 값을

결정한다. 표 8.4에 정리해 놓았다.

매개변수	설명	필수 값 여부	기본 값 예
-From	보낸 사람		김도균 <kimdokyun@outlook.com>
-To	받는 사람	필수	
-Cc	참조		steelflea@outlook.com
-Subject	제목	필수	
-Body	본문		"PowerShell에서 보낸 메일"
-Credential	자격증명	필수	

표 8.4 Send-MailMessage 명령의 재사용 매개변수 선정

3. 앞서 선정한 스크립트 매개변수를 이용해 메일 발송 스크립트를 작성한다.

(Chap8Lab2.ps1)

```
[CmdletBinding()]
Param(
    [Parameter(Mandatory=$False)]
    [string]$From = "김도균 <kimdokyun@outlook.com>",
    [Parameter(Mandatory=$True)][string] $To,
    [Parameter(Mandatory=$False)]
    [string] $Cc = "steelflea@outlook.com",
    [Parameter(Mandatory=$True)][string] $Subject,
    [Parameter(Mandatory=$False)]
    [string] $Body = "PowerShell에서 보낸 메일",
    [Parameter(Mandatory=$True)]
    [PSCredential] $Cred = (Get-Credential)
)

$SmtpSvr="smtp.live.com"
$SmtpPort="587"

Send-MailMessage -From $From -To $To -Cc $Cc `
-Subject $Subject -Body $Body -SmtpServer $SmtpSvr `
-Port $SmtpPort -UseSsl -Credential $Cred -Encoding UTF8
```

4. 작성한 스크립트를 Chap8Lab2.ps1로 저장하고 실행해보자. 이때 필수 값과 기본 값을 고려한다.

```
.\Chap8Lab2.ps1 -To "dokyun.kim@gmail.com" -Subject "테스트 메일"
-Body "PowerShell 스크립트로 보낸 메일 입니다."
```

스크립트가 잘 실행되었다면 그림 8.9와 같이 메일을 받았을 것이다.

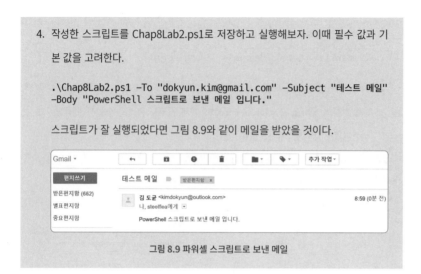

그림 8.9 파워셸 스크립트로 보낸 메일

8.4 정리

8장에서는 실무에서 반복적으로 수행하는 작업을 자동화하기 위해 파워셸 스크립트를 작성할 때 기억해야 할 기본 지식을 학습했다. 파워셸 스크립트는 작성자의 의도에 따라 강력한 자동화 도구가 되지만, 악의적인 사용자가 시스템에 치명상을 끼칠 수 있는 수단이 될 수도 있다. 따라서 파워셸에서 제공하는 스크립트 실행 정책을 통해 스크립트 실행을 적절히 제어하는 방법을 설명했다.

프로그래밍 학습 경험이 없는 경우를 가정해 시스템 엔지니어가 스크립트 작성에서 꼭 알아야 하는 변수를 정의하고 사용하는 방법을 다뤘으며, 본격적으로 스크립트를 작성할 때 거쳐야 하는 과정을 설명함으로써 스크립트를 작성하는 기본 절차를 익혔다.

9장

고급 스크립트 작성 기술

앞서 배운 재사용성을 높이기 위한 스크립트 작성에서 한 걸음 더 나아가 스크립트에서 제공하는 단위 기능을 함수나 모듈로 만들어 재사용성과 코드의 명확성을 극대화하는 방법이 있다.

파워셸 스크립트를 작성할 때 실행 중인 스크립트가 올바로 동작하는지 알 수 있도록 자세한 정보를 제공하고 해당 스크립트를 올바로 사용하는 방법에 대한 도움말도 제공해야 한다. 이는 파워셸 스크립트뿐만 아니라 대부분의 다른 셸 스크립트 작성에서도 중요한 고려사항이다.

9장에서는 앞서 배운 스크립트 작성의 기본 지식 위에 사용성과 활용성을 높인 스크립트 작성 기법을 다룬다. 학습할 내용은 다음과 같다.

- 단순 스크립트에서 함수로 전환하는 방법
- 모듈로 스크립트의 사용성 높이는 방법
- 스크립트의 실행 과정과 사용 방법 문서화하는 방법
- 스크립트 흐름 제어를 위한 구문

9.1 단순 스크립트에서 함수로 전환

앞서 8장에서 대화식 파워셸 명령을 스크립트로 옮기는 방법에 대해 설명했다. 이제 이런 단일 기능 단위로 만든 스크립트가 엄청 많아졌다고 가정해보자. 이때부터 분명 유지 관리에 들이는 시간이 점점 늘고 귀차니즘이 의식 저편에서 슬그머니 올라온다. 새로운 방법이 필요한 시점이다.

바로 이 시점에서 유용한 방법이 스크립트를 모듈화하는 것이다. 모듈화는 특정 작업을 위해 작성한 여러 가지 도구(개별 스크립트)의 내용을 간단히 하나의 파일에 모으고, 각 도구를 별도의 블록으로 구분하는 일이다. 파워셸에서는 이렇게 블록으로 구분한 각 도구를 하나의 기능 집합으로 인식하며, 이를 '함수(function)'라고 부른다.

파워셸 함수 템플릿

파워셸 함수를 만들 때 사용하는 기본 골격은 다음과 같다.

```
Function Verb-Noun {
    [CmdletBinding()]
  ❶ param()
  ❷ BEGIN{}
  ❸ PROCESS{}
  ❹ END{}
}
```

① Param 내에는 대괄호 내에 매개변수의 처리 방식을 설정하는 부분과 매개변수의 형식과 이름을 선언하는 부분이 온다. 함수에서 매개변수가 필요 없는 경우는 비워둔다.

```
[Parameter(위치, 필수 매개변수,파이프라인 입력)]
[데이터 형식]$변수명 = 기본값(옵션)
```

여러 개의 매개변수를 선언할 때 매개변수들 간에 빈 줄을 한 칸씩 넣으면 훨씬 읽기 좋다.

- 함수에서 입력되는 매개변수 위치: 지정하지 않아도 매개변수 위치를 자동으로 감지한다. 지정하면 조금 더 나은 가독성을 제공할 수 있다.

  Position = 정수 (예, 0, 1, 2 …).

- 필수 매개변수 여부

  Mandatory=$True 또는 $False

  지정하지 않으면 기본 값은 $False다.

- 파이프라인 입력 허용 여부

  ValueFromPipeline=$True 또는 $False

  지정하지 않으면 기본 값은 $False다.

② BEGIN 블록은 제일 먼저 실행되는 부분이며 한 번만 실행된다. 주 로 직이 실행되기 전에 사전 설정이 필요한 구문을 작성한다. 예를 들어 데이터베이스 초기 연결 설정이 필요한 경우에 사용한다. 특별한 설정 이 필요 없다면 비워 놓는다.

③ PROCESS 블록은 함수의 주 기능 로직이 들어가는 부분이다. PROCESS 블록 내에 반복 처리하는 로직이 있는 경우, 초기 설정과 같은 구문을 BEGIN 블록에 넣지 않고 여기다 넣는다면 반복 실행하게 되어 의도치 않은 결과가 나올 수 있다.

④ END 블록은 모든 처리가 끝난 후 제일 마지막에 실행되는 부분이다. 주로 정리 작업에 해당되는 구문이 여기에 들어간다. 예를 들어 데이터 베이스 연결 종료와 같은 처리를 하는 곳이다. 특별한 정리 작업이 필 요 없다면 비워 놓는다.

함수를 만드는 절차

8장에서 학습한 내용으로 만든 파워셸 스크립트를 함수로 만드는 절차를 정리했다.

1. 함수를 function이라는 키워드와 함께 **동사-명사** 이름 규칙을 따라 함수 의 이름을 선언한다.
2. 함수의 블록 내부에서 처리하는 매개변수 설정을 Param() 블록에 입력 한다.

3. 주 처리 로직의 설정에 해당하는 구문을 BEGIN 블록에 입력한다.

4. 원하는 작업의 주 처리 로직을 PROCESS 블록에 입력한다.

5. 주 처리 로직의 정리에 해당하는 작업을 END 블록에 입력한다.

이 절차를 지켜서 앞서 예제 8.2를 함수 구조로 만들면 예제 9.1처럼 작성할 수 있다. 이 함수의 이름은 파워셸 명령 이름 부여 관례에 따라 Get-SecurityEvents라고 붙였다.

예제 9.1 Get-SecurityEvents 함수(Chap9EX1.ps1)

```
function Get-SecurityEvents {
    [CmdletBinding()]
    Param(
        [Parameter(Position=0,Mandatory=$True)]
        [string]$ComputerName,
        [int]$EventID = 4634
    )
    BEGIN
    {
        $LogName = Read-Host "로그 이름을 입력하세요."
    }
    PROCESS
    {
        Get-EventLog -ComputerName $ComputerName `
        -LogName $LogName |
        Where-Object -Property EventID -eq $EventID |
        Select-Object -First 7
    }
    END {}
}
```

BEGIN 블록에서 이벤트 뷰어에서 가져올 로그 이름을 입력 받는 기본 설정 구문을 작성했다. PROCESS 블록에서는 이벤트 ID를 필터링해서 최초 7개의 로그 항목을 가져오는 작업 구문을 입력했다. END 블록에서는 별다른 정리 작업이 필요 없어 비워 놓았다.

함수의 실행

앞서 8장에서는 파워셸 콘솔에서 스크립트 파일을 실행하면 콘솔이 즉각 반응하여 결과를 보여주었지만, 앞서 만든 함수를 실행하는 과정은 두 단계다.

1. PowerShell ISE나 콘솔에서 함수가 들어 있는 스크립트 파일을 실행한

다. 이때 스크립트 내에서 작성한 모든 함수가 메모리에 올라간다.

2. 실행하고 싶은 함수 이름을 콘솔에서 호출한다.

예를 들어, 조금 전에 작성한 예제 9.1의 함수를 Chap9EX1.ps1로 저장하면, 이 스크립트를 파워셀 명령 프롬프트에서 실행한다. 스크립트 내에 작성한 함수를 쓸 수 있는지 확인하려면, 앞서 배운 PSDrive 중 **Function:** 드라이브를 확인하면 된다.

그림 9.1을 보면 **Get-SecurityEvents**를 현재 파워셀 세션에서 사용할 수 있음을 알 수 있다.

```
PS C:\Temp> cd Function:

PS Function:\> ls

CommandType       Name                            Version
-----------       ----                            -------
Function          A:
Function          B:
Function          C:
Function          cd..
Function          cd\
Function          Clear-Host
Function          ConvertFrom-SddlString          3.1.0.0
Function          D:
Function          E:
Function          F:
Function          Format-Hex                      3.1.0.0
Function          G:
Function          Get-FileHash                    3.1.0.0
Function          Get-IseSnippet                  1.0.0.0
Function          Get-SecurityEvents
Function          Get-Verb
```

그림 9.1 Function: 드라이브에 올라온 Get-SecurityEvents

이제 **Get-SecurityEvents** 함수를 필수 매개변수 값과 함께 실행한다. 그림 9.2에서 매개변수명을 생략하고 컴퓨터 이름으로 'steelflea-AW'라는 값만 제공해도 위치 매개변수로 인식하기 때문에 잘 실행된다. 필수 매개변수로 지정했기 때문에 값을 생략할 수는 없다.

```
PS C:\Temp> C:\Temp\Chap9EX1.ps1

PS C:\Temp> Get-SecurityEvents steelflea-AW
로그 이름을 입력하세요.: Security

  Index Time           EntryType   Source              InstanceID Message
  ----- ----           ---------   ------              ---------- -------
  94322 6 03 12:49      SuccessA... Microsoft-Windows...      4634 계정이 로그오프되었습니다.
  94321 6 03 12:49      SuccessA... Microsoft-Windows...      4634 계정이 로그오프되었습니다.
  94320 6 03 12:49      SuccessA... Microsoft-Windows...      4634 계정이 로그오프되었습니다.
  94319 6 03 12:49      SuccessA... Microsoft-Windows...      4634 계정이 로그오프되었습니다.
```

그림 9.2 Get-SecurityEvents 함수 실행 과정

파워셸 범위

앞서 함수를 작성한 파워셸 스크립트 파일을 실행하면 실제 함수의 로직이 실행되는 게 아니라 함수의 정의가 메모리에 올라간다는 것을 확인했다. 따라서 함수를 삭제하려면 현재 범위(세션)에서 메모리에 올라간 함수 정의를 삭제하거나 해당 파워셸 세션을 종료하면 된다.

함수가 실행되는 **범위**를 잘 이해하려면 파워셸의 범위 기능을 살펴봐야한다. 파워셸에서 범위는 특정 셸 요소를 포함하는 컨테이너다. 파워셸에서는 새로운 변수나 별칭, 함수를 만들 때, 접근하는 범위를 지정하는 **범위한정자**도 제공한다.

표 9.1에 파워셸 범위와 관련 한정자를 정리해 놓았다.

범위	설명	범위 한정자
전역	파워셸 세션을 시작할 때 범위. 파워셸을 시작할 때 등장하는 변수와 함수는 전역 범위다. 자동 변수와 기본 설정 변수, 파워셸 프로필에 있는 변수와 별칭, 함수도 포함한다.	$global:변수명
로컬	현재 범위, 전역 범위나 다른 범위가 될 수 있다.	$local:변수명
스크립트	스크립트 파일이 실행되는 동안 만들어지는 범위. 스크립트 내의 명령은 스크립트 범위에서만 실행된다. 스크립트 내에서 실행하는 명령 입장에서 로컬 범위는 스크립트 범위다.	$script:변수명
전용 (Private)	전용 범위의 항목은 현재 범위 외부에서 보이지 않는다. 전용 범위를 사용해 또 다른 범위의 동일한 이름을 갖는 항목을 만들 수 있다.	$private:변수명
숫자를 부여한 범위	숫자 범위는 한 범위와 다른 범위의 상대 위치를 나타낸다. 범위 0은 현재 또는 로컬을 나타내며, 범위 1은 직계 부모 범위, 범위 2는 부모의 부모 범위와 같은 식으로 나타낸다.	

표 9.1 파워셸 범위

범위 한정자를 활용하면 함수나 스크립트 내부의 변수에 접근하게 하거나, 함수의 실행 범위를 지정해 다른 범위에서 해당 함수를 접근하게 할 수있다.

예를 들어 예제 9.2와 같은 스크립트를 작성하고 실행해보자.

예제 9.2 파워셸 범위 확인(Chap9EX2.ps1)

```
01  $Global:globalVar='전역 범위. 스크립트 밖에서 접근'
02
```

```
03  Function Check-FunctionScope
04  {
05      $functionVar = '함수 범위. 함수내에서만 접근'
06      "functionVar은 $functionVar"
07      $Local:localVarInFunc='함수내에서 선언한 로컬 범위'
08      $Script:scriptVarInFunc='함수내에서 선언한 스크립트 범위'
09      $Global:globalVarInFunc='함수내에서 선언한 전역 범위'
10      ''
11      CallFrom-Function
12  }
13  ''
14
15  $scriptVar = '스크립트 범위. 스크립트 내에서만 접근'
16  "scriptVar은 $scriptVar"
17  ''
18
19  Check-FunctionScope
20  ''
21  CallFrom-Script
```

이 스크립트를 실행하면 총 6개의 변수와 하나의 함수가 만들어진다. 1행의 globalVar과 9행의 함수 내에서 선언한 globalVarInFunc는 전역 변수로 설정되어 스크립트 범위 밖에서 접근이 가능하다. Check-FunctionScope 내의 functionVar은 함수와 함께 수명이 끝나며 localVarInFunc는 로컬로 선언했지만, 여기서 로컬은 스크립트 범위가 되므로 외부에서 접근하지 못한다. 스크립트 범위로 선언한 scriptVarInFunc와 15행의 scriptVar도 마찬가지다.

마지막으로 예제 9.3에서는 스크립트에서 만든 두 가지 함수를 호출하고 있는데, Check-FunctionScope 함수 내에서 호출하는 11행의 CallFrom-Function과 21행의 스크립트 내에서 호출하는 CallFrom-Script다. 예제 9.2를 보면 두 가지 함수를 외부에서 호출 가능하도록 전역 함수로 선언했다.

예제 9.3 전역 범위로 선언한 함수(Chap9EX3.ps1)

```
01  Function global:CallFrom-Function
02  {
03      $callByFunction = '다른 함수에서 불렀어요.'
04      "callByFunction 변수는 $callByFunction"
05  }
06
07  Function global:CallFrom-Script
08  {
09      $callByScript = '다른 스크립트에서 불렀어요.'
10      "callByScript 변수는 $callByScript"
11  }
```

그림 9.3에서 예제 9.2와 예제 9.3의 실행 결과를 볼 수 있다.

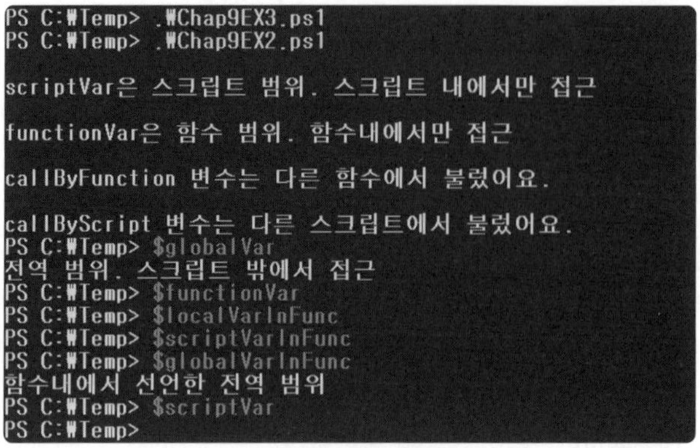
PS C:₩Temp> .₩Chap9EX3.ps1
PS C:₩Temp> .₩Chap9EX2.ps1
scriptVar은 스크립트 범위. 스크립트 내에서만 접근
functionVar은 함수 범위. 함수내에서만 접근
callByFunction 변수는 다른 함수에서 불렀어요.
callByScript 변수는 다른 스크립트에서 불렀어요.
PS C:₩Temp> $globalVar
전역 범위. 스크립트 밖에서 접근
PS C:₩Temp> $functionVar
PS C:₩Temp> $localVarInFunc
PS C:₩Temp> $scriptVarInFunc
PS C:₩Temp> $globalVarInFunc
함수내에서 선언한 전역 범위
PS C:₩Temp> $scriptVar
PS C:₩Temp>

그림 9.3 변수와 함수의 범위 테스트

스크립트 파일을 실행하면 함수나 변수, 별칭은 스크립트를 실행하는 동안 메모리에 올라감으로써 각자의 고유 범위를 갖는다. 스크립트에서 2개의 새로운 변수와 3개의 새로운 함수를 만들었다면, 해당 스크립트의 범위에는 모두 5개의 항목이 메모리에 올라간 것이다. 이들 항목은 이 범위가 존재하는 동안만 존재의 의미가 있다.

☑ 파워셸 범위(Scope)

'범위'라는 주제 자체가 파워셸에서 꽤 무게 있는 주제이며 단일 주제만으로도 살펴볼 내용이 많다. 보다 자세한 내용을 원한다면 다음 파워셸 명령을 실행해보자.

```
Get-Help about_scope -ShowWindow
```

따라해보기 Outlook.com의 SMTP 활용 함수 만들기

앞서 8.3절의 따라해보기에서 살펴본 Outlook.com의 SMTP를 이용한 메일 발송 스크립트를 함수로 전환해 본다.

1. function 키워드와 함께 함수의 이름을 Send-OutlookMail로 설정한다.

```
function Send-OutlookMail{
}
```

2. 보낸 사람, 받는 사람, 참조, 제목, 본문에 대한 매개변수 처리를 Param 블록에 입력한다.

3. SMTP 서버와 포트, outlook.com의 자격 증명 등 기본 설정 항목을 BEGIN 블록 내에 넣는다.

4. Send–MailMessage라는 기본 파워셸 명령을 이용해 PROCESS 블록에 메일을 발송하는 주 처리 로직을 작성한다.

5. END 블록에서 outlook.com 자격 증명을 저장한 변수의 값을 삭제한다. 변수의 값을 삭제하는 명령은 Clear-Variable이다. 최종 함수는 다음과 같이 될 것이다.

예제 9.4 Send-OutlookMail 함수(Chap9EX4.ps1)

```
01  function Send—OutlookMail{
02      [CmdletBinding()]
03      Param(
04          [Parameter(Mandatory=$False)]
05          [string] $From = "김도균 <kimdokyun@outlook.com>",
06          [Parameter(Mandatory=$True)]
07          [string] $To,
08          [Parameter(Mandatory=$False)]
09          [string] $Cc = "steelflea@outlook.com",
10          [Parameter(Mandatory=$True)]
11          [string] $Subject,
12          [Parameter(Mandatory=$False)]
13          [string] $Body = "PowerShell에서 보낸 메일"
14      )
15      BEGIN
16      {
17          $Cred = (Get—Credential)
18          $SmtpSvr="smtp.live.com"
19          $SmtpPort="587"
20      }
21      PROCESS
22      {
23          Send—MailMessage —From $From —To $To —Cc $Cc —Subject $Subject `
24          —Body $Body —SmtpServer $SmtpSvr  —Port $SmtpPort —UseSsl `
25          —Credential $Cred —Encoding UTF8
26      }
27      END
28      {
29          Clear—Variable —Name Cred
30      }
31  }
```

9.2 스크립트 모듈

지금까지 스크립트 파일을 만들고 그 안에 필요한 함수를 구현하는 방법을 배웠다. 이러한 함수를 보다 편리하게 사용할 수 있는 방법이 있다. 바로 이들 함수를 스크립트 모듈로 작성하는 것이다. 스크립트 모듈의 확장자는 .psm1이다.

스크립트 모듈을 사용하면 앞서처럼 특정 경로에서 스크립트 파일을 실행하고 함수를 다시 호출하는 과정을 거치지 않아도 된다. 기본 파워셸 명령을 사용할 때처럼 단순히 이름과 필요한 매개변수를 입력하여 사용하면 된다.

작성한 모듈을 올바른 위치에 정확한 파일 확장자로 저장했다면, 파워셸을 시작할 때마다 자동으로 모듈을 찾아 로드하기 때문에 작성한 함수를 해당 셸 내에서 편리하게 사용할 수 있다.

스크립트 모듈을 저장하는 위치를 확인할 때 살펴볼 환경 변수가 PSModulePath이다. 다음의 명령 구문을 실행하면 이 환경 변수의 값을 확인할 수 있다.

```
Get-Content Env:\PSModulePath
```

윈도우 10에서 이 구문을 실행한 결과는 그림 9.4와 같다.

```
PS C:\Temp> Get-Content Env:\PSModulePath
C:\Users\steelflea\Documents\WindowsPowerShell\Modules;C:\WINDOWS\system32\Windo
wsPowerShell\v1.0\Modules\;C:\Program Files\WindowsPowerShell\Modules\;C:\Progra
m Files (x86)\Microsoft SDKs\Azure\PowerShell\ResourceManager\AzureResourceManag
er\;C:\Program Files (x86)\Microsoft SDKs\Azure\PowerShell\ServiceManagement\;C:
\Program Files (x86)\Microsoft SDKs\Azure\PowerShell\Storage\
```

그림 9.4 윈도우 10의 PSModulePath 환경 변수의 값

그림 9.4의 경로에서 주목할 부분은 3가지다.

1. C:\Windows\system32\WindowsPowerShell\v1.0\Modules

   이 경로에는 사용자가 만든 모듈을 저장하지 못한다. 이 위치는 마이크로소프트에서 예약해 놓은 위치다.

2. C:\Users\steelflea\Documents\WindowsPowerShell\Modules

   이 경로는 로그인한 사용자의 프로필 위치이며, 여기에 사용자가 직접 만든 스크립트 모듈을 저장하면 해당 사용자의 파워셸 세션에서 사용할 수 있다. 경로 중에 \WindowsPowerShell\Modules 부분은 기본적으로 존재하지 않으므로 미리 만들어 놓아야 한다.

3. C:\Program files\WindowsPowerShell\Modules

   이 경로는 시스템 전역 위치이므로, 여기에 모듈을 넣어두면 시스템을 사용하는 모든 사용자가 자신의 파워셸 세션에서 사용할 수 있다.

스크립트 모듈을 만드는 방법

스크립트 모듈로 저장하고 싶은 스크립트를 작성하고 테스트했다면 모듈을 만들 준비가 된 것이다. 모듈을 만들 때 주의해야 할 사항은 두 가지다.

1. `MyModules.psm1`과 같이 중복되지 않은 적절한 이름으로 저장한다.
2. 모듈을 저장할 위치에 모듈을 포함하는 폴더를 만들고 이름을 모듈 이름과 동일하게 변경한다.

앞서 9.1의 [따라해보기]에서 작성한 스크립트를 이용해 한번 만들어 보자.

[따라해보기] **SMTP 활용 메일 전송 스크립트 모듈화하기**

1. 예제 9.4를 작성한 스크립트를 'PSMail.psm1'로 저장한다.
2. 이것을 모든 사용자에게 제공하고 싶다면 C:\Program files\WindowsPower Shell\Modules 내에 'PSMail'이라는 폴더를 만든다. 특정 사용자에게 모듈을 제공하고 싶다면 C:\Users\[프로필명]\Documents\WindwsPowerShell\ Modules 위치에 폴더를 만든다.
3. 1번에서 만든 모듈을 PSMail 폴더 내에 복사한다.

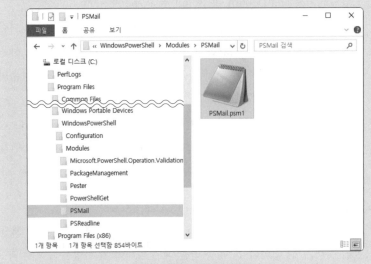

그림 9.5 스크립트 모듈 파일의 위치

4. 파워셸 ISE를 시작하고 'Send-'라고 입력했을 때 인텔리센스에 의해 'Send-Out lookMail'이 제시되는지 확인한다.

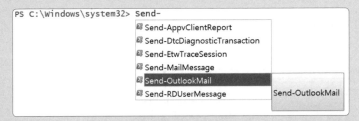

그림 9.6 ISE에서 스크립트 모듈 동작 확인

5. 다음 명령으로 현재 파워셸 세션에서 PSMail 모듈이 로드되었는지 확인한다.

```
Get-Module -ListAvailable
```

```
PS C:\Windows\system32> Get-Module -ListAvailable


    디렉터리: C:\Program Files\WindowsPowerShell\Modules


ModuleType Version    Name                                ExportedCommands
---------- -------    ----                                ----------------
Script     1.0.1      Microsoft.PowerShell.Operation.V... {Get-OperationValidation, Invoke...
Binary     1.0.0.1    PackageManagement                   {Find-Package, Get-Package, Get-...
Script     3.4.0      Pester                              {Describe, Context, It, Should...}
Script     1.0.0.1    PowerShellGet                       {Install-Module, Find-Module, Sa...
Script     0.0        PSMail                              Send-OutlookMail
Script     1.2        PSReadline                          {Get-PSReadlineKeyHandler, Set-P...
```

그림 9.7 파워셸 세션의 모듈 확인

9.3 스크립트의 기능 문서화

처음 접하는 파워셸 명령이라도 마이크로소프트에서 미리 만들어 놓은 내장 도움말과 온라인에서 확인할 수 있는 도움말(Microsoft Docs 또는 TechNet) 덕택에 사용법을 쉽게 알 수 있다. 이들 도움말을 읽는 방법을 알고 잘 활용하면 어떤 명령이라도 쉽게 활용할 수 있다.

마이크로소프트에서는 파워셸 명령을 작성할 때 명령 실행의 '자세한 정보'를 특정 단계별로 출력하도록 내부에 메시지를 작성했다. 이 메시지를 보기 위해서는 명령을 실행할 때 –Verbose 스위치를 붙이면 된다.

예를 들어, 네트워크에서 특정 호스트가 응답하는지 확인할 때 자주 사용하는 ping 명령과 동일한 기능을 하는 파워셸 명령은 Test-NetConnection이다. 이 명령을 실행할 때 –Verbose 스위치를 붙이면 그림 9.8과 같은 결과를 볼 수 있다.

```
Test-NetConnection –ComputerName www.microsoft.com –Verbose
```

(1) -Verbose 스위치 사용 전

```
PS C:\> Test-NetConnection -ComputerName www.microsoft.com


ComputerName           : www.microsoft.com
RemoteAddress          : 104.74.253.143
InterfaceAlias         : vEthernet (internet)
SourceAddress          : 221.150.172.107
PingSucceeded          : True
PingReplyDetails (RTT) : 2 ms
```

(2) -Verbose 스위치 사용 후

```
PS C:\> Test-NetConnection -ComputerName www.microsoft.com -Verbose
자세한 정보 표시: www.microsoft.com
자세한 정보 표시: www.microsoft.com
자세한 정보 표시: ''methodName' = QueryIsolationType,'className' = MSFT_NetAddressFilte
r,'namespaceName' = root\standardcimv2' 매개 변수를 사용하여 'CIM 메서드 호출' 작업을 수행하십시오.
자세한 정보 표시: 'CIM 메서드 호출' 작업이 완료되었습니다.


ComputerName           : www.microsoft.com
RemoteAddress          : 104.74.253.143
InterfaceAlias         : vEthernet (internet)
SourceAddress          : 221.150.172.107
PingSucceeded          : True
PingReplyDetails (RTT) : 2 ms
```

그림 9.8 Test-NetConnection의 -Verbose 사용 전후

스크립트를 작성할 때도 기본으로 제공하는 파워셸 명령의 도움말과 실행 중 자세한 정보를 표시하는 기능을 활용할 수 있다.

Write-Verbose

대부분의 관리자는 스크립트를 실행할 때 처리 과정마다 상태 메시지를 표시하거나 로그에 기록하는 것을 선호한다. 이러한 상태 메시지를 스크립트 실행이 올바르지 않을 때 어떤 일이 일어났는지 진단하는 정보로 활용할 수 있다.

파워셸에서 이러한 기능을 지원하는 명령은 Write-Verbose다. 이 명령의 사용법은 단순하다. -Message 매개변수(생략 가능)에 표시하고 싶은 메시지를 표시하면 된다.

```
Write-Verbose -Message "자세한 정보 표시"
```

메시지를 표시한다면 앞서 배운 Write-Host를 떠올릴 수도 있을 텐데, 이 명령은 대화식 실행과 같은 일부 시나리오에서만 적용하는 것이 좋으며 가능한 한 사용을 줄이는 것이 좋다. Write-Verbose는 스크립트의 실행 과정에 정보를 표시하는 용도로 사용하라고 만들어 놓은 명령이다. 목적에 맞게 사용하자.

Write-Verbose 명령을 스크립트에서 제공하는 기능을 문서화하는 데 이용할 수 있다. 스크립트 내용을 누군가 들여다볼 때 자세한 메시지(verbose message)에서 스크립트의 각 구역이 수행하는 작업에 관한 정보를 제공할 수 있다.

예제 9.5에서 인치를 입력하면 미터로 변환하는 ConvertTo-InchToMeter 함수를 작성하면서 Write-Verbose 명령을 사용해 자세한 정보를 표시했다.

예제 9.5 인치를 미터로 변환하는 함수(Chap9EX5.ps1)

```
01   function ConvertTo-InchToMeter{
02       [CmdletBinding()]
03       Param(
04           [Parameter(Mandatory=$True)]
05           [int]$Inch
06       )
07       BEGIN
08       {
```

```
09        #인치를 미터로 변환하는 계수
10        $Const=2.54
11    }
12    PROCESS
13    {
14        Write-Verbose -Message "변환할 인치 (in): $Inch"
15        Write-Verbose -Message "인치를 미터로 변환합니다."
16        $result=($Inch * $Const) / 100
17        Write-Verbose -Message "변환 결과 (m): $result"
18    }
19    END
20    {}
21 }
```

ConvertTo-InchToMeter 함수를 사용해 30인치를 미터로 변환하면서 자세한 정보를 표시하도록 -Verbose 스위치를 사용하면 그림 9.9와 같은 결과를 출력한다.

```
PS C:\Temp> ConvertTo-InchToMeter -Inch 30 -Verbose
자세한 정보 표시: 변환 할 인치 (in): 30
자세한 정보 표시: 인치를 미터로 변환 합니다.
자세한 정보 표시: 변환 결과 (m): 0.762
```

그림 9.9 ConvertTo-InchToMeter로 변환한 결과

주석 기반 도움말

Write-Verbose 명령으로 스크립트 기능에 대한 자세한 정보를 제공할 수 있지만, 대부분의 관리자는 스크립트에 관한 정보를 찾을 때 스크립트의 목적과 작성자, 사용 방법과 예제 등의 구조화된 문서화를 기대한다. 파워셸에서는 이러한 필요에 부합하는 주석 기반 도움말(Comment-based help) 기능을 제공한다.

주석 기반 도움말은 함수나 스크립트의 서두에 **주석 블록**을 표시한다. 주석 블록을 나타내는 기호와 그 속에 포함하는 줄거리(Synopsis), 자세한 설명, 매개변수 정보, 예제 등을 구역으로 분리하는 데 사용하는, 사전 정의된 키워드로 도움말을 구성한다.

• 〈# ~ #〉: 주석 블록 표시
• .SYNOPSIS: 주석의 줄거리
• .DESCRIPTION: 함수나 스크립트의 기능에 대한 자세한 설명

- .PARAMETER: 함수나 스크립트에서 사용하는 매개변수 정보. 매개변수 개수만큼 반복한다.
- .EXAMPLE: 사용 방법에 대한 예제. 예제 개수만큼 반복한다.

주석 블록에 사용하는 사전 정의된 키워드의 대소문자는 구분하지 않는다. 주석 기반 도움말을 쉽게 구분하고 쉽게 읽히도록 관례상 대문자 사용을 권장한다.

예제 9.6은 예제 9.1을 가져와 주석 기반 도움말을 추가한 것이다.

예제 9.6 도움말을 추가한 Get-SecurityEvents 함수(Chap9EX6.ps1)

```
01  function Get-SecurityEvents {
02      <#
03      .SYNOPSIS
04      컴퓨터의 보안에 로그 대한 감사 정보를 가져온다.
05      .DESCRIPTION
06      이벤트 뷰어의 윈도우 로그 아래에서 보안 감사 로그를 대상으로 한다.
07      계정 로그인/로그오프 등의 감사 로그 내용을 가져온다.
08      .PARAMETER ComputerName
09      로그를 가져올 컴퓨터의 이름.
10      .PARAMETER EventID
11      보안 로그에서 원하는 이벤트의 ID.
12      .EXAMPLE
13      Get-SecurityEvents -ComputerName MyComputer
14      .EXAMPLE
15      Get-SecurityEvents -ComputerName MyComputer -EventID 4634
16      .EXAMPLE
17      Get-SecurityEvents -ComputerName MyComputer -EventID 4634 -Verbose
18      #>
19
20      [CmdletBinding()]
21      Param(
22          [Parameter(Position=0,Mandatory=$True)]
23          [string]$ComputerName,
24
25          [int]$EventID = 4634
26      )
27      BEGIN
28      {
29          Write-Verbose -Message "로그 이름을 입력 받는다."
30          $LogName = Read-Host "로그 이름을 입력하세요."
31      }
32      PROCESS
33      {
34          Write-Verbose -Message "'$ComputerName'에서 '$LogName'로그를 가져온다."
35          Get-EventLog -ComputerName $ComputerName `
36          -LogName $LogName |
37          Where-Object -Property EventID -eq $EventID |
38          Select-Object -First 7
39      }
```

```
40      END {}
41  }
```

이제 파워셸 콘솔에서 Get-Help 명령을 이용해 도움말을 확인해보자. 도움말의 상세 정도를 확인하는 –full이나 –detailed, –example과 같은 스위치도 사용할 수 있다.

Get-Help Get-SecurityEvents –detailed

그림 9.10를 확인해보면, 예제 9.5의 2~18행에서 추가한 도움말 정보로 인해 기존의 파워셸 명령처럼 친절한 도움말을 출력한다.

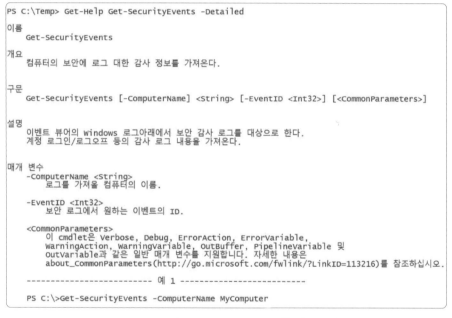

```
PS C:\Temp> Get-Help Get-SecurityEvents -Detailed
이름
    Get-SecurityEvents
개요
    컴퓨터의 보안에 로그 대한 감사 정보를 가져온다.

구문
    Get-SecurityEvents [-ComputerName] <String> [-EventID <Int32>] [<CommonParameters>]

설명
    이벤트 뷰어의 windows 로그아래에서 보안 감사 로그를 대상으로 한다.
    계정 로그인/로그오프 등의 감사 로그 내용을 가져온다.

매개 변수
    -ComputerName <String>
        로그를 가져올 컴퓨터의 이름.

    -EventID <Int32>
        보안 로그에서 원하는 이벤트의 ID.

    <CommonParameters>
        이 cmdlet은 Verbose, Debug, ErrorAction, ErrorVariable,
        WarningAction, WarningVariable, OutBuffer, PipelineVariable 및
        OutVariable과 같은 일반 매개 변수를 지원합니다. 자세한 내용은
        about_CommonParameters(http://go.microsoft.com/fwlink/?LinkID=113216)를 참조하십시오.

------------------------- 예 1 -------------------------

PS C:\>Get-SecurityEvents -ComputerName MyComputer
```

그림 9.10 Get-SecurityEvents 함수의 도움말 확인

주석 기반 도움말의 더 자세한 사용법은 다음 명령으로 확인할 수 있다.

Get-Help about_comment_based_help –ShowWindow

[따라해보기] **예제 9.4의 Send-OutlookMail 문서화하기**

1. Send-OutlookMail 함수 내에 주석 기반 도움말 블록과 '.SYNOPSIS', '.DESCRIP

TION', '.PARAMETER', '.EXAMPLE'의 4가지 구역을 만든다.

2. '.SYNOPSIS' 구역에 다음의 내용을 입력한다.

"Outlook.com의 SMTP를 이용해 메일을 발송한다."

3. '.DESCRIPTION' 구역에 다음의 내용을 입력한다.

"Outlook.com 서비스에서 제공하는 SMTP를 이용해 파워셸에서 메일을 보낼 수 있다. SMTP 서버는 'smtp.live.com'이며 포트는 587이다. 이 서비스를 사용하려면 마이크로소프트 계정이 필요하다."

4. '.PARAMETER' 구역에 다음의 5가지 매개변수를 입력한다.

From (보내는 사람), To (받는 사람), Cc (참조 수신자), Subject (메일 제목), Body (메일 본문 내용)

5. '.EXAMPLE' 구역에 다음의 3가지 예를 입력한다.

```
Send-OutlookMail -To recipient@anymail.com  -Subject "메일 제목"
-Body "메일 본문"
Send-OutlookMail -From sender@outlook.com -To recipient@
anymail.com  -Subject "메일 제목" -Body "메일 본문"
Send-OutlookMail -From sender@outlook.com -To recipient@
anymail.com  -Subject "메일 제목" -Body "메일 본문" -Verbose
```

6. -Verbose 스위치를 사용할 때 표시할 자세한 정보를 BEGIN, PROCESS, END 블록에 입력한다.

- BEGIN: "Outlook.com의 자격증명을 입력 받는다."
- PROCESS: "'$To'에게 '$Subject' 제목의 메일을 발송한다."
- END: "저장된 자격증명을 지운다."

7. 최종 모습은 예제 9.7과 같다. Chap9EX7.ps1로 저장하고 도움말을 확인해보자.

```
Get-Help Send-OutlookMail -Detailed
```

8. Send-OutlookMail 함수를 실행하면서 '자세한 정보'를 표시해보자. 함수가 올바로 작성되었고 적절한 위치에 메시지를 추가했다면, 실행 중에 3가지 '자세한 정보'를 표시한다.

예제 9.7 Send-OutlookMail에 도움말과 자세한 정보 추가(Chap9EX7.ps1)

```
01  function Send-OutlookMail{
02      <#
```

```
03        .SYNOPSIS
04        Outlook.com의 SMTP를 이용해 메일을 발송한다.
05        .DESCRIPTION
06        Outlook.com 서비스에서 제공하는 SMTP를 이용해 파워셸에서
          메일을 보낼 수 있다.
07        SMTP 서버는 'smtp.live.com'이며 포트는 587이다.
08        이 기능은 Microsoft의 계정이 필요하다.
09        .PARAMETER From
10        보내는 사람
11        .PARAMETER To
12        받는 사람
13        .PARAMETER Cc
14        참조 수신자
15        .PARAMETER Subject
16        메일 제목
17        .PARAMETER Body
18        메일 본문 내용
19        .EXAMPLE
20        Send-OutlookMail -To recipient@anymail.com  -Subject
          "메일 제목" -Body "메일 본문"
21        .EXAMPLE
22        Send-OutlookMail -From sender@outlook.com
          -To recipient@anymail.com
23                        -Subject "메일 제목" -Body "메일 본문"
24        .EXAMPLE
25        Send-OutlookMail -From sender@outlook.com
          -To recipient@anymail.com
26                        -Subject "메일 제목" -Body "메일 본문"
                          -Verbose
27        #>
28
29        [CmdletBinding()]
30        Param(
31            [Parameter(Mandatory=$False)]
32            [string] $From = "김도균 <kimdokyun@outlook.com>",
33            [Parameter(Mandatory=$True)]
34            [string] $To,
35            [Parameter(Mandatory=$False)]
36            [string] $Cc = "steelflea@outlook.com",
37            [Parameter(Mandatory=$True)]
38            [string] $Subject,
39            [Parameter(Mandatory=$False)]
40            [string] $Body = "PowerShell에서 보낸 메일"
41        )
42        BEGIN
43        {
44            Write-Verbose "Outlook.com의 자격증명을 입력 받는다."
45            $Cred = (Get-Credential)
46            $SmtpSvr="smtp.live.com"
47            $SmtpPort="587"
48        }
49        PROCESS
50        {
51            Write-Verbose "'$To'에게 '$Subject'제목의 메일을 발송한다."
```

```
52          Send-MailMessage -From $From -To $To -Cc $Cc `
            -Subject $Subject `
53          -Body $Body -SmtpServer $SmtpSvr  -Port $SmtpPort `
            -UseSsl `
54          -Credential $Cred -Encoding UTF8
55      }
56      END
57      {
58          Write-Verbose "저장된 자격증명을 지운다."
59          Clear-Variable -Name Cred
60      }
61  }
```

9.4 스크립트 흐름 제어 구문

대부분의 프로그래밍 언어처럼 파워셸 스크립트를 작성할 때도 작업의 처리 흐름을 제어하는 데 사용하는 기본 구문이 있다. 여러분이 파워셸에 익숙해지고 한 걸음 더 나아가 조직 내의 서비스 배포와 운영, 여러 가지 반복적인 작업 등을 자동화하는 도전에 맞닥뜨릴 때 이들 구문을 스크립트 내에서 자주 사용하게 될 것이다. 마이크로소프트 스크립트 센터 등에서 가져온 유용한 파워셸 스크립트를 자신의 입맛에 맞게 고치고 싶을 때도 이들 구문에 대한 이해는 필수적이다.

기본 스크립트 흐름 제어 구문에는 논리적인 의사 결정과 선택 결정을 다루는 선택문과 개체를 열거하는 루프를 통해 처리하는 반복문, 반복의 중단과 특정 처리를 건너뛰는 데 사용하는 점프문이 있다.

IF 문

If 문은 모든 프로그래밍 언어의 대표적인 선택문이며, 논리 의사 결정에 사용한다. 파워셸에서 If 문 형식은 다음과 같다.

```
If ($Op1 -eq $Op2) {
    # 조건 1
} ElseIf ($Op3 -gt $Op4) {
    # 조건 2
} ElseIf ($Op5 -lt $Op6) {
    # 조건 3
} Else {
    # 조건 4
}
```

여기서 Op는 Operand(피연산자)의 약어이다. 조건을 평가하는 식은 연산자와 피연산자의 조합이다. 연산자는 논리 연산자와 관계 연산자를 사용한다.

if 구문은 If와 ElseIf, Else라는 3가지 섹션으로 나뉜다.

- If 섹션

    이 부분은 필수다. 괄호 안에 조건을 평가하는 식을 작성한다. 평가 결과는 참(True) 또는 거짓(False)이다. 스크립트 블록은 중괄호 안에 넣는다. 스크립트 블록에는 조건이 참일 때 동작하는 명령을 포함한다.

- ElseIf 섹션

    이 부분은 선택 사항이다. 필요에 따라 여러 번 나올 수도 있다. 이 섹션의 각각은 자체 조건 평가식과 스크립트 블록을 갖는다.

- Else 섹션

    If 문의 마지막에 나온다. 이 섹션에서는 조건을 평가하지 않지만 스크립트 블록은 갖는다.

If 문의 여러 섹션에 포함된 조건은 순서대로 평가된다. 조건이 참으로 평가될 때, 셸에서는 해당하는 스크립트 블록을 실행하고 다른 조건은 판단하지 않는다. 앞에서 모든 조건이 참으로 평가되지 않았고 Else 섹션이 존재한다면, 이 섹션의 스크립트 블록이 실행된다.

각 스크립트 블록 내의 명령을 한 수준 들여쓰는 것이 가장 좋은 예다. PowerShell ISE에서는 [Tab] 키를 사용해 들여쓸 수 있다.

> ☑ **PowerShell ISE에서 들여쓰기**
>
> PowerShell ISE에서 마우스 포인터를 사용해 여러 줄의 텍스트를 선택할 수 있다. 이때 [Tab]을 누르면 들여쓰기 수준을 높이고 [Shift+Tab]을 누르면 선택한 줄에 대한 들여쓰기 수준을 낮춘다.

예를 들어 현재 윈도우 10 컴퓨터에 Hyper-V 서비스가 실행 중인지 확인하고, 필요한 경우 이 서비스를 설치하거나 시작시키는 스크립트를 예제

9.8에서 작성했다(Hyper-V 서비스는 윈도우 10 Pro 이상에서 사용할 수 있으며, 제어판의 [윈도우 기능 켜기/끄기]를 통해 설치할 수도 있다).

예제 9.8 클라이언트 Hyper-V 서비스 관리 스크립트(Chap9EX8.ps1)

```
01  $ServiceName = "Hyper-V 가상 컴퓨터 관리"
02  $HostName = hostname
03  $Service = Get-Service -DisplayName $ServiceName -ErrorAction SilentlyContinue
04
05  If (-Not $Service){
06      $ServiceName + "는" + $HostName + "에 설치되지 않았습니다."
07      Write-Host "Hyper-V 서비스를 설치합니다."
08      Enable-WindowsOptionalFeature -Online -FeatureName Microsoft-Hyper-V -All
09  } ElseIf($Service.Status -eq "Running"){
10      $ServiceName + "가 동작 중입니다."
11  } Else {
12      $ServiceName + "가 중지되었습니다."
13      Start-Service -Name $Service.Name
14  }
```

예제 9.8의 2행에서 네이티브 DOS 명령인 hostname으로 현재 컴퓨터 이름을 가져와 변수에 저장했다. 3행은 'Hyper-V 가상 컴퓨터 관리'라는 이름의 서비스를 찾아 변수에 저장했다.

5행~8행은 Hyper-V의 가상 컴퓨터 관리 서비스인 vmms 서비스가 설치되지 않았다면 부정 연산자인 -Not에 의해 If 문이 참이 되어 Hyper-V 서비스를 설치하는 구문이 실행된다. 9행~10행의 ElseIf 섹션에서는 서비스의 상태가 실행 상태인지 확인하고, 11행~14행의 Else 섹션에서는 서비스가 중지된 경우 다시 시작시키는 구문을 실행한다.

Switch 문

Switch 문은 if 문에서 ElseIf 섹션을 여러 개 갖는 구조와 비슷하다. 앞서 'If-ElseIf-Else' 형태는 If 문을 복잡하게 만들 수 있다. 이런 경우, 구문 구조를 더 간결하게 만드는 데 적합한 선택문이 switch 문이다. Switch 구문의 형식과 각 요소의 역할을 표 9.2에 정리했다.

Switch 문은 변수나 속성의 값과 일치하는 조건을 찾으면 해당 스크립트 블록을 실행한다. 일치하는 조건이 없다면 Default 섹션을 실행한다.

Switch 키워드 다음에 스위치를 사용하지 않으면 기본적으로 대소문자는 구분하지 않는다. 평가되는 값에 대해 정확한 일치를 평가하는 -exact

구문 형식	Switch [-regex|-wildcard|-exact] [-casesensitive] (평가되는 값)
	{
	    조건1 { 동작 }
	    조건2 { 동작 }
	    ...
	    조건N { 동작 }
	    Default { 동작 }
	}

옵션	**설명**
평가되는 값	· 변수(하나 이상의 값) 예: Switch ($Option) · 하나 이상의 상수 값. 예: Switch (1,3), Switch("Red") · 상수 범위. 예: Switch (1..7) · 실행 시점 개체 컬렉션. 예: Switch (Get-Service)
-regex	평가되는 값에 대해 정규식 조건 매칭
-wildcard	평가되는 값에 대해 와일드카드 문자 조건 매칭
-exact	평가되는 값이 문자열인 경우 정확히 일치하는 조건 매칭
-casesensitive	평가되는 값의 대소문자를 구분한다
조건N	상수, 와일드카드 조건, 정규식 조건, 스크립트 블록

표 9.2 Switch 문의 형식

스위치가 사용된다.

예를 들어, 윈도우의 논리 디스크 정보를 확인해 디스크 유형에 따라 정보를 표시하는 파워셸 구문을 작성할 때 Switch 문을 사용할 수 있다(예제 9.9).

예제 9.9 윈도우의 논리 디스크 정보 확인(Chap9EX9.ps1)

```
$drive = Get-CimInstance -ClassName Win32_LogicalDisk `
-Filter "DeviceID='C:'"

switch ($drive.DriveType) {
    3 { Write "로컬 고정 디스크" }
    5 { Write "광학 디스크 장치" }
    Default { Write "기타 장치" }
}
```

예제 9.9를 보면 윈도우의 시스템 정보를 확인하는 데 Get-CimInstance 명령을 사용했다. 이 명령은 윈도우에서 시스템 전반의 자원에 대한 정보를 저장하는 CIM 리포지토리(일종의 데이터베이스)를 다루는 명령 중 하나다. 파워셸에서는 CIM 관련 명령들을 다수 제공한다.

예제 9.10은 Switch 문의 '평가되는 값' 부분에 Get-Service를 실행한다. 3행~4행에서 실행 시점에 가져온 개체 컬렉션의 각 값($_)에 일치하는 조건 스크립트 블록을 평가해 동작을 수행한다.

예제 9.10 실행 시점의 개체 컬렉션으로 조건 평가(Chap9EX10.ps1)

```
01   switch (Get-Service)
02   {
03       {$_.status -eq "Running"}{"실행 중인 서비스:"+$_.name}
04       {$_.status -eq "Stopped"}{"중단된 서비스:"+$_.name}
05   }
```

Switch 문에서 와일드카드 패턴이나 정규식을 사용할 수도 있다. 이때는 일치 여부를 비교하는 대상이 무엇인지 구문에 알려주는 매개변수를 지정해야 한다. 예를 들어 컴퓨터 이름에 따라 메시지를 출력하는 예제 9.11에서는 Switch 문에 와일드카드 패턴을 사용했다.

예제 9.11 와일드카드 패턴을 사용한 Switch 문(Chap9EX11.ps1)

```
#환경 변수에서 컴퓨터 이름을 가져온다,
$name = Get-Content Env:\COMPUTERNAME
#Switch 문 블록
switch -Wildcard ($name) {
    "SEOUL-CL1*" {
        Write-Host "이 컴퓨터는 클라이언트다."
    }
    "SEOUL*" {
        Write-Host "이 컴퓨터는 SEOUL에 있다."
    }
    "*DC*" {
        Write-Host "이 컴퓨터는 도메인 컨트롤러다."
    }
    "*1" {
        Write-Host "첫 번째 컴퓨터다."
    }
    Default {
        Write-Host "일치하는 내용이 없다."
    }
}
```

컴퓨터 이름이 SEOUL-CL1이라면, 예제 9.11의 실행 결과에서 와일드카드 조건에 일치하는 부분은 "SEOUL-CL1*"과 "SEOUL*", "*1"이므로 일치하는 모든 스크립트 블록을 실행한다. 이처럼 Switch 문은 If 문과 달리 첫 번째 일치 조건만 실행하지 않고 각각의 일치하는 스크립트 블록을 모두 실행한다.

다중으로 일치하는 상황을 피하고 일치하는 한 가지 스크립트 블록만 실행하고자 한다면, Break 키워드를 사용해야 한다. Break는 해당 스크립트 블록만 실행하고 Switch 문을 종료한다, 예제 9.12를 살펴보자.

예제 9.12 Switch 문에서 Break 사용(Chap9EX12.ps1)

```
01  $name = Get-Content Env:\COMPUTERNAME
02  Switch -Wildcard ($name) {
03      "SEOUL-CL1*" {
04          Write "이 컴퓨터는 클라이언트다."
05          break
06      }
07      "SEOUL*" {
08          Write "이 컴퓨터는 BUSAN에 있다."
09      }
10      "*DC*" {
11          Write "이 컴퓨터는 도메인 컨트롤러다."
12          break
13      }
14      "*1" {
15          Write "첫 번째 컴퓨터다."
16      }
17      Default {
18          Write "일치하는 내용이 없다."
19      }
20  }
```

컴퓨터 이름이 SEOUL-CL1이라면, Switch 문 조건에서 4행의 "이 컴퓨터는 클라이언트다."라는 내용을 출력하고 5행에서 break를 만나 Switch 문이 끝난다.

컴퓨터 이름이 SEOUL-DC1이라면 7행의 조건에 일치해 "컴퓨터는 BUSAN에 있다."를 출력하는 스크립트 블록이 실행된다. 이 블록에는 break 키워드가 없으므로 다시 조건이 일치하는 10행의 스크립트 블록이 실행되어 "이 컴퓨터는 도메인 컨트롤러다."를 출력한 다음 break를 만나 switch 문을 빠져나간다.

Switch 문의 사용법에 대한 자세한 정보는 다음 명령으로 확인할 수 있다.

```
Get-Help about_switch -ShowWindows
```

ForEach 문

ForEach 문을 사용하는 목적은 ForEach-Object 명령과 같다. 즉, 다수의 개체를 담고 있는 컬렉션을 열면서 한 번에 하나의 개체에 어떤 처리를 해야 할 경우 알맞은 구문이다.

지금 소개하는 ForEach 문과 ForEach-Object 명령의 별칭인 ForEach를 혼동할 것 같다는 염려는 붙들어 매자. ForEach 문과 ForEach-Object는 사용법이 다르다. 파워셸에서는 명령줄에서 사용된 위치를 기준으로 기본 명령을 사용할지 ForEach 문을 사용할지 결정한다.

ForEach 문의 형식은 다음과 같다.

```
ForEach ($temp in $Collection)
{
    #$temp에 대한 처리 구문
}
```

ForEach 문은 $Collection에 저장된 개체들을 임시 변수인 $temp에 하나씩 담아 스크립트 볼록 내의 코드로 반복 처리한다.

ComputerNames.txt 파일에 한 줄에 컴퓨터 이름을 하나씩 적어 놓았다. 이 파일을 읽어 컴퓨터 이름을 하나씩 출력하는 명령을 작성해야 한다면, 예제 9.13과 같이 작성할 수 있다.

예제 9.13 ForEach 문으로 컴퓨터 목록 열거하기(Chap9EX13.ps1)

```
#컴퓨터 이름 컬렉션을 변수에 저장한다.
$ComputerNames = Get-Content ComputerNames.txt
#컬렉션의 컴퓨터 이름 목록을 하나씩 처리한다.
ForEach ($pcname in $ComputerNames) {
    Write "현재 컴퓨터 이름은 $pcname 입니다."

}
```

1행에서 각 컴퓨터 이름을 문자열 개체로 $ComputerNames에 저장하면서 컬렉션을 만든다. ForEach 문 헤더 내의 in 키워드 오른편 컬렉션 $ComputerName에서 하나의 개체를 꺼내어 왼편의 변수 $pcname에 저장한다. 5행의 명령에서 $pcname 변수의 값을 처리한다. 이 과정을 $Computer Name 컬렉션의 모든 데이터를 처리할 때까지 반복한다.

파워셸을 사용하다 보면 읽고 관리하기 쉬운 스크립트를 선호하기 마련이다. 예제 9.14를 보면 $x와 $y 변수에서 포함하는 내용이 무엇인지, 무엇을 가리키고 있는지 직관적으로 알기 어렵다.

예제 9.14 ForEach 문의 나쁜 변수 이름(Chap9EX14.ps1)

```
$x = Get-Service
ForEach ($y in $x) {
    Write "현재 서비스는 $($y) 입니다."
}
```

잘 만든 ForEach 문에서는 비슷한 변수 이름을 사용하는 것이 일반적인 관례다. 예를 들면 컬렉션 변수 이름($Services)과 임시 변수 이름($Service)만 봐도 어떤 개체를 저장하는지 쉽게 예상할 수 있는 방식이 좋다(예제 9.15). 물론 이것이 기술 요구사항은 아니다.

예제 9.15 ForEach 문의 좋은 변수 이름(Chap9EX15.ps1)

```
$Services = Get-Service
ForEach ($Service in $Services) {
    Write-Host "현재 서비스는 $($Service.name) 입니다."
}
```

For 문

For 문은 보통 배열이나 개체의 컬렉션에 대해 단계적으로 지정한 횟수만큼 일련의 명령을 반복하는 데 사용한다는 측면에서 Foreach와 비슷하다. 차이점은 루프에 진입할 때 변수에 값을 설정하고, 루프가 종료되는 조건, 루프를 돌 때마다 설정된 변수를 평가하는 부분으로 구성된다는 점이다.

For 문의 형식과 각 요소의 역할은 표 9.3과 같다.

구문 형식	For (초기식; 조건식; 증감식)
	{
	    #반복 처리할 명령 블록
	}	

옵션	설명	
초기식	루프를 시작하기 전에 실행되며, 일반적으로 루프 반복을 카운트하는 변수를 초기화한다.	
조건식	루프를 반복할 때마다 조건을 평가해서 참인 경우만 스크립트 블록이 실행되도록 한다.	
증감식	루프를 반복할 때마다 반복을 카운트하는 변수를 업데이트한다.	

표 9.3 For 문의 형식

예를 들어 10번을 반복하면서 'Computer'라는 문자열에 번호를 붙여 출력하려는 경우, 기본 For 루프 구조를 사용해서 다음과 같이 간단히 작성할 수 있다.

```
For ($num=0 ; $num -le 9 ; $num++){
  Write-Host "Computer $num"
}
```

$num이 0으로 초기화되고, 9 이하인지 평가하는 조건식이 참이면 $num의 값을 하나 증가시키고 스크립트 블록의 내용이 실행된다. 증가한 $num의 값이 9보다 크게 되면 For 문은 끝난다.

　For 루프는 배열이나 컬렉션의 시작 인덱스에 대한 초기 값을 설정하고 컬렉션 길이까지 값을 단계적으로 증감시키면서 컬렉션의 각 값에 대한 처리를 수행할 수 있다. 컬렉션 인덱스는 0에서 시작하며 인덱스 표시는 대괄호([])를 사용한다. 예제 9.16에서 For 루프로 컬렉션을 처리하는 예를 볼 수 있다.

예제 9.16 For 문을 사용한 컬렉션 처리(Chap9EX16.ps1)

```
#컬렉션(배열) 만들기
$fruits = @("사과","오렌지","수박","배","포도","딸기","바나나")

#컬렉션 처리
For ($i=0; $i -lt $fruits.Length; $i++) {
    $fruits[$i]
}
```

For 문의 헤더에서 선언한 $i는 컬렉션 인덱스 변수이며, $fruits[$i]를 통해 $fruits 컬렉션 변수에 저장된 각 값을 가져온다.

　For 문의 사용법에 대한 보다 자세한 정보는 다음 명령으로 확인할 수 있다.

```
Get-Help about_For -ShowWindows
```

While 문

파워셸이 지원하는 세 번째 유형의 루프인 While 문은 특정 코드 블록을 반복해서 실행한다는 점에서 for 문과 비슷하지만, 사용법은 더 간단하다. While 문의 기본 형식은 다음과 같다.

```
While (조건식)
{
    #동작 구문
}
```

While 루프는 조건이 참($true)인 동안 스크립트 블록을 수행한다. 앞서 예제 9.16을 While 문으로 작성하면 예제 9.17과 같을 것이다.

예제 9.17 While 문을 사용한 컬렉션 처리(Chap9EX17.ps1)

```
#컬렉션(배열) 만들기
$fruits = @("사과","오렌지","수박","배","포도","딸기","바나나")

#컬렉션 처리
$i=0
While ($i -lt $fruits.Length)
{
    $fruits[$i]
    $i++
}
```

앞서 배운 for 문과 지금 배운 while 문은 결과만 놓고 보면 비슷하다. 따라서 다음과 같은 기준으로 선택하는 것이 좋다.

1. 반복횟수가 유동적이고 조건이 참인 동안 코드를 반복 실행하려고 할 때는 while 문을 사용한다.
2. 반복횟수를 알고 있을 때 for 문을 사용한다.

While 문은 주로 무한 루프를 실행하면서 필요한 동작을 처리하다가 특정 조건을 만나면 루프를 종료하는 방식으로 사용한다. 무한 루프를 구현하려면 다음처럼 조건식을 참으로 만들면 된다.

While ($true){ … }

Do 문

Do ~ While 문과 Do ~ Until 문이 있다. Do 문은 앞서 While 문과 비슷하지만, 반복 실행할 스크립트 블록을 최소 한 번은 실행한다는 점이 다르다.

Do ~ While 문은 조건이 참인 동안 스크립트 블록을 계속 실행하고, Do ~ Until 루프는 Do ~ While 루프와 비슷하지만 조건식이 참이면 Do 문을 종료한다. 두 가지 Do 반복문의 기본 형식은 다음과 같다.

```
Do                          Do
{                           {
    #동작 구문                   #동작 구문
}While (조건식)             }Until (조건식)
```

예를 들어, 예제 9.18에서는 Do ~ While 문을 사용해 메모장(Notepad.exe)
을 3개까지 실행하는 구문을 작성했다.

예제 9.18 Do ~ While 문을 사용한 메모장 프로그램 실행(Chap9EX18.ps1)

```
01   $NumOfNotepad=0
02   do
03   {
04       $NumOfNotepad++
05       $NotePadID=Start-Process -FilePath notepad
06   }
07   while ($NumOfNotepad -le 2)
```

4행에서 메모장 프로그램을 실행할 때마다 $NumOfNotepad 변수의 값을 하
나씩 증가시킨다. 7행의 조건식에서 현재 메모장의 개수를 검사하고 결과
가 거짓이 될 때까지 Do 문을 계속 실행한다.

　예제 9.18과 동일한 결과를 내도록 Do ~ Until 문을 이용해 작성한 스크
립트가 예제 9.19다.

예제 9.19 Do ~ Until 문을 사용한 메모장 프로그램 실행(Chap9EX19.ps1)

```
01   $NumOfNotepad=0
02   do
03   {
04       $NumOfNotepad++
05       $NotePadID=Start-Process -FilePath notepad
06   }
07   until ($NumOfNotepad -gt 2)
```

예제 9.18과 비교해 달라진 점은 7행이다. 현재 메모장의 개수가 3이 되는
순간 Do 문은 끝난다.

Break와 Continue 문

Break 문의 주 사용 목적은 반복문이나 switch 문을 종료하고 프로그램 제
어를 다음 코드로 넘길 때 사용한다. 반복문에서 break 문을 사용할 때는 주
로 무한 루프로 동작하는 while 문 내에서 조건에 따라 실행 블록을 빠져나
갈 때다.

　예를 들어, 예제 9.20은 스크립트 실행 시점에 가져온 시간(초)을 '이동
하는 목표'라 했을 때, 이 목표를 맞추는 슈팅 횟수를 무한 루프의 반복 횟
수로 사용했다. 이 예제에서 주목할 부분은 8행의 Break 문이다. 5행의 If
문에서 목표를 맞췄을 때 슈팅 횟수를 출력하고 무한 루프를 중단한다.

예제 9.20 이동 목표를 맞추는 데 사용된 슈팅 횟수 출력(Chap9EX20.ps1)

```
01  $NumOfShots = 0
02  while ($True)
03  {
04      $MovingTarget = (Get-Date).Second
05      if ($MovingTarget -eq $NumOfShots)
06      {
07          Write-Host "이동 목표를 맞추는데 사용된 슈팅 횟수(s):$NumOfShots"
08          Break
09      }
10      $NumOfShots++
11  }
```

```
PS C:\Temp> C:\Temp\Chap9EX20.ps1
이동 목표를 맞추는데 사용된 슈팅 횟수(s):11
```

그림 9.11 예제 9.20의 실행 결과

Continue 문은 반복문에서 사용하며, 특정 조건에서 현재 루프를 중단한다
는 점에서 break와 비슷하다. 하지만 반복문을 완전히 종료하지 않고 다음
루프를 시작한다는 점이 다르다.

예를 들어 예제 9.21은 ForEach 문을 사용해 현재 시스템의 프로세스 목
록 중에서 물리 메모리를 250MB 이상 사용하는 프로세스만 출력하도록
했다. 이 예제에서 주목할 부분은 6행의 Continue 문이다. 4행의 If 문 조
건식에서 현재 메모리가 250MB 이하이면 현재 루프는 건너뛰고 다음 루
프를 시작한다.

예제 9.21 250MB 이상의 메모리를 사용하는 프로세스 출력(Chap9EX21.ps1)

```
01  $ProcessLists = Get-Process
02  foreach ($Process in $ProcessLists)
03  {
04      if (($Process.PM/1MB) -le 250)
05      {
06          Continue
07      }
08      Write-Output ($Process.Name+'은 250MB 이상의 메모리를 사용한다.')
09  }
```

```
MicrosoftEdgeCP은 250MB 이상의 메모리를 사용한다.
MicrosoftEdgeCP은 250MB 이상의 메모리를 사용한다.
MicrosoftEdgeCP은 250MB 이상의 메모리를 사용한다.
MicrosoftEdgeCP은 250MB 이상의 메모리를 사용한다.
OUTLOOK은 250MB 이상의 메모리를 사용한다.
powershell_ise은 250MB 이상의 메모리를 사용한다.
Snagit32은 250MB 이상의 메모리를 사용한다.
WINWORD은 250MB 이상의 메모리를 사용한다.
```

그림 9.12 예제 9.21의 실행 결과

[따라해보기] **Do 문을 이용한 메모장 인스턴스 다중 실행과 종료**

윈도우 메모장 4개를 동시에 실행시키고 1초 뒤에 4개의 메모장을 하나씩 종료하는
스크립트를 작성해보자.

1. 현재 메모장의 개수를 0으로 초기화한 변수를 설정한다.

   $NumOfNotepad=0

2. 실행한 메모장 프로그램의 프로세스 ID를 저장하기 위한 동적 배열 변수를 만든
   다. ArrayList 형식의 변수를 만들어야 한다.

   $PIDs = New-Object System.Collections.ArrayList

3. Do ~ While 문의 스크립트 블록 내에 Start-Process 명령으로 메모장을 실행하
   는 구문을 작성한다. 이때 실행된 메모장의 프로세스 ID를 가져와 배열에 추가해
   야 한다.

   $NotePadID=Start-Process -FilePath notepad -PassThru
   $PIDs.Add($NotePadID.Id)

4. Do ~ While 문의 조건식에 실행된 메모장의 개수를 검사하는 코드를 작성한다.

5. 스크립트 실행을 1초간 일시 정지하는 구문을 작성한다. Start-Sleep 명령을 이
   용한다.

6. Do ~ Until 문의 스크립트 블록 내에 Stop-Process 명령으로 실행된 메모장을
   하나씩 종료하는 코드를 작성한다. 배열에 저장한 프로세스 ID를 사용한다.

   Stop-Process -Id $PIDs[$NumOfNotepad]

7. 마지막으로 배열의 내용을 모두 지운다.

   $PIDs.Clear()

예제 9.22에서 전체 스크립트를 볼 수 있다.

예제 9.22 **Do 문을 이용한 여러 개의 메모장 실행과 종료(Chap9EX22.ps1)**

```
$NumOfNotepad=0
$PIDs = New-Object System.Collections.ArrayList
do
{
```

```
    $NumOfNotepad++
    $NotePadID=Start-Process -FilePath notepad -PassThru
    $PIDs.Add($NotePadID.Id)
}
while ($NumOfNotepad -le 3)

Start-Sleep -Seconds 1

do
{
    $NumOfNotepad--
    Stop-Process -Id $PIDs[$NumOfNotepad]
}
until (0 -ge $NumOfNotepad)
$PIDs.Clear()
```

> ☑ 도전 과제
>
> 예제 9.22를 For 문과 While 문으로도 작성해보자.

9.5 정리

앞서 8장에서 스크립트를 작성하기 위한 기본적인 방법을 배웠지만, 그것만으로 멋진 스크립트를 작성하기에는 부족하다. 잘 작성된 스크립트는 단위 기능의 재사용성이 높고 코드가 명확하다. 오랫동안 돌아가는 스크립트는 중간 중간 정보도 제공해야 하며, 사용자를 위해 사용법도 도움말로 제공해야 한다.

9장에서는 활용성을 높이기 위해 단일 기능을 제공하는 스크립트 파일에서 일련의 유사한 작업에 대한 기능 모음을 제공할 수 있는 함수로 변환하는 방법과, 윈도우를 시작하고 로그인만 하면 자동으로 로드되는 모듈로 전환하는 방법을 설명했다. 스크립트를 외부나 팀 동료에게 제공할 때 사용성을 높이기 위해 스크립트 사용 방법을 제공하고 스크립트 실행 시 자세한 정보를 제공하는 방법도 배웠다.

고급 스크립트의 핵심이라고 할 수 있는 작업 처리의 흐름을 제어하기 위해 파워셸에서 제공하는 논리 및 선택 결정, 반복 처리 구문을 익혔다. 8장과 9장의 내용을 숙지했다면 기존에 실무에서 많은 시간을 들이던 소모

적인 작업을 파워셸 스크립트로 작성해서 단순 반복 업무에서 벗어날 수
있을 것이다.

10장

파워셸의 디버깅과 에러 처리

8장과 9장에서는 파워셸 명령 프롬프트에서 대화식으로 반복 실행한 명령 구문을 스크립트로 만드는 과정으로 시작해서 재사용이 용이한 스크립트 함수를 작성하는 단계적인 방법과 이를 스크립트 모듈로 전환하는 방법을 살펴봤다.

단숨에 완벽한 스크립트를 작성하고 그 스크립트를 이용하는 데 아무런 문제도 없으면 좋겠지만, 스크립트가 복잡해질수록 제대로 동작하는지 테스트하고 오류가 발생할 가능성이 있는 부분에는 적절한 에러 처리를 하는 것이 스크립트 작성의 좋은 습관이다. 여기에 더해 스크립트의 문제를 빠르게 해결할 수 있도록 파워셸의 디버깅 기능을 활용하는 방법을 숙지해야 한다.

10장에서는 스크립트를 작성하고 실행하면서 꼭 알아야 하는 디버깅과 에러 처리에 관해 다음의 내용을 중심으로 설명한다.

* Write-Debug 명령을 사용한 기본 디버깅 방법
* 중단점 사용과 대화식 디버깅 방법
* 기본 에러 처리 옵션
* Try ~ Catch 구조 사용하기
* 에러를 기록하고 확인하는 방법

10.1 디버깅 방법과 중단점

파워셸에서는 스크립트의 디버깅을 도와주는 몇 가지 기능을 제공한다. 디버그 모드로 진입해서 디버깅을 진행하는 환경에 따라 파워셸 명령 프롬프트에서 수행하는 **콘솔 디버깅 환경**과 PowerShell ISE나 Visual Studio 등의 파워셸 지원 편집기에서 수행하는 **시각적 디버깅 환경**으로 나눌 수 있다.

파워셸 디버깅 방법에 따라 스크립트 내부의 지정한 위치에 작성한 디버그 모드 진입 코드를 사용하는 **기본 디버깅**과 파워셸 기본 명령을 통해 스크립트에 명시적 중단점을 걸어서 디버그 모드로 들어가는 보다 정교한 **대화식 디버깅**으로 나눌 수 있다.

기본 디버깅

기본 디버깅은 스크립트 내의 특정 위치에 미리 디버그 메시지를 작성하고, 스크립트를 실행할 때 디버깅 정보를 출력하면서 디버그 모드로 진입하는 방법이다. 이 방법은 스크립트 내의 변수나 속성 값, 함수의 결과에 대해 주로 다음 3가지 유형의 잠재적 버그를 확인하는 데 사용한다.

- 입력 값의 오류나 실수 확인
- 논리 오류가 없는지 확인
- 기대 값과 결과의 불일치 확인

기본 디버깅에서 디버그 메시지를 작성할 때 사용하는 명령은 Write-Debug다. 사용법은 단순하다. —Message 매개변수(생략 가능)에 표시하고 싶은 메시지를 표시하면 된다.

```
Write-Debug —Message "자세한 디버그 정보 표시"
```

이 명령의 사용법과 동작은 Write-Verbose와 거의 동일하지만 스크립트에서 Write-Debug를 만나면 그 지점에서 암시적 중단점이 적용되고 디버그 모드로 들어간다는 점이 다르다.

하지만 스크립트에 Write-Debug가 있다고 해서 항상 실행되는 것은 아니다. 이 명령의 실행 여부는 우선 파워셸 세션의 디버그 환경 변수인 $DebugPreference의 값에 달렸으며, 두 번째로 파워셸의 명령이나 함수, 스크립트의 공통 매개변수 중 –Debug 스위치의 사용 여부에 달렸다. 표 10.1에 $DebugPreference에 사용 가능한 값을 정리했다.

$DebugPreference의 값	설명
Continue	항상 디버그 메시지를 표시한다.
SilentlyContinue	기본 값. 디버그 메시지를 표시하지 않는다. 디버그 메시지를 표시하려는 경우 –Debug 스위치를 사용한다.
Stop	디버그 메시지를 표시하고 실행을 종료한다.
Inquire	디버그 메시지를 표시하고 사용자에게 확인을 요청한다.

표 10.1 $DebugPreference 변수의 값

예를 들어, $DebugPreference의 값을 Continue로 변경할 경우는 다음과 같이 한다.

$DebugPreference = "Continue"

$DebugPreference의 기본 값은 SilentlyContinue이기 때문에, 스크립트 내부의 작성한 디버그 코드를 동작시키려면 스크립트를 실행할 때 항상 –Debug 스위치를 사용해야 한다.

예제 10.1은 예제 8.2에 Write-Debug와 Write-Verbose를 추가한 것이다.

예제 10.1 Write-Debug를 작성한 스크립트(Chap10EX1.ps1)

```
01  [CmdletBinding()]
02  Param(
03     [Parameter(Position=0,Mandatory=$True)]
04     [string]$ComputerName,
05     [int]$EventID = 4634
06  )
07
08  #디버깅 메시지 출력
09  Write-Debug -Message "`$ComputerName: $ComputerName"
10  Write-Verbose -Message "로그 이름을 입력 받습니다."
11  $LogName = Read-Host "로그 이름을 입력하세요."
12
13  #디버깅 메시지 출력
14  Write-Debug -Message "`$LogName: $LogName"
```

```
15   Write-Verbose -Message "'$ComputerName'에서 '$LogName'로그 추출 시작."
16
17   Get-EventLog -ComputerName $ComputerName -LogName $LogName |
18   Where-Object -Property EventID -eq $EventID |
19   Select-Object -First 7
```

이 예제를 실행할 때 -Debug 스위치를 사용하면, 9행의 Write-Debug에서 메시지를 표시하고, 스크립트 실행을 일시 중지한다. 이때 파워셸은 콘솔과 PowerShell ISE의 각 인터페이스에 맞게 작업을 계속할지 여부를 선택하도록 한다(그림 10.1).

(1) 파워셸 콘솔

(2) PowerShell ISE

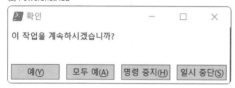

그림 10.1 Write-Debug의 동작

- Y(Yes): 다음 Write-Debug를 만나기 전까지 작업 실행
- A(Yes to All): 이후의 작업 단계를 모두 실행
- H(Halt): 이 명령/함수/스크립트의 실행을 중단한다.
- S(Suspend): 현재 실행을 일시 중지하고 명령 프롬프트를 암시적인 디버그 모드로 전환한다. 실행을 계속하려면 exit를 입력한다.

> ☑ Write-Debug의 버그
>
> Write-Debug를 여러 번 사용한 스크립트를 -debug 스위치로 실행할 때, 작업을 계속할지 여부를 요청 받고 [모두 예(A)]를 선택하면 예상한 결과와 다르게 나온다. 현재 이 문제는 공식적인 이슈로 제기되었으며, 마이크로소프트가 해결 전까지 우회 방법을 제공하고 있다.

결론만 얘기하면 스크립트 내에서 $PSCmdlet.WriteDebug를 사용하는 방법이다. 자세한 내용은 다음의 링크를 참고하자.

- *https://connect.microsoft.com/PowerShell/feedback/details/1441324*

작업의 계속 실행 여부를 [일시 중단(S)]으로 선택하면 그림 10.2와 같이 디버깅 프롬프트 모드(>>)로 전환되어 현재까지 실행 범위 내에서 변수나 속성, 함수의 결과를 확인할 수 있으며, 필요에 따라 값을 변경할 수도 있다.

```
PS C:\Temp> .\Chap10EX1.ps1 -ComputerName steelflea-aw -Debug
디버그: $ComputerName: steelflea-aw
PS C:\Temp>> $ComputerName = "localhost"

PS C:\Temp>> $ComputerName
localhost
```

그림 10.2 디버깅 프롬프트에서 변수 값 확인과 수정

Write-Debug를 작성하기 좋은 위치가 세 군데 있다.

- 일반적으로 하나 이상의 변수를 정의한 후
- 주의를 기울여야 하는 어떤 작업을 시작하기 전
- 중요한 작업을 끝낸 후

[따라해보기] **체질량 지수 계산 스크립트**

체질량 지수는 체중과 키의 관계로 비만도를 계산하는 지수로, 'BMI(Body Mass Index) 지수'라고도 한다. 스크립트에서 체중과 키를 입력 받아 BMI를 계산하고 결과에 따라 비만도를 표시하는 스크립트를 작성한다. 이때 BMI를 계산하는 로직과 계산 결과에 따라 비만도를 표시하는 로직은 별도의 함수로 작성한다.

1. 스크립트를 실행할 때 키와 몸무게를 필수 값으로 입력 받는 매개변수 바인딩을 정의한다. 소수점 수가 나올 수 있으므로 데이터 형식은 double을 사용한다.
2. BMI를 계산하는 함수를 작성한다. 1번에서 작성한 두 개의 값이 함수의 매개변

수로 전달되게 한다. 비만도 체크 로직에 사용해야 하므로 계산된 값을 반환한다 (BMI = 몸무게 / (키²)).

> ### ☑ 파워셸에서 .NET의 Math 클래스 사용
>
> 파워셸에서는 기본적으로 .NET 클래스를 가져다 쓸 수 있다. 따라서 제곱근이 나 로그 값 등을 구할 때, 수학 연산을 위한 .NET Math 클래스를 사용하면 쉽게 결과를 얻을 수 있다. ISE에서 [Math]::라고 시작하면 인텔리센스에서 사용할 수 있는 다양한 수학 연산을 제시한다. 제곱근 같은 경우는 다음처럼 사용한다.
>
> [Math]::SQRT(81)

3. 비만도를 체크하는 함수를 만든다. 대한비만학회 기준으로 6단계로 판별한다. 이 함수는 앞서 2번에서 계산한 BMI 값을 입력 받는다.

4. 마지막으로 스크립트를 실행할 때 매개변수로 전달하는 키와 몸무게를 받아서 2 번의 BMI 계산 함수를 호출하고, 계산된 결과를 다시 3번의 비만도 체크 함수로 전달해 비만도를 평가하는 구문을 작성한다.

5. 3번에서 만든 비만도 체크 함수의 속 If 문 평가 로직에 따른 기대 값과 디버그 출력을 비교하도록 Write-Debug 구문을 작성한다.

전체 코드는 예제 10.2와 같다.

예제 10.2 BMI 계산 스크립트(Chap10EX2.ps1)

```
01  [CmdletBinding()]
02  Param(
03      [Parameter(Position=0,Mandatory=$True)]
04      [double]$Height,
05      [Parameter(Position=1,Mandatory=$True)]
06      [double]$Weight
07  )
08
09  # BMI 계산 함수
10  function Calculate-BMI([double]$Height, [double]$Weight)
11  {
12      $BMI=$Weight / ([Math]::Pow($Height,2))
13      return $BMI
14  }
```

```
15   # 비만도 체크 함수
16   function Check-ObesityIndex ([double]$BMI)
17   {
18       Write-Debug "`$BMI는 $BMI"
19       if ($BMI -ge 35)
20       {
21           Write-Host "아주 위험! 고도 비만입니다."
22           Write-Debug "'$BMI'는 35보다 크거나 같다"
23       }
24       elseif(($BMI -ge 30) -and ($BMI -lt 35))
25       {
26           Write-Host "위험! 중등도 비만입니다."
27           Write-Debug "'$BMI'는 30 이상 35 미만이다."
28       }
29       elseif(($BMI -ge 25) -and ($BMI -lt 30))
30       {
31           Write-Host "경고! 경도 비만입니다."
32           Write-Debug "'$BMI'는 25 이상 30 미만이다."
33       }
34       elseif(($BMI -ge 23) -and ($BMI -le 24.9))
35       {
36           Write-Host "주의! 과체중입니다."
37           Write-Debug "'$BMI'는 23 이상 24.9 미만이다."
38       }
39       elseif(($BMI -ge 18.5) -and ($BMI -le 22.9))
40       {
41           Write-Host "와우! 정상입니다."
42           Write-Debug "'$BMI'는 18.5 이상 22.9 미만이다."
43       }
44       else
45       {
46           Write-Host "주의! 저체중입니다."
47           Write-Debug "'$BMI'는 18.5 미만이다."
48       }
49   }
50   #BMI 계산 함수를 호출하고 계산 결과를 변수에 저장한다.
51   $ResultBMI=Calculate-BMI $Height $Weight
52   #BMI 값을 전달 받아 비만도 체크 함수를 호출한다.
53   Check-ObesityIndex $ResultBMI
```

Write-Debug는 파워셸에서 아주 유연하지만 고급 디버깅 기술은 아니다. 하지만 쉽게 디버깅을 시작해볼 수 있는 방법 중 하나다. 그럼 이제 좀 더 고급 디버깅 기술로 넘어가 보자.

중단점 설정과 관리

Write-Debug는 코드의 특정 라인에 도달할 때 스크립트를 일시 중지시키는 좋은 방식이다. 하지만 스크립트를 전문적으로 자주 작성하는 경우에는 원하는 지점에서 스크립트 실행을 일시 중지시키고 디버그 모드에서 보다 정교하게 작업해야 할 때가 더 많다. 자세한 디버깅을 위해 **중단점**

(break point)를 설정해 스크립트 실행을 일시 정지시킬 수 있다. 다음은 중단점을 지정할 때 효과적인 5가지 위치다.

- 특정 행 번호에 도달할 때(특정 위치에 Write-Debug를 넣는 경우의 효과와 같다)
- 특정 명령이 실행된 직후
- 특정 변수가 정의된 직후
- 정의된 특정 변수가 사용된 직후
- 특정 변수가 출력된 직후

이렇게 다양한 조건에서 중단점을 설정하고 디버깅 환경으로 진입하는 데 유용한 명령이 파워셸 2.0에서 등장했다. 바로 명시적인 중단점을 설정할 수 있는 Set-PSBreakPoint다. 파워셸 디버깅 환경에서는 3가지 유형의 중단점을 설정할 수 있다.

- 줄 중단점
- 변수 중단점
- 명령 중단점

중단점은 해당 파워셸 세션 내에서만 유효하므로, 한 파워셸 콘솔에서 설정한 중단점이 다른 콘솔에 영향을 끼치지 않는다. 중단점은 지정한 명령이 실행되거나 스크립트가 지정한 행 번호에 도착할 때, 지정한 변수를 읽거나 변경할 때 적중된다. 중단점이 적중될 때 수행할 사용자 지정 동작을 정의할 수도 있다.

PSBreakPoint 명사를 사용하는 명령에는 5가지가 있다. 각 명령의 구문 형식과 주로 사용하는 옵션은 표 10.2와 같다.

예를 들어 예제 10.1의 11행에 중단점을 설정하고 디버깅을 시작할 경우의 명령문은 다음과 같다.

```
Set-PSBreakpoint -Line 11 -Script .\Chap10EX1.ps1
```

구문 형식	Set-PSBreakpoint	[-Script]<문자열[]> [-Line]<정수[]>[[-Column] < 정수>] [-Action <스크립트블록>]
		[-Script]<문자열[]> [-Action <스크립트블록>] -Command <문자열[]>
		[[-Script] <문자열[]>] [-Action <스크립트블록>] [-Mode <변수접근모드>] -Variable <문자열[]>
	Get-PSBreakpoint	[-Id] <정수[]>
		[-Script <문자열[]>] -Variable <문자열[]>
		-Command <문자열[]> [-Type] <중단점 형식[]>
	Enable-PSBreakpoint	[-Id] <정수[]>
	Disable-PSBreakpoint	또는 [-Breakpoint] <중단점[]>
	Remove-PSBreakpoint	

옵션	설명
-Action	각 중단점에서 실행되는 명령을 지정한다. 명령을 포함하는 스크립트 블록을 입력한다. 테스트나 로깅과 같은 다른 작업을 수행하거나 조건 중단점을 설정하는 데 사용한다.
-Column	Line 옵션과 함께 사용되며, 지정된 행의 지정된 열에 중단점을 적용한다. 기본 값은 1이다.
-Line	스크립트의 행 중단점을 지정한다. 쉼표로 구분해 여러 개의 번호를 지정할 수 있다.
-Script	중단점을 설정할 스크립트를 지정한다. 하나 이상의 스크립트를 지정할 수 있다.
-Command	명령 이름 또는 함수 이름에 지정한 중단점
-Variable	스크립트에 사용된 변수에 지정한 중단점. $ 기호는 제외하며, 쉼표로 구분해 여러 개의 변수를 지정할 수 있다.
-Mode	변수의 중단점이 적중되는 액세스 모드를 지정한다. 기본값은 Write이다. · Write: 변수에 값을 쓰기 전 실행 중지 · Read: 사용하기 위해 변수에서 값을 읽을 때 실행 중지 · ReadWrite: 변수의 값을 읽거나 값을 쓸 때 실행 중지
-Id	중단점 ID를 지정한다. 쉼표로 분리해 여러 개의 ID를 지정할 수 있다.
-Type	명령에 사용된 하나 이상의 중단점 형식을 지정한다. 사용 가능한 값은 Line, Command, Vairable
-Breakpoint	활성화/비활성화/제거할 중단점을 지정한다. 중단점 개체를 포함하는 변수나 중단점 개체를 가져오는 명령을 포함한다. 파이프라인 입력을 받는다.

표 10.2 PSBreakPoint 명령의 구문 형식과 옵션

실행 결과는 그림 10.3과 같다.

```
PS C:\Temp> Set-PSBreakpoint -Line 11 -Script .\Chap10EX1.ps1

 ID Script              Line Command          Variable          Action
 -- ------              ---- -------          --------          ------
  3 Chap10EX1.ps1         11
```

그림 10.3 줄 중단점 지정

스크립트에 사용한 변수 $LogName에 중단점을 설정한 경우 구문은 다음과 같다.

Set-PSBreakpoint -Variable LogName -Script .\Chap10EX1.ps1

실행 결과는 그림 10.4와 같다.

```
PS C:\Temp> Set-PSBreakpoint -Variable LogName -Script .\Chap10EX1.ps1

 ID Script              Line Command          Variable          Action
 -- ------              ---- -------          --------          ------
  4 Chap10EX1.ps1                             LogName
```

그림 10.4 변수 중단점 지정

예제 10.3는 예제 10.1의 스크립트를 Get-SecurityEvents 함수로 전환한 것이다.

예제 10.3 Get-SecurityEvents 함수(Chap10EX3.ps1)

```
function Get-SecurityEvents {
    [CmdletBinding()]
    Param(
        [Parameter(Position=0,Mandatory=$True)]
        [string]$ComputerName,
        [int]$EventID = 4634
    )
    BEGIN
    {
        #디버깅 메시지 출력
        Write-Debug -Message "`$ComputerName: $ComputerName"
        Write-Verbose -Message "로그 이름을 입력 받는다."
        $LogName = Read-Host "로그 이름을 입력하세요."
    }
    PROCESS
    {
        #디버깅 메시지 출력
        Write-Debug -Message "`$LogName: $LogName"
        Write-Verbose -Message "'$ComputerName'에서 '$LogName'로그 추출 시작."
        Get-EventLog -ComputerName $ComputerName -LogName $LogName |
        Where-Object -Property EventID -eq $EventID |
        Select-Object -First 7
```

```
        }
    END {}
}
```

Get-SecurityEvents에 중단점을 설정하려면 다음과 같은 구문을 실행하면
된다.

Set-PSBreakpoint -Command Get-SecurityEvents

실행 결과는 그림 10.5와 같다.

```
PS C:\Temp> Set-PSBreakpoint -Command Get-SecurityEvents

 ID Script           Line Command           Variable        Action
 -- ------           ---- -------           --------        ------
  5                       Get-SecurityEvents
```

그림 10.5 함수 중단점 지정

Get-SecurityEvents 함수를 실행할 때 로그 이름이 'Security'가 아닌데 중
단점을 설정하려는 경우에는 -Action 매개변수를 활용해 다음과 같은 구
문을 작성한다.

Set-PSBreakpoint -Command Get-SecurityEvents -Action {if($LogName -ne
   "Security") {break}}

실행 결과는 그림 10.6과 같다.

```
PS C:\Temp> Set-PSBreakpoint -Command Get-SecurityEvents `
 -Action {if($LogName -ne "Security") {break}}

 ID Script           Line Command           Variable        Action
 -- ------           ---- -------           --------        ------
  9                       Get-SecurityEv...                 if($LogName -.
```

그림 10.6 -Action 매개변수를 사용한 조건 중단점 지정

지금까지 설정한 전체 중단점 목록을 살펴보기 위해 Get-PSBreakpoint 명
령을 실행한 결과는 그림 10.7과 같다.

```
PS C:\Temp> Get-PSBreakpoint

 ID Script           Line Command           Variable        Action
 -- ------           ---- -------           --------        ------
  3 Chap10EX1.ps1      11
  4 Chap10EX1.ps1                            LogName
  5                       Get-SecurityEv...
  9                       Get-SecurityEv...                 if($LogName -...
```

그림 10.7 현재 세션에 설정된 전체 중단점 목록

이렇게 설정된 중단점 중 일부, 예를 들어 그림 10.7에서 ID가 4와 5인 중단점만 비활성화시켜야 하는 경우 다음과 같은 구문을 실행한다.

```
Disable-PSBreakpoint -Id 4,5
```

실행 결과는 그림 10.8과 같다.

```
PS C:\Temp> Get-PSBreakpoint | Select-Object ID,Enabled,Script,Command

Id Enabled Script                Command
-- ------- ------                -------
 3    True C:\Temp\Chap10EX1.ps1
 4   False C:\Temp\Chap10EX1.ps1
 5   False                       Get-SecurityEvents
 9    True                       Get-SecurityEvents
```

그림 10.8 중단점 비활성화 결과

비활성화된 중단점 목록을 다시 활성화시키는 구문은 간단하다.

```
Enable-PSBreakpoint -Id 4,5
```

실행 결과는 그림 10.9와 같다.

```
PS C:\Temp> Get-PSBreakpoint | Select-Object ID,Enabled,Script,Command

Id Enabled Script                Command
-- ------- ------                -------
 3    True C:\Temp\Chap10EX1.ps1
 4    True C:\Temp\Chap10EX1.ps1
 5    True                       Get-SecurityEvents
 9    True                       Get-SecurityEvents
```

그림 10.9 비활성화된 중단점 다시 활성화한 결과

전체 중단점을 삭제하려는 경우 다음과 같이 구문을 작성한다.

```
Get-PSBreakpoint | Remove-PSBreakpoint
```

설정한 중단점 중 일부, 예를 들어 그림 10.7에서 ID가 4와 5인 중단점만 삭제하려는 경우는 다음과 같은 구문을 실행한다.

```
Remove-PSBreakpoint -Id 4,5
```

그림 10.10의 결과를 보면 중단점 목록 중 두 개가 제거된 것을 알 수 있다.

```
PS C:\Temp> Get-PSBreakpoint

 ID Script              Line Command            Variable         Action
 -- ------              ---- -------            --------         ------
  3 Chap10EX1.ps1         11
  9                            Get-SecurityEv...                  if($LogName -...
```

그림 10.10 중단점 목록 중 일부 삭제 결과

대화식 디버깅

중단점을 하나 이상 설정했다면 디버깅을 시작할 수 있다. 이때 파워셸은 디버그 모드로 들어가고 프롬프트는 다음처럼 전환된다.

[DBG]: PS C:\>>

이 상태가 바로 **대화식 디버깅 모드**다. 이 상태는 기본 디버깅과 달리 좀 더 특별한 모드이며, 정교한 디버깅을 위한 몇 가지 명령을 사용할 수 있다.

그림 10.10의 ID 값이 3인 조건 중단점이 적중되는 그림 10.11의 예를 살펴보자. Get-SecurityEvents 함수를 실행하면 Command 항목에 표시된 명령 이름과 일치하므로 바로 중단점이 적중되었다는 메시지를 출력한다.

```
PS C:\Temp> Get-SecurityEvents -ComputerName steelflea-aw
'Get-SecurityEvents'의 명령 중단점 적중
[DBG]: PS C:\Temp>> c

로그 이름을 입력하세요.: Application
'Get-SecurityEvents'의 명령 중단점 적중
[DBG]: PS C:\Temp>> $LogName
Application

[DBG]: PS C:\Temp>> $LogName="Security"

[DBG]: PS C:\Temp>> c

  Index Time            EntryType     Source                 InstanceID Message
  ----- ----            ---------     ------                 ---------- -------
 195340 6 19 16:25      SuccessA...   Microsoft-Windows...         4634 계정이 로그오...
 195339 6 19 16:25      SuccessA...   Microsoft-Windows...         4634 계정이 로그오...
 195338 6 19 16:25      SuccessA...   Microsoft-Windows...         4634 계정이 로그오...
```

그림 10.11 대화식 디버깅 모드에서 상호작용

첫 번째 중단점이 적용된 후 C를 눌러 나머지 구문을 실행하고, 로그 이름 요청을 만났다. 이름을 'Application'이라고 입력하니 조건 중단점을 설정한 부분에 적중되었다는 메시지가 표시되었다. 로그 이름을 저장하는 $LogName 변수의 값을 확인해본 후, 잘못된 값이 들어간 것을 확인했다. 다

시 'Security'라는 값으로 수정하고 나머지 구문을 실행하니 결과가 잘 출력
되었다.

　대화식 디버깅 모드에서 사용할 수 있는 특수 명령의 목록은 그림 10.12
와 같이 'h'나 '?'를 입력해 확인할 수 있다.

```
[DBG]: PS C:\Temp>> h

s, stepInto        한 단계(함수, 스크립트 등 한 단계씩 코드 실행)
v, stepOver        다음 문 한 단계씩 실행(함수, 스크립트 등 프로시저 단위 실행)
o, stepOut         현재 함수, 스크립트 등의 프로시저 나가기

c, continue        작업 계속
q, quit            작업 중지 및 디버거 끝내기
d, detach          작업을 계속하고 디버거를 분리합니다.

k, Get-PSCallStack  호출 스택 표시

l, list            현재 스크립트의 원본 코드를 나열합니다.
                   "list"를 사용하여 현재 줄에서 시작, "list <m>"
                   을 사용하여 줄 <m>에서 시작, "list <m> <n>"
                   을 사용하여 줄 <m>에서 시작하여 <n>줄 나열

<enter>            stepInto, stepOver 또는 list인 경우 마지막 명령 반복

?, h               이 도움말 메시지 표시

디버거 프롬프트를 사용자 지정하는 방법에 대한 지침을 보려면 "help about_prompt"를 입력하십시오.
```

그림 10.12 대화식 디버깅 모드에서 사용 가능한 명령

PowerShell ISE 시각적 디버깅

ISE 편집창에서 제공하는 메뉴를 사용해서 시각적으로 중단점을 설정하고
디버깅을 진행할 수 있다. 디버깅을 시작한 후에는 스크립트가 읽기 전용
이 되며, 디버깅이 끝난 후에 편집할 수 있다.

　ISE 편집창에서 중단점을 관리하고 디버깅 모드에서 대화식 디버깅을
다루는 메뉴를 나타낼 수 있는 방법은 3가지다(그림 10.13).

1. 구문에서 마우스 오른쪽 버튼을 클릭했을 때 나타나는 컨텍스트 메뉴
   (그림 10.13의 (1))
2. 중단점을 지정한 행에서 마우스 오른쪽 버튼을 클릭했을 때 나타나는
   컨텍스트 메뉴(그림 10.13의 (2))
3. 툴바의 [디버그] 메뉴를 클릭했을 때 나타나는 드롭다운 메뉴(그림 10.
   13의 (3))

(1)중단점 지정 전 메뉴

잘라내기(T)	Ctrl+X
복사(C)	Ctrl+C
붙여넣기(P)	Ctrl+V
IntelliSense 시작(I)	Ctrl+Space
조각 시작(S)	Ctrl+J
선택 영역 실행(U)	F8
중단점 설정/해제(G)	F9

(2)중단점 지정 후 메뉴

잘라내기(T)	Ctrl+X
복사(C)	Ctrl+C
붙여넣기(P)	Ctrl+V
IntelliSense 시작(I)	Ctrl+Space
조각 시작(S)	Ctrl+J
선택 영역 실행(U)	F8
중단점 설정/해제(G)	F9
중단점 사용 안 함(D)	

(3) 툴바의 [디버그] 메뉴

프로시저 단위 실행(V)	F10
한 단계씩 코드 실행(S)	F11
프로시저 나가기(U)	Shift+F11
실행/계속(C)	F5
모두 중단(A)	Ctrl+B
디버거 중지(T)	Shift+F5
중단점 설정/해제(G)	F9
모든 중단점 제거(R)	Ctrl+Shift+F9
모든 중단점 사용(E)	
모든 중단점 사용 안 함(D)	
중단점 목록(L)	Ctrl+Shift+L
호출 스택 표시(K)	Ctrl+Shift+D

그림 10.13 시각적 디버깅을 위한 ISE 메뉴

ISE에서 시각적 디버깅을 하기 위한 단계를 정리해보자.

1. ISE의 편집창에서 중단점을 설정한다. 다음 중 하나를 사용한다.
   - 단축키 [F9]
   - 컨텍스트 메뉴 또는 툴바 [디버그]-[중단점 설정/해제]

2. 디버깅을 시작한다. 다음 중 하나를 사용하면 중단점이 설정된 위치에서 스크립트 실행이 중지되고, 해당 줄이 강조된다.
   - 단축키 [F5]
   - 도구 모음의 [스크립트 실행] 아이콘
   - 툴바 [디버그]-[실행/계속]

3. 중단점에서 디버깅 작업을 수행한다. ISE에서의 디버깅 작업은 표 10.3을 참고하자.

4. 다음 중단점까지 실행을 계속하거나 중단점이 없는 경우 스크립트의 끝까지 실행하려면 다음 중 하나를 사용한다.

- 단축키 [F5]
- 툴바 [디버그]-[실행/계속]

5. 디버깅을 중지하고 싶다면 다음 중 하나를 사용한다.

- 단축키 [Shift]-[F5]
- 툴바 [디버그]-[디버거 중지]

디버깅 작업	ISE의 작업 수행 방법	설명
한 단계씩 코드 실행	· [F11] · [디버그]-[한 단계씩 코드 실행]	현재 구문을 실행하고 다음 구문에서 중지. 함수나 스크립트 호출인 경우 내부의 코드를 한 단계씩 실행
프로시저 단위 실행	· [F10] · [디버그]-[프로시저 단위 실행]	현재 구문을 실행하고 다음 구문에서 중지. 함수나 스크립트 호출인 경우 프로시저 전체를 실행하고 다음 구문에서 중지
프로시저 나가기	· [Shift+F11] · [디버그]-[프로시저 나가기]	함수 내에서 실행 중인 경우 해당 함수 밖으로 나감. 중첩된 함수의 경우 부모 함수로 나감. 본문의 경우는 다음 중단점이나 스크립트 끝까지 실행
호출 스택 보기	· [Ctrl+Shift+D] · [디버그]-[호출 스택 표시]	스크립트에서 현재 실행 위치 표시. 다른 함수에 서 호출된 함수에서 스크립트를 실행하는 경우 추가 행으로 표시. 확인하는 방법은 아래에서 위쪽으로. 맨 위가 현재 컨텍스트다.

표 10.3 ISE의 디버깅 작업

[따라해보기] **ISE를 활용한 시각적 디버깅**

앞서 작성한 예제 10.2를 사용해 ISE의 디버깅 메뉴를 활용해본다.

1. 51행과 53행에서 중단점을 설정한다.

```
50   #BMI 계산 함수를 호출하고 계산 결과를 변수에 저장한다.
51   $ResultBMI=Calculate-BMI $Height $Weight
52   #BMI 값을 전달 받아 비만도 체크 함수를 호출한다.
53   Check-ObesityIndex $ResultBMI
```

그림 10.14 중단점 설정

2. 스크립트를 실행하고 필요한 매개변수를 입력한다. 1번에서 지정한 중단점이 적 중된다.

```
50  #BMI 계산 함수를 호출하고 계산 결과를 변수에 저장한다.
51  $ResultBMI=Calculate-BMI $Height $Weight
52  #BMI 값을 전달 받아 비만도 체크 함수를 호출한다.
53  Check-ObesityIndex $ResultBMI

PS C:\Temp> C:\Temp\Chap10EX2.ps1
cmdlet Chap10EX2.ps1(명령 파이프라인 위치 1)
다음 매개 변수에 대한 값을 제공하십시오.
Height: 1.67
Weight: 55
'C:\Temp\Chap10EX2.ps1:51'의 줄 중단점 적중
[DBG]: PS C:\Temp>>
```

그림 10.15 중단점 적중

3. [한 단계씩 코드 실행]을 2회 진행한다. 'Calculate-BMI' 함수 내부로 들어가고 해당 구문이 강조된다.

```
 9  # BMI 계산 함수
10  function Calculate-BMI([double]$Height, [double]$Weight)
11 ⊟{
12      $BMI=$Weight / ([Math]::Pow($Height,2))
13      return $BMI
14  }
```

그림 10.16 한 단계씩 코드 실행

4. [프로시저 나가기]를 수행한다. 3번의 함수 내의 나머지 코드가 실행되고 계산된 BMI 값이 $ResultBMI 변수에 저장된다. 수행될 다음 구문이 강조된다.

```
50  #BMI 계산 함수를 호출하고 계산 결과를 변수에 저장한다.
51  $ResultBMI=Calculate-BMI $Height $Weight
52  #BMI 값을 전달 받아 비만도 체크 함수를 호출한다.
53  Check-ObesityIndex $ResultBMI

[DBG]: PS C:\Temp>>
[DBG]: PS C:\Temp>> $ResultBMI
19.7210369679802
```

그림 10.17 프로시저 나가기 수행

5. [프로시저 단위 실행]을 수행한다. 'Check-ObesityIndex' 함수 전체가 실행되어 결과가 출력된다. 스크립트 실행이 종료되면서 디버그 모드가 끝난다.

```
50  #BMI 계산 함수를 호출하고 계산 결과를 변수에 저장한다.
51  $ResultBMI=Calculate-BMI $Height $Weight
52  #BMI 값을 전달 받아 비만도 체크 함수를 호출한다.
53  Check-ObesityIndex $ResultBMI

[DBG]: PS C:\Temp>>
와우! 정상 입니다.

PS C:\Temp>
```

그림 10.18 프로시저 단위 실행

10.2 파워셸의 에러 처리

파워셸의 기본 명령이나 함수, 직접 만든 스크립트 자체에 버그가 없더라도, 이를 올바른 방법으로 사용하지 않으면 원하는 결과가 나오지 않을 것이다. 심지어 파워셸의 강력한 붉은 색 에러 메시지를 만날 수도 있다.

파워셸에서 만날 수 있는 에러는 **종료 에러**와 **비 종료 에러** 두 종류다.

- 종료 에러
  명령을 계속 실행할 수 없는 위치에서 발생하며 해당 명령은 항상 중지된다.
- 비 종료 에러
  현재 동작을 중지해야 하는 위치에서 발생한다. 하지만 다른 동작은 계속 진행할 수 있다.

예를 들어 네트워크에 연결되어 실행 중인 ONCOM과 오프라인 상태인 OFFCOM이라는 두 대의 컴퓨터에 다음의 명령 구문을 실행해보자.

```
Restart-Computer -ComputerName ONCOM, OFFCOM
```

Restart-Computer 명령에서 OFFCOM을 조회할 때 에러가 발생한다. 하지만 네트워크에 있는 ONCOM은 네트워크에서 동작 중이기 때문에 Restart-Computer 명령이 계속 실행된다. 바로 이런 형식의 에러가 비 종료 에러다.

기본 에러 처리 옵션

파워셸에서는 명령의 기본 에러 처리 동작을 설정하는 옵션을 제공한다. 바로 $ErrorActionPreference라는 전역 환경 변수를 통해서 가능하다. 이 변수에서 에러가 발생할 때 그 상황을 비 종료 에러로 취급할지 종료 에러로 취급할지 여부에 대한 기본 동작을 설정한다. 이 변수에 설정할 수 있는 값은 4가지다.

- Continue: 기본 값. 에러를 표시하고 해당 명령을 계속 처리한다.
- SilentlyContinue: 에러 메시지를 숨기고 해당 명령을 계속 처리한다.

- Inquire: 사용자의 동작을 요구하는 프롬프트를 표시한다.
- Stop: 에러를 종료로 취급하고 명령 처리를 중단한다.

스크립트 내에서 발생하는 에러를 잡아서 처리하려면 Stop 값을 설정해야 하며, 설정하는 방법은 다음과 같은 식이다.

```
$ErrorActionPreference = 'Stop'
```

이렇게 설정하면 종료 에러가 발생할 때 스크립트를 중단하고 에러의 원인을 확인해 처리할 수 있다.

　$ErrorActionPreference와 동일한 역할을 하면서 각 명령별로 설정할 수 있는 –ErrorAction 매개변수가 있다. 이 매개변수는 별칭으로 –EA와 같은 형식으로 사용할 수도 있다. 이 매개변수에 설정하는 값은 앞서 설명한 $ErrorActionPreference 변수의 값과 같다. 전역 환경 변수에서 값을 설정했더라도 특정 명령의 –EA 매개변수에서 별도로 값을 설정하면, 전역 설정을 무시한다.

　어떤 구문의 특정 명령에서 에러가 발생할 가능성이 있고, 에러가 발생했을 때 구문의 실행이 계속되면 문제가 되는 경우 –ErrorAction Stop과 같은 식으로 설정한다. 예를 들면 다음과 같다.

```
Restart-Computer –ComputerName ONCOM, OFFCOM –ErrorAction Stop
```

이렇게 하면 그 명령에 대한 에러를 잡아서 처리할 수 있고, 나머지 다른 명령은 $ErrorActionPreference 설정에 따라 처리된다.

　하지만, –ErrorAction 매개변수를 사용하지 못하고 반드시 $ErrorAction Preference 설정을 바꿔야 할 때가 있다. 다음과 같은 구문처럼 파워셸 명령이 아닌 외부 명령을 사용하면서 에러가 발생하는 경우다.

```
Get-Process –Name Notepad | ForEach-Object { $PSItem.Kill() }
```

이 구문을 수행할 때 실행된 메모장이 없다면 Kill() 메서드에서 에러가 발생한다. 이 메서드는 파워셸 명령이 아니기 때문에, 필요하다면 구문 실행 전에 $ErrorActionPreference 매개변수의 값을 적절히 변경하고, 구문을 실행한 후 다시 원래 값으로 되돌리면 된다.

에러를 다룰 때 가장 좋은 방법은 가능하면 모든 에러를 **종료 에러**로 취급하는 것이다.

☑ **외부에서 다운받은 스크립트 실행 전 확인사항**

가끔 다른 곳에서 스크립트를 내려받아 보면, 해당 스크립트의 시작 부분에서 $Error ActionPreference를 SilentlyContinue로 설정한 경우를 보게 된다. 이렇게 설정하면 스크립트에서 발생하는 에러를 표시하지 않아서 스크립트의 디버깅과 문제 해결을 어렵게 하므로, 스크립트 실행 전에 이 부분을 제거하는 것이 좋다.

Try-Catch-Finally를 사용한 에러 처리

잘 작성된 파워셸 스크립트는 적재적소에 에러 처리를 구현해 예상치 못한 문제를 예방하고 시스템에 심각한 문제를 끼치지 않도록 한다.

파워셸에서는 스크립트를 작성할 때 종료 에러를 일으킬 수 있는 구문을 처리하는 방법으로 Try-Catch-Finally 구조를 제공한다. 파워셸 1.0에서 비슷한 기능으로 Trap 구조를 사용했지만, 이는 더 어렵고 덜 유연했기 때문에 지금은 거의 사용하지 않는다.

Try-Catch-Finally 구조는 이름에서 알 수 있듯이, 세 부분으로 구성된다.

구분	필수 여부	설명
Try	필수	잠재적으로 에러가 발생할 원인을 제공할 수 있는 구문을 포함한다. 이 때 블록 내의 해당 구문에서 -ErrorAction 값을 Stop으로 설정하거나, $ErrorActionPreference 변수의 값을 Stop으로 설정해야 한다.
Catch	선택	Try 블록에서 에러가 발생하면 이 블록에서 에러를 처리한다.
Finally	선택	Catch 블록이 정의되었다면, 그 뒤에 나온다. Try 블록에서 에러가 발생했는지 여부에 상관없이 실행한다.

표 10.4 Try-Catch-Finally 문의 구조

Catch와 Finally 모두 옵션이지만, 둘 중 하나는 사용해야 한다. 여러 개의 Catch 구역을 사용하여 다른 종류의 에러를 처리할 수도 있다.

예제 10.4는 HR 서버에서 관리하는 스크립트 전문가 목록(ScriptGuy

List.txt)을 기준으로 현재 **PS_Expert** AD 그룹의 멤버를 관리하는 스크립트다.

예제 10.4 AD 그룹 관리 스크립트의 예(Chap10EX4.ps1)

```
#AD의 파워셸 전문가 그룹 관리
$ScriptGuys= Get-Content \\HRServer\Employee\ScriptGuyList.txt
$ADPSUsers=Get-ADGroupMember "PS_Expert"

Foreach($User in $ADPSUsers)
{
    If($ScriptGuys -notcontains $User)
    {
        Remove-ADGroupMember -Identity "PS_Expert" -User $User
    }
}
```

이 예제에서 에러가 발생할 가능성이 있는 부분은 HR 서버에서 ScriptGuy List.txt에 액세스하는 부분이다. 따라서 이 부분을 **Try** 블록으로 감싸면 그림 10.19와 같이 될 것이다.

```
2  try
3  {
4      $ScriptGuys= Get-Content \\HRServer\Employee\ScriptGuyList.txt -EA Stop
5  }
```

그림 10.19 Try 블록

에러가 발생하면 이를 처리하는 **Catch** 블록을 작성한다. 그림 10.20의 **Catch** 블록에서는 앞서 9장에서 만든 **Send-OutlookMail** 함수를 이용해 관리자에게 에러 내용을 메일로 발송하고자 한다.

```
10  catch
11  {
12      $ErrorMsg=$_.Exception.Message   #에러 내용
13      $ErrorItem=$_.Exception.ItemName #에러 항목
14      Send-OutlookMail -To Admin@Godev.kr -Subject "HRServer 파일을 조회 에러" `
15      -Body "'$ErrorItem' 파일 읽기 실패. 에러 내용: '$ErrorMsg'"
16      Break
17  }
```

그림 10.20 Catch 블록

마지막으로 Finally 블록에 에러 발생 여부와 상관 없이 항상 실행되어야 하는 구문을 작성한다. 그림 10.21의 Finally 블록에서 이 스크립트를 실행한 시간을 ADGroupScript.log 파일에 항상 기록하도록 했다.

```
18  finally
19 ⊟{
20      $ExecutionTime = Get-Date
21      $LogText= "이 스크립트가 '$ExecutionTime'에 실행되었습니다."
22      $LogText | Out-File -FilePath d:\logs\ADGroupScript.log -Append
23  }
```

그림 10.21 Finally 블록

예제 10.5에서 try-catch-finally로 에러 처리를 적용한 전체 스크립트를
볼 수 있다.

예제 10.5 try-catch-finally를 적용한 스크립트(Chap10EX5.ps1)

```
01  #AD의 파워셸 전문가 그룹 관리
02  try
03  {
04      $ScriptGuys= Get-Content \\HRServer\Employee\ScriptGuyList.txt -EA Stop
05  }
06  catch
07  {
08      $ErrorMsg=$_.Exception.Message    #에러 내용
09      $ErrorItem=$_.Exception.ItemName #에러 항목
10      Send-OutlookMail -To Admin@Godev.kr -Subject "HRServer 파일을 조회 에러" `
11      -Body "'$ErrorItem' 파일 읽기 실패. 에러 내용: '$ErrorMsg'"
12      Break
13  }
14  finally
15  {
16      $ExecutionTime = Get-Date
17      $LogText= "이 스크립트가 '$ExecutionTime'에 실행되었습니다."
18      $LogText | Out-File -FilePath d:\logs\ADGroupScript.log -Append
19  }
20
21  $ADPSUsers=Get-ADGroupMember "PS_Expert"
22  Foreach($User in $ADPSUsers)
23  {
24      If($ScriptGuys -notcontains $User)
25      {
26          Remove-ADGroupMember -Identity "PS_Expert" -User $User
27      }
28  }
```

Catch 블록과 관련해서 한 가지 더 알아둘 것이 있다. Catch 블록에서는
'예외 이름'을 지정해서 특정 종료 에러만 잡아 처리할 수도 있다. Catch 블
록을 여러 개 작성할 때는 구체적인 것에서 일반적인 것 순으로 배치한다.
예를 들어 예제 10.6은 Active Directory의 사용자를 확인하는 스크립트에
서 에러 처리를 구현한 것이다. 두 개의 Catch 블록이 나오며, 첫 번째 블
록에서 AD 계정이 없는 경우에 발생하는 ADIdentityNotFoundException이

라는 구체적인 예외를 처리하고 있다.

예제 10.6 다중 Catch 블록 구현(Chap10EX6.ps1)

```
$Users = Get-Content \\HRServer\Employee\users.txt

foreach ($User in $Users) {
    try
    {
        Get-ADUser -Identity $User -ErrorAction Stop
        Write-Output "$user 있음"
    }
    catch [Microsoft.ActiveDirectory.Management.ADIdentityNotFoundException]
    {
        Write-Host "$User 없음" -ForegroundColor Red
    }
    catch
    {
        Write-Output "다른 에러 처리"
    }
}
```

더 자세한 내용은 파워셸의 도움말 파일을 확인해보자.

```
help About_Try_Catch_Finally
```

에러 기록

파워셸 명령에 -ErrorAction 매개변수를 사용하면 에러가 발생할 때 해야 할 동작을 지시할 수 있지만, 실제 에러 내용은 캡처하지 않는다. 파워셸에서 에러를 캡처하는 방법은 두 가지다.

첫 번째 방법은 $Error라는 내장 변수를 사용하는 것이다. 이 변수는 배열이며 첫 번째 인덱스(0)에는 가장 최근 에러가 저장되어 있다.

$Error 변수는 전역 변수라서 함수나 외부 애플리케이션을 실행하고 에러가 발생하는 경우 해당 셸 세션의 전체 에러를 저장한다. 가장 최근 에러를 확인할 때는 $Error[0]과 같은 방식으로 액세스한다.

두 번째 방법은 파워셸 명령을 실행할 때 -ErrorVariable(또는 -EV) 매개변수를 사용하는 방법이다. 이 매개변수에 변수 이름을 제공하고, 에러가 발생하면 에러 내용을 이 변수에 저장한다. 이때 사용하는 변수 이름에는 $를 붙이지 않는다.

앞서 예제 9.1에서 만든 **Get-SecurityEvents** 함수에서 에러가 발생하면 에러 내용을 캡처하도록 수정한 것이 예제 10.7이다.

예제 10.7 Get-SecurityEvents 함수의 에러 기록(Chap10EX7.ps1)

```
function Get-SecurityEvents {
    [CmdletBinding()]
    Param(
        [Parameter(Position=0,Mandatory=$True)]
        [string]$ComputerName,
        [int]$EventID = 4634
    )
    BEGIN
    {
        $LogName = "Security"
    }
    PROCESS
    {
        try
        {
            #에러 발생 시 에러 내용을 $Err 변수에 저장.
            Get-EventLog -CN $ComputerName $LogName -EA Stop -ErrorVariable Err |
            Where-Object -Property EventID -eq $EventID |
            Select-Object -First 7
        }
        catch
        {
            Write-Verbose "$ComputerName 연결 에러"
            #$Err 변수에 저장된 내용을 MyErrors.txt 파일에 저장.
            $Err | Out-File C:\temp\MyErrors.txt -Append
        }

    }
    END {}
}
```

그림 10.22를 보면 **Get-SecurityEvents** 함수를 실행하고 에러가 발생했을 때, 에러 내용이 저장된 MyErrors.txt 파일을 확인할 수 있다.

```
PS C:\Temp> Get-SecurityEvents -ComputerName localhost -Verbose
자세한 정보 표시: localhost 연결 에러

PS C:\Temp> .\MyErrors.txt

PS C:\Temp> Get-Content C:\Temp\MyErrors.txt
네트워크 경로를 찾지 못했습니다.
```

그림 10.22 Get-SecurityEvents의 에러 기록

그림 10.23은 전역 변수 **$Error**에 저장된 전체 에러 내용을 확인한 것이다.

```
PS C:\Temp> $Error[0]
Get-EventLog : 네트워크 경로를 찾지 못했습니다.

위치 C:\Temp\Chap10EX7.ps1:16 문자:13
+            Get-EventLog -CN $ComputerName $LogName -EA Stop -ErrorVa ...
+            ~~~~~~~~~~~~~~~~~~~~~~~~~~~~~~~~~~~~~~~~~~~~~~~~~~~~~~~~~~~
    + CategoryInfo          : NotSpecified: (:) [Get-EventLog], IOException
    + FullyQualifiedErrorId : System.IO.IOException,Microsoft.PowerShell.Commands.GetE
   ventLogCommand
```

그림 10.23 $Error에 저장된 가장 최근 에러 기록

10.3 정리

스크립트의 내용이 많아지면 에러 발생 가능성이 더 높아지므로, 더 많은
테스트가 필요하다. 하지만 충분히 테스트해도 운영 환경에서는 예상치
못한 상황이 발생할 수 있다. 파워셸 스크립트를 작성하고 실행할 때도 예
상치 못한 문제를 해결하기 위해 중단점을 설정하고 디버깅하는 방법이
필요하다. 실전에서는 보다 견고한 스크립트가 되도록 충분히 방어적인
코드를 작성해야 한다.

10장에서는 파워셸에서 명령을 실행하면서 발생하는 문제를 해결하기
위해 알아야 하는 다양한 디버깅 방법과 중단점을 다루는 방법, 디버깅 명
령을 다루는 방법을 살펴봤다. 그리고 스크립트를 작성하면서 예상되는
여러 가지 에러 발생 상황을 대비해 에러를 처리하는 코드를 작성하는 방
법과 에러의 원인 분석을 위해 에러를 로그로 남기는 방법도 살펴봤다.

11장

고급 원격 관리

앞서 7장에서 파워셸 원격 관리 기술의 개념과 아키텍처, 원격 관리 설정 과 해제 방법, Enter-PSSession과 Invoke-Command 명령의 사용법 등 원격 관리 기술 전반을 살펴봤다.

11장에서는 로컬 컴퓨터에서 원격 컴퓨터에 명령을 실행할 때 고려해야 할 사항과 원격 세션을 명시적으로 만들고 관리하는 방법을 살펴본다. 또 한 원격 관리를 수행하는 컴퓨터와 원격 관리 대상 서버의 파워셸 기능이 일치하지 않을 때 이를 해결하는 방법도 살펴본다. 11장에서 살펴볼 내용 은 다음과 같다.

* 원격 컴퓨터에 매개변수 전달하기
* 멀티 홉 리모팅
* 원격 세션 영구 연결
* 영구 세션 관리
* 암시적 원격 관리
* 파워셸 웹 액세스

11.1 원격 관리의 두 가지 고려사항

파워셸 원격 관리 기능을 사용할 때 기억해야 할 두 가지 기능이 있다. 첫 번째는 7장의 1:N 원격 관리에서 설명한, Invoke-Command 명령으로 원격 컴퓨터에 명령을 실행시킬 때 로컬 컴퓨터의 매개변수를 전달하는 방법이다. 두 번째는 원격 컴퓨터에 연결할 때 자격 증명을 위임하는 동작과 관련한 보안 위험을 방지하는 방법이다.

원격 컴퓨터에 매개변수 전달하기

일반적으로 스크립트를 실행하면서 매개변수를 전달하는 방식과 달리, 스크립트 내의 Invoke-Command를 사용해 로컬 컴퓨터에서 원격 컴퓨터로 데이터를 전달하는 경우 조금 다른 메커니즘으로 변수를 전달한다.

앞서 스크립트 작성법에서 배운 내용을 떠올리면서 예제 11.1처럼 구문을 작성했다면, 그림 11.1과 같은 파워셸의 오류 메시지를 보게 될 것이다. 예제 11.1에서 1행에 정의한 변수와 4행에서 스크립트 블록 내에 사용된 변수는 이름은 같지만 각 변수가 사용되는 공간이 다르기 때문에 4행에서 –LogName 매개변수에 전달된 $evtLog 변수에 저장된 값은 null이다.

예제 11.1 원격 컴퓨터에 매개변수 전달 – 잘못된 방식(Chap11EX1.ps1)

```
01  $evtLog = 'Security'
02  $Count = 7
03  Invoke-Command –Computer DC1,Dc2 –ScriptBlock{
04      Get-EventLog –LogName $evtLog –Newest $Count
05  }
```

```
'LogName' 매개 변수가 null이므로 인수를 해당 매개 변수에 바인딩할 수 없습니다.
    + CategoryInfo          : InvalidData: (:) [Get-EventLog], ParameterBindingVali
    dationException
    + FullyQualifiedErrorId : ParameterArgumentValidationErrorNullNotAllowed,Micros
    oft.PowerShell.Commands.GetEventLogCommand
    + PSComputerName        : DC2
```

그림 11.1 잘못된 매개변수 전달 방식으로 인한 오류

예제 11.1에서의 문제는 $evtLog와 $Count 변수는 이를 정의한 로컬 컴퓨터에서만 의미가 있고, 이 변수의 값이 스크립트 블록으로 삽입되어 원격 컴퓨터로 전송되지 않는다는 점이다.

예제 11.1을 올바르게 수정하면 예제 11.2와 같다.

예제 11.2 원격 컴퓨터에 매개변수 전달 – 올바른 방식(Chap11EX2.ps1)

```
01  $evtLog = 'Security'
02  $Count = 7
```

```
03   Invoke-Command -Computer DC1,DC2 -ScriptBlock{
04       Param($x,$y) Get-EventLog -LogName $x -Newest $y
05   } -ArgumentList $evtLog,$Count
```

예제 11.2에서는 지역 변수를 Invoke-Command의 ArgumentList 매개변수로 전달하고 Param() 블록을 만들었다. 이 블록은 ArgumentList 매개변수에서 지정한 값의 개수와 동일한 개수의 값을 포함한다. Param() 블록 내의 변수는 원하는 이름으로 만들 수 있다. 이 블록 내의 변수는 ArgumentList 매개변수에서 순서대로 데이터를 받는다. 즉, $evtLog는 ArgumentList에서 첫 번째이므로 Param() 블록의 첫 번째인 $x에 값을 전달하고 $Count는 두 번째이므로 $y에 전달한다. 그 다음 Param() 블록의 변수가 스크립트 블록 내에서 사용된다.

Invoke-Command의 -FilePath 매개변수에 스크립트 파일 위치를 전달할 때도 동일한 방식을 적용한다. 스크립트에서 이 매개변수를 사용할 때는 파워셀에서 Param()의 괄호 내에 지정한 변수에 이미 스크립트 파일 경로가 포함되어 있다고 가정하므로 -ArgumentList 매개변수에 파일 경로를 미리 지정해 놓아야 한다.

지금까지 설명한 방법은 파워셀 2.0과 3.0 모두에서 잘 동작한다. 하지만 파워셀 3.0 이상에서 사용한다면 보다 간편한 대안이 있다. 예를 들어 로컬 변수 $local이 있고, 이 변수를 원격 컴퓨터에서 실행하는 명령에서 사용하려 한다면 다음과 같이 작성할 수 있다.

```
Invoke-Command -ScriptBlock { SomeCommand $Using:local } -ComputerName
  TEST-PC
```

$Using:이라는 특수한 접두어에 변수명(여기서는 local)을 붙이면 로컬 변수의 값($local)으로 바꾼다. 이 방식으로 예제 11.2를 예제 11.3과 같이 고칠 수 있다.

예제 11.3 $Using으로 로컬 변수 사용하기(Chap11EX3.ps1)

```
01   $evtLog = 'Security'
02   $Count = 7
03   Invoke-Command -Computer DC1,DC2 -ScriptBlock{
04       Get-EventLog -LogName $Using:evtLog -Newest $Using:Count
05   }
```

멀티 홉 원격 관리

파워셸 원격 관리를 사용해 원격 컴퓨터에서 명령을 실행할 때, 해당 원격 컴퓨터에서 명령을 실행할 권한이 있는지 자격 증명이 필요하다. 로컬 컴퓨터에서 원격 컴퓨터에 구문을 실행할 때 한 가지 고려해야 할 점이 자격 증명을 위임하는 방법이다.

기본적으로 자격 증명은 하나의 연결(홉, hop)로만 위임될 수 있다. 단일 위임을 통해 자격 증명이 첫 번째 원격 컴퓨터에서 또 다른 컴퓨터로 위임되는 보안 위험을 방지한다(그림 11.2).

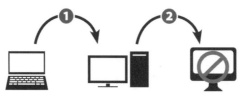

그림 11.2 멀티 홉 위임 차단

하지만 운영 환경에서는 멀티 홉을 수행해야 하는 상황이 자주 있다. 예를 들어, 보안 정책이 잘 정비된 조직에서는 관리자가 클라이언트 컴퓨터에서 데이터 센터의 서버로 직접 연결하지 못하도록 한다. 필요하다면 먼저 중간 게이트웨이나 점프 서버에 연결한 다음, 거기서 관리하려는 서버에 연결해야 한다. 파워셸 원격 관리의 기본 구성 상태에서는 클라이언트에서 첫 번째 홉의 원격 컴퓨터에 연결하고 나면, 자격 증명은 더 이상 전달될 수 없다. 두 번째 홉의 원격 컴퓨터에 액세스하려고 하면 자격 증명이 수반되지 않기 때문에 실패한다.

그림 11.3은 클라이언트 컴퓨터에서 WEB1이라는 서버로 원격 세션을

```
[web1]: PS C:\> Invoke-Command -ComputerName DC1 -ScriptBlock {Get-WindowsFeature}
[DC1] 다음 오류 때문에 원격 서버 DC1에 연결하지 못했습니다. WinRM에서 요청을 처리할 수 없습니다. Kerberos 인증을 사용하는 동안
다음 오류(오류 코드: 0x8009030e )가 발생했습니다. 지정한 로그온 세션이 없습니다. 이미 종료되었을 수도 있습니다.
 이유:
  - 지정한 사용자 이름이나 암호가 잘못되었습니다.
  - 인증 방법 및 사용자 이름이 지정되지 않은 상태에서 Kerberos 인증이 사용되었습니다.
  - Kerberos 인증에서 도메인 사용자 이름은 허용하지만 로컬 사용자 이름은 허용하지 않습니다.
  - 원격 컴퓨터 이름 및 포트에 대한 SPN(서비스 사용자 이름)이 없습니다.
  - 클라이언트 및 원격 컴퓨터가 다른 도메인에 있고 두 두메인 간에 트러스트 관계가 없습니다.
 위 문제를 확인한 후 다음을 시도해 보십시오.
  - 이벤트 뷰어에서 인증에 관련된 이벤트를 확인합니다.
  - 인증 방법을 변경합니다. WinRM TrustedHosts 구성 설정에 대상 컴퓨터를 추가하거나 HTTPS 전송을 추가합니다.
TrustedHosts 목록에 있는 컴퓨터는 인증되지 않았을 수 있습니다.
  - WinRM 구성에 대한 자세한 정보를 보려면 winrm help config 명령을 실행하십시오. 자세한 내용은 about_Remote_Trou
bleshooting 도움말 항목을 참조하십시오.
    + CategoryInfo          : OpenError: (DC1:String) [], PSRemotingTransportExcept
   ion
    + FullyQualifiedErrorId : 1312,PSSessionStateBroken
```

그림 11.3 멀티 홉 위임 차단 오류 메시지

연결한 뒤, WEB1에서 다시 DC1이라는 도메인 컨트롤러로 원격 명령을 실행할 때 멀티 홉 위임 차단으로 오류가 일어난 상태를 보여준다.

이러한 상황은 CredSSP(Credential Security Support Provider)를 사용해 해결할 수 있다. CredSSP는 윈도우 Vista 이후에 등장한 새로운 인증 프로토콜이다. CredSSP 프로토콜은 연결을 시작하는 클라이언트 컴퓨터와 연결을 허용하는 원격 서버 모두에서 사용해야 한다. 이를 설정하면 원격 서버에서 다른 추가 홉으로 자격 증명을 위임한다. 파워셸에서 CredSSP를 다루는 명령은 3가지다.

- Get-WSManCredSSP

  현재 컴퓨터가 새 자격 증명을 위임할 수 있는 컴퓨터로 구성되어 있는지 확인한다.

- Enable-WSManCredSSP

  이 명령을 실행하는 컴퓨터는 CredSSP 인증을 사용하도록 설정되고 새 자격 증명을 위임할 수 있다.

- Disable-WSManCredSSP

  이 명령을 실행하는 컴퓨터에서 CredSSP 인증을 해제해 자격 증명을 위임할 수 없도록 한다.

도메인 환경에서는 기업 전체에 일관성을 부여하기 위해 그룹 정책을 통해 이런 구성을 중앙에서 통제할 수 있다.

따라해보기 **멀티 홉 원격 관리**

여기에서는 도메인에 가입된 클라이언트 컴퓨터 CL1과 자격 증명을 위임 받을 서버 WEB1, 리소스를 제공하는 도메인 컨트롤러 DC1이 있다고 가정한다. CL1에서 DC1에 직접 접속할 수 없으며 WEB1을 통해서만 DC1에 연결할 수 있다.

1. 관리자의 클라이언트 컴퓨터에서 새 자격 증명을 위임할 서버를 지정한다. WEB1이라는 서버에서 자격 증명을 다시 위임할 수 있게 하려면 다음과 같은 구문을 실행한다.

```
Enable-WsManCredSSP -Role Client -DelegateComputer WEB1
```

이 명령을 실행하면 WS-Management에 대한 CredSSP 인증 구성을 통해 클라이언트 컴퓨터에서 사용자 자격 증명을 원격 컴퓨터로 보내는 작업에 대한 경고 메시지 창을 표시한다(그림 11.4의 (1)). [예]를 클릭하면 명령이 실행되고 결과를 표시한다(그림 11.4의 (2)).

(1) CredSSP 인증 구성 경고 메시지

```
PS C:\>
PS C:\> Enable-WSManCredSSP -Role Client -DelegateComputer WEB1
```

> **WS-Management에 대한 CredSSP 인증 구성** — □ ✕
>
> CredSSP 인증을 통해 이 컴퓨터의 사용자 자격 증명을 원격 컴퓨터로 보낼 수 있습니다. 악성이거나 손상된 컴퓨터 연결에 CredSSP 인증을 사용하는 경우 해당 컴퓨터는 사용자 이름과 암호에 액세스할 수 있습니다. 자세한 내용은 Enable-WSManCredSSP 도움말 항목을 참조하십시오.
>
> 예(Y)   아니요(N)   일시 중단(S)

(2) Enable-WsManCredSSP의 클라이언트 역할 실행 결과

```
PS C:\>
PS C:\> Enable-WSManCredSSP -Role Client -DelegateComputer WEB1

cfg          : http://schemas.microsoft.com/wbem/wsman/1/config/client/auth
lang         : ko-KR
Basic        : true
Digest       : true
Kerberos     : true
Negotiate    : true
Certificate  : true
CredSSP      : true
```

(3) Get-WSManCredSSP로 CredSSP 구성 확인

```
PS C:\> Get-WSManCredSSP
새 자격 증명을 다음 대상에 위임할 수 있도록 컴퓨터가 구성되어 있습니다. wsman/WEB1
이 컴퓨터는 원격 클라이언트 컴퓨터에서 자격 증명을 받도록 구성되지 않았습니다.
```

그림 11.4 Enable-WsManCredSSP 실행 과정

-DelegateComputer 매개변수에는 와일드카드 문자를 포함할 수 있지만, * 단독으로만 사용하면 모든 컴퓨터에 자격 증명이 재위임되는 의도치 않은 위험을 초래할 수 있으므로, 와일드카드 패턴의 제한이 필요하다. *.mydomain.com처럼 특정 도메인의 컴퓨터로만 재위임을 제한할 수 있다.

-Role 매개변수에 바인딩할 수 있는 값은 Client와 Server다.

2. 자격 증명을 다시 위임할 수 있는 서버에서 다음의 명령을 실행한다. 예를 들어 앞서 WEB1 서버를 다시 위임할 수 있는 서버로 지정했기 때문에 이 서버에서 다음의 구문을 실행한다.

```
Enable-WsManCredSSP -Role Server
```

이 명령을 실행하면 CredSSP 인증을 통해 클라이언트 컴퓨터에서 사용자 자격 증명을 허용하는 작업에 대한 경고 메시지 창을 표시한다(그림 11.5의 (1)). [예]를 클릭하면 명령이 실행되고 결과를 표시한다(그림 11.5의 (2)).

(1) CredSSP 인증 구성 경고 메시지

(2) Enable-WsManCredSSP의 서버 역할 실행 결과

```
PS C:\> Enter-PSSession -ComputerName WEB1

[WEB1]: PS C:\Users\administrator.MYDOMAIN\Documents> cd c:\

[WEB1]: PS C:\> Enable-WsManCredSSP -Role Server


cfg               : http://schemas.microsoft.com/wbem/wsman/1/config/service/auth
lang              : ko-KR
Basic             : false
Kerberos          : true
Negotiate         : true
Certificate       : false
CredSSP           : true
CbtHardeningLevel : Relaxed
```

(3) Get-WSManCredSSP로 CredSSP 구성 확인

```
PS C:\> Get-WSManCredSSP
새 자격 증명을 위임할 수 있도록 컴퓨터가 구성되어 있지 않습니다.
이 컴퓨터는 원격 클라이언트 컴퓨터에서 자격 증명을 받도록 구성되었습니다.
```

그림 11.5 위임한 서버에서 Enable-WsManCredSSP 실행 결과

3. 클라이언트(CL1)에서 원격 서버인 WEB1에 원격 세션을 열고 WEB1에서 DC1에 설치된 윈도우의 기능을 확인한다. 앞서 설정한 CredSSP를 사용하는 Enter-PSSession 명령 형식은 다음과 같다.

```
Enter-PSSession -ComputerName WEB1 -Credential mydomain\
Administrator -Authentication Credssp
```

WEB1에서 DC1에 설치된 윈도우 기능을 확인하는 구문은 다음과 같다.

```
Invoke-Command -ComputerName DC1 -ScriptBlock {Get-
WindowsFeature | Where-Object {$_.InstallState -eq
'Installed'}}
```

```
PS C:\> Enter-PSSession web1 -Credential mydomain\administrator -Authentication Credssp

[web1]: PS C:\Users\administrator.MYDOMAIN\Documents> cd c:\

[web1]: PS C:\> Invoke-Command -ComputerName DC1 -ScriptBlock {Get-WindowsFeature |
Where {$_.InstallState -eq 'Installed'}} | Format-Wide

AD-Domain-Services                        DHCP
DNS                                       FileAndStorage-Services
Storage-Services                          File-Services
FS-FileServer                             NET-Framework-45-Features
NET-Framework-45-Core                     NET-WCF-Services45
NET-WCF-TCP-PortSharing45                 FS-SMB1
Windows-Defender-Features                 Windows-Defender
Windows-Defender-Gui                      PowerShellRoot
PowerShell                                PowerShell-ISE
WoW64-Support                             GPMC
RSAT                                      RSAT-Role-Tools
RSAT-AD-Tools                             RSAT-ADDS
RSAT-AD-AdminCenter                       RSAT-ADDS-Tools
RSAT-AD-PowerShell                        RSAT-DHCP
```

그림 11.6 CL1에서 WEB1을 통해 DC1에 연결하는 멀티 홉 위임 동작

4. 작업이 끝나고 나면 멀티 홉 위임을 다시 제거해서 보안 위협을 줄여야 한다. 클라이언트와 자격 증명을 위임 받은 서버 모두 Disable-WSManCredSSP를 수행한다.

- 클라이언트 CL1에서 실행할 명령

  Disable-WSManCredSSP -Role Client

- 서버 WEB1에서 실행할 명령

  Disable-WSManCredSSP -Role Server

11.2 영구 연결

지금까지 다룬 원격 작업은 애드혹(Ad-hoc) 방식의 원격 관리였다. Invoke-Command를 사용한 원격 관리 명령은 '연결-사용-해제'를 하나의 수행 단위로 갖는 방식으로, 계속적으로 원격 컴퓨터와 정보를 주고받지 못한다.

Enter-PSSession을 사용하는 경우 원격 컴퓨터와 세션을 열고 파워셸 명령으로 필요한 작업을 실행한 후, 연결을 종료하고 나면 나중에 다시 이 세션에 연결할 수 없다. 이러한 연결을 **애드혹 연결**이라 하며, 기본적으로 각연결에서 완전히 새로운 파워셸 사본을 시작하기 때문에 연결 간에 정보의 지속성을 제공하지 않는다.

영구 연결이란

파워셸에서는 원격 컴퓨터와 연결하는 세션을 원격 데스크톱 등의 다른

세션과 구분하기 위해 PS를 붙여 **PSSession**이라고 한다. 파워셸에는 원격 컴퓨터와 연결한 뒤 명시적으로 연결을 종료할 때까지 세션을 **영구 연결** 하는 방법이 있다.

영구 연결을 만들면 원격 컴퓨터와 연결이 수립되고 이 세션에서 파워셸 의 사본을 시작한다. 여기까지는 7장에서 설명한 원격 관리에서 사용한 프 로세스와 동일하다. 영구 연결은 이 세션 내에서 원하는 명령을 실행한 후 해당 세션을 나올 수 있지만, 필요하다면 이 세션에 다시 들어가 계속해서 추가적인 명령을 실행할 수도 있다. 모든 필요한 작업이 끝나면 파워셸의 원격 세션을 닫는다.

파워셸 3.0 이상에서는 세션을 명시적으로 끊을 수 있다. 이 경우 연결 은 끊어지지만, 파워셸의 원격 사본을 나가는 것뿐이며, 종료는 아니다. 뒤 에 이 세션을 다시 연결할 수 있고 심지어 다른 컴퓨터에서도 동일한 파워 셸 사본을 계속 사용할 수 있다.

원격 관리를 사용하는 모든 컴퓨터에는 WSMan 드라이브가 있으며, 여 기에는 세션과 관련된 많은 구성 매개변수가 있다. 최대 세션 런타임과 최 대 유휴 시간, 들어오는 최대 연결 수, 관리자 당 최대 세션 수 등의 매개 변수가 있다. 다음 명령을 실행하면 전체 구성 매개변수를 확인할 수 있다 (그림 11.7).

```
Get-ChildItem WSMan:\localhost\shell
```

```
PS C:\> Get-ChildItem WSMan:\localhost\Shell

   WSManConfig: Microsoft.WSMan.Management\WSMan::localhost\Shell

Type            Name                   SourceOfValue   Value
----            ----                   -------------   -----
System.String   AllowRemoteShellAccess                 true
System.String   IdleTimeout                            7200000
System.String   MaxConcurrentUsers                     2147483647
System.String   MaxShellRunTime                        2147483647
System.String   MaxProcessesPerShell                   2147483647
System.String   MaxMemoryPerShellMB                    2147483647
System.String   MaxShellsPerUser                       2147483647
```

그림 11.7 세션 구성 매개변수

세션 구성 매개변수 중에 유휴시간을 나타내는 IdleTimeOut 값을 지정할 경우 원격 셸에서 사용자가 아무런 조작이 없으면 지정한 시간 이후에 세선을 닫는다. 닫힌 세션은 다시 연결할 수 없다. 이 세션은 다음에 설명할 끊어진 세션과는 다르다.

WSMan 드라이브의 많은 설정은 윈도우 도메인 환경에서는 그룹 정책을 통해 제어할 수도 있다.

영구 연결 만들기

새로운 영구 연결 세션을 만들 때 사용하는 명령은 New-PSSession이다. 이 명령에는 Invoke-Command에서 사용하는 많은 매개변수를 동일하게 사용한다. 만든 세션을 제거할 때 사용하는 명령은 Remove-PSSession이다. 두 가지 명령에서 자주 사용하는 구문 형식과 옵션은 표 11.1과 같다.

구문 형식	New-PSSession [[-ComputerName] <문자열[]>] [-Credential <PS자격증명>] [-Name <문자열[]>] [-Port <정수>][-UseSSL] [-ThrottleLimit <정수>] [-SessionOption <PS세션옵션>] [-Authentication <인증메커니즘>]	
	Remove-PSSession	[-ComputerName] <문자열[]>
		[-Id] <정수[]>
		-Name <문자열[]>
		[-Session] <PS 세션[]>
옵션	**설명**	
-ComputerName	영구 연결 세션을 만들거나 만든 원격 컴퓨터 이름	
-Credential	이 작업을 수행할 권한을 가진 사용자 계정 지정	
-Name	Get-PSSession, Enter-PSSession 등의 명령에서 사용하는 PSSession의 이름을 지정한다.	
-Port	이 명령에 사용되는 원격 컴퓨터의 포트를 지정한다. 기본 값은 80(HTTP)이다.	
-UseSSL	HTTP 대신 HTTPS를 사용한다.	
-ThrottleLimit	최대 동시 연결 수 지정. 0을 입력하면 기본 값은 32	
-SessionOption	고급 세션 옵션을 지정한다. New-PSSessionOption을 사용해 만든 개체를 입력한다.	
-Authentication	사용자 자격 증명을 인증하는 데 사용하는 메커니즘 지정. 기본 값은 Default 이며, 다른 옵션으로 Basic, CredSSP, Digest, Kerberos, Negotiate, 그리고 NegotiateWithImplicitCredential이 있다.	
-ID	세션 ID의 배열 지정	
-Session	파워셸 세션의 세션 개체 지정	

표 11.1 New-PSSession과 Remove-PSSession의 구문 형식과 옵션

New-PSSession의 -ComputerName 매개변수에는 여러 컴퓨터 이름을 전달해서 다수의 세션 개체를 만들 수 있다. 이 명령의 실행 결과는 새로 만들어진 세션 개체다. 나중에 이 세션을 참조하고 쉽게 사용하려면 다음과 같은 방식으로 이 개체를 변수에 할당한다.

```
$web = New-PSSession -ComputerName WEB1
```

이렇게 세션을 만들면 Invoke-Command와 Enter-PSSession 명령 모두에서 컴퓨터 이름 대신 세션 개체를 사용할 수 있다. $web에 저장된 세션 개체를 이용해 세션을 연결한다면 다음과 같이 사용한다.

```
Enter-PSSession -Session $web
```

특히 Invoke-Command의 경우 새로운 세션을 만들지 않고 기존 세션을 사용할 때 -Session 매개변수에서 다수의 세션 개체를 전달한다. 명령 실행이 끝나거나 Exit-PSSession 명령으로 해당 세션을 나가면, 이 세션은 실행 중인 상태로 남아 있어서 나중에 사용할 수 있다.

기존 세션 개체를 제거하는 시나리오는 두 가지다.

1. 특정 개체, 예를 들어 $web에 저장된 세션 개체를 제거하는 경우

   ```
   Remove-PSSession -Session $web
   ```

2. 기존 세션 개체 전체를 제거하려는 경우

   ```
   Get-PSSession | Remove-PSSession
   ```

이 외에도 이들 명령에서 제공하는 여러 가지 매개변수로 다양한 상황에서 세션을 만들거나 제거할 수 있으므로, 필요한 경우 도움말을 참고하자.

끊어진 세션

클라이언트와 원격 컴퓨터의 영구 연결을 수립하고 오랫동안 돌아가는 작업을 실행시킨 다음, 나중에 다른 컴퓨터에서 그 작업의 결과를 확인해야 할 경우가 있다. 이런 경우 해당 세션을 끊었다가 나중에 필요한 경우 이 세션을 다시 연결해서 결과를 확인하면 좋을 것이다. 이렇게 명시적으로 끊은 세션을 **끊어진 세션**(disconnected session)이라 하며, 연결을 끊는 동

작은 보통 직접 해당 명령을 수행하는 작업이다.

> ☑ **끊어진 세션 연결 권한**
>
> 다른 계정에서 만든 끊어진 세션은 연결할 수 없다. 다시 연결할 수 있는 세션은 해당
> 계정이 만들었던 세션으로 제한된다.

파워셸에서 연결이 간섭 받을 때 자동으로 연결을 끊어짐 상태로 전환하는 경우도 있다. 하지만 파워셸 호스트 애플리케이션을 직접 닫는다면, 세션을 끊는 것이 아니라 세션을 종료하는 것이다.

세션을 끊고 다시 연결하는 데 사용하는 두 가지 명령은 Disconnect-PSSession과 Connect-PSSession이다. 두 가지 명령에서 자주 사용하는 구문 형식과 옵션은 표 11.2와 같다.

구문 형식	Disconnect-PSSession	[-Id] <정수[]> [-IdleTimeoutSec <정수>]
		-Name <문자열[]> [-IdleTimeoutSec <정수>]
		[-Session] <PS세션[]> [-IdleTimeoutSec <정수>]
	Connect-PSSession	-Name <세션명[]> [-ThrottleLimit <정수>]
		[-Session] <PS세션[]> [-ThrottleLimit <정수>]
		[-Id] <정수[]> [-ThrottleLimit <정수>]
		[-ComputerName] <컴퓨터이름[]> [-Credential <자격증명>] [-Name <세션명[]>] [-Port <포트번호>][-UseSSL] [-ThrottleLimit <연결수>] [-SessionOption <세션 옵션>] [-Authentication <인증 메커니즘>]

옵션	설명
-IdleTimeoutSec	끊어진 세션의 유휴 만료 시간(초). 최소 값은 60. 기본 값은 7200초(2시간)
-ComputerName	끊어진 세션이 저장된 원격 컴퓨터 이름
-Credential	끊어진 세션에 연결할 권한을 가진 사용자 계정 개체(PSCredential)
-Name	끊어진 세션의 이름
-Port	세션에 다시 연결하는 데 사용할 원격 컴퓨터의 포트 지정
-UseSSL	끊어진 세션 연결에 SSL(Secure Sockets Layer) 사용
-ThrottleLimit	최대 동시 연결 수 지정. 0을 입력하면 기본 값은 32

-SessionOption	고급 세션 옵션을 지정한다. New-PSSessionOption을 사용해 만든 개체를 입력한다.
-Authentication	사용자 자격 증명을 인증하는 데 사용하는 메커니즘 지정. 기본 값은 Default 이며, 다른 옵션으로 Basic, CredSSP, Digest, Kerberos, Negotiate, 그리고 NegotiateWithImplicitCredential이 있다.
-ID	끊어진 세션의 ID 지정
-Session	끊어진 세션 개체 지정(PSSession)

표 11.2 Disconnect-PSSession과 Connect-PSSession의 구문 형식과 옵션

원격 컴퓨터에서 꽤 오랫동안 실행되는 작업을 실행한다고 가정하고 끊어 진 세션을 사용하는 과정을 알아보자.

1. New-PSSession을 사용해 새로운 세션을 만들고 변수에 할당한다.
2. 1번에서 만든 세션에 필요한 작업을 실행한다. 12장에서 배울 파워셸 백그라운드 작업(Job)을 실행할 수도 있겠다.
3. Disconnect-PSSession을 사용해 해당 세션을 끊는다. 이때 -Session 매 개변수에 끊고자 하는 세션 개체를 바인딩한다.
4. 다른 컴퓨터로 이동해 파워셸을 실행한다.
5. Get-PSSession 명령과 -ComputerName 매개변수에 해당 컴퓨터를 지정 하여 실행 중인 세션 목록을 가져온다.
6. Connect-PSSession 명령을 사용해 원하는 세션을 다시 연결하고 작업 의 실행 결과를 확인한다.

[따라해보기] **영구 연결 관리**

이번 실습은 영구 연결 관리이다. 클라이언트(CL1)에서 원격 서버(WEB1)에 새로운 영구 연결 세션을 만들고 이 세션에 작업을 수행한 다음 결과를 저장하고 세션을 끊 는다. 그 다음 다시 해당 세션에 연결하고 작업의 결과를 확인한다.

1. CL1에서 WEB1과 영구 연결 세션을 수립한다. 이 세션 개체는 $RemoteSS 변수에 저장하고 세션 이름은 WEB1Session으로 한다.
2. 1에서 만든 세션을 이용해 WEB1의 C:\Windows\System32에 있는 모든 dll 파

일 목록을 찾아 $dll에 저장하는 명령을 실행한다.

3. 조금 전에 만든 영구 연결 세션을 끊는다.

4. 원격 컴퓨터의 끊어진 세션 목록을 확인한다.

5. 끊어진 세션을 다시 연결하고 세션 개체를 변수에 저장한다.

6. 5번에서 저장한 세션 개체를 사용해 2번에서 수행한 원격 컴퓨터의 작업 결과를 확인한다.

7. 모든 작업을 완료했고 이제 영구 연결 세션을 더 이상 사용하지 않으므로, 이 세션을 제거한다.

이상의 실습 과정에서 사용한 구문은 예제 11.4에서 확인할 수 있다. Chap11EX4. ps1 스크립트 전체를 실행시키지 말고 각 작업 번호별로 선택해서 실행해야 한다.

예제 11.4 영구 연결 관리 실습의 단계별 구문(Chap11EX4.ps1)

```
#1. 영구 연결 세션 만들기
$RemoteSS = New-PSSession –Name WEB1Session –ComputerName WEB1
#2. 만든 세션을 사용해 작업 실행하기
Invoke-Command –Session $RemoteSS –ScriptBlock{
    $dll=Get-ChildItem –Path C:\Windows\System32 –Recurse |
    Where-Object {$_.Extension -eq ".dll"}
}
#3. 세션 끊기
Disconnect-PSSession –Session $RemoteSS
#4. 원격 컴퓨터의 끊어진 세션 확인하기
Get-PSSession –ComputerName WEB1
#5. 끊어진 세션 연결하기
$LocalSS = Connect-PSSession –ComputerName WEB1 –Name WEB1Session
#6. 연결된 세션의 작업 결과 확인
Invoke-Command –Session $LocalSS –ScriptBlock {$dll}
#7. 세션 제거 (재사용 못함)
Remove-PSSession –Name WEB1Session
```

11.3 암시적 원격과 웹 액세스

파워셸을 사용해 인프라를 관리할 때 겪는 대표적인 두 가지 문제가 있다. 첫 번째 문제는 윈도우 운영체제의 버전 불일치를 들 수 있다. 예를 들어 Windows Server 2016에서는 서버 관리를 위한 기능에 해당하는 파워셸 명령이 있다. 윈도우 10에서 이들 명령을 사용하려면 RSAT(Remote Server Administration Tools)를 설치하면 된다. 그런데 윈도우 7에도 전용 RSAT

가 있지만 지원하는 파워셸 명령에 차이가 있다.

두 번째 문제는 파워셸 호스트 애플리케이션(명령 프롬프트나 ISE)을 사용할 수 없는 환경이나 외부 네트워크에서 웹 브라우저로 지정된 컴퓨터에 연결해 파워셸로 서버를 관리해야 하는 환경이다.

암시적 원격 작업

관리자의 클라이언트가 윈도우 7인 경우나 윈도우 10에 RSAT를 설치하지 않고서 Windows Server 2016 AD의 명령을 사용할 방법은 없을까? 원격 관리에서 이런 버전 불일치를 극복할 수 있는 기능이 **암시적 원격 작업**(Implicit Remoting)이다.

암시적 원격 작업을 사용하면 관련 도구를 설치하는 데 시간을 쓰지 않고도 서버에서만 사용할 수 있는 파워셸 명령의 사본을 클라이언트 컴퓨터로 가져온다. 실제로 명령을 복사해오는 것은 아니다. 서버의 명령에 대한 일종의 바로가기를 만드는 것으로 **프록시 함수**라고 한다. 로컬 컴퓨터에서 명령을 실행하면 원격 작업을 통해 서버에서 암시적으로 실행하고 결과를 다시 로컬 컴퓨터로 보내주는 것이다.

암시적 원격 작업은 파워셸 2.0부터 사용 가능하지만, 3.0부터 사용법이 더 쉬워졌다.

1. 사용하려는 모듈이 있는 서버와 원격 세션을 만든다. 이때 `New-PSSession` 명령을 사용한다.
2. 그 다음 `Import-Module`과 `-PSSession` 매개변수를 사용해 원하는 모듈을 가져온다. 이 모듈의 명령과 도움말 파일까지도 해당 세션이 존재하는 동안 로컬 파워셸 콘솔에서 사용할 수 있다.
3. 암시적 원격 작업으로 사용하는 명령을 구분하기 위해 관례상 명령의 명사 부분에 별도의 접두어를 붙인다.
4. 필요한 작업이 끝나면 보안을 위해 원격 세션을 제거한다.

예를 들어 Microsoft Exchange Server 2013과 Microsoft Exchange Server 2016 파워셸 명령을 모두 암시적 원격에서 가져올 때, 접두어로 2013과

2016을 각각 추가하면 명령 이름 충돌 없이 동시에 두 가지 동일한 명령을 로드할 수 있다.

[따라해보기] **파일 서버의 암시적 원격 관리**

이 실습은 파일 서버의 FSRM 모듈의 명령을 클라이언트에서 사용하는 암시적 원격 작업을 구현한다. 여기서 클라이언트(CL1)와 파일 서버(WEB1)는 모두 도메인 환경을 가정한다. 이 실습을 하려면 스크립트 실행 정책을 변경해야 한다. 실행 정책을 'RemoteSigned'로 변경한다.

1. 파일 서버(WEB1)에 '파일 서버 리소스 관리자' 역할 서비스를 설치한다.

```
PS C:\> Install-WindowsFeature -Name FS-Resource-Manager -IncludeAllSubFeature -IncludeManagementTools

Success Restart Needed Exit Code    Feature Result
------- -------------- ---------    --------------
True    No             Success      {파일 서버 리소스 관리자, 원격 서버 관리 도구, 파일 서비스 도구, 파일...
```

그림 11.8 파일 서버 리소스 관리자 설치

2. 클라이언트(CL1)에서 파일 서버와 원격 세션을 만들고 세션 개체를 저장한다.

```
$file = New-PSSession -ComputerName WEB1
```

3. CL1에서 원격 세션을 사용해 사용 가능한 파워셸 모듈을 확인한다.

```
PS C:\> Get-Module -PSSession $file -ListAvailable

ModuleType Version  Name                        ExportedCommands
---------- -------  ----                        ----------------
Binary     1.0.0.1  PackageManagement           {Find-Package, Save-Package, G...
Manifest   1.0.0.0  EventTracingManagement      {New-AutologgerConfig, Set-Etw...
Manifest   2.0.0.0  FileServerResourceManager   {Set-FSRMQuotaTemplate, Get-FS...
Manifest   2.0.0.0  International                {Set-WinAcceptLanguageFromLang...
```

그림 11.9 파일 서버의 사용 가능한 모듈

4. CL1에서 '파일 서버 리소스 관리자' 모듈을 가져와서 제공하는 명령에 접두어 'Rem'을 붙인다.

```
Import-Module -PSSession $file -Name FileServerResourceManager
-Prefix Rem
```

5. 모듈 가져오기에 성공했다면, 클라이언트에서 도움말을 확인해 본다. 여기서는 할당량을 설정하는 명령의 도움말을 확인한다.

```
Get-Help Set-RemFSrmQuota -Full
```

6. 클라이언트에서 파일 서버 리소스 관리자에서 제공하는 할당량 템플릿을 조회해
본다.

```
PS C:\> Get-RemFsrmQuotaTemplate | Format-Wide

100MB 한도                              사용자에게 보내는 200MB 한도 보고서
200GB 볼륨 사용 모니터링                          500MB 공유 모니터링
200MB 한도(50MB 확장)                          250MB 확장 한도
2GB 한도                                5GB 한도
10GB 한도                               3TB 볼륨 사용 모니터링
5TB 볼륨 사용 모니터링                         10TB 볼륨 사용 모니터링
```

그림 11.10 암시적 원격으로 할당량 템플릿 조회

7. 기존의 암시적 원격 작업 세션을 제거한다. 다시 파일 서버의 할당량을 조회하는
명령을 실행하면 암시적 원격 작업 세션을 다시 만들고 명령이 정상적으로 실행
된다.

```
PS C:\> Get-PSSession | Remove-PSSession

PS C:\> Get-RemFsrmQuotaTemplate | Format-Wide
"Get-FsrmQuotaTemplate" 명령의 암시적 원격 작업에 대한 새 세션을 만드는 중...

100MB 한도                              사용자에게 보내는 200MB 한도 보고서
200GB 볼륨 사용 모니터링                          500MB 공유 모니터링
200MB 한도(50MB 확장)                          250MB 확장 한도
2GB 한도                                5GB 한도
10GB 한도                               3TB 볼륨 사용 모니터링
5TB 볼륨 사용 모니터링                         10TB 볼륨 사용 모니터링
```

그림 11.11 암시적 원격 작업 세션 제거와 명령 인식

이상의 실습 과정에서 사용한 구문은 예제 11.5와 같다. Chap11EX5.ps1 스크립트
전체를 실행시키지 말고 각 작업 번호별로 선택해서 실행해야 한다.

예제 11.5 암시적 원격 작업 실습의 단계별 구문(Chap11EX5.ps1)
_____
```
#0. 실행 정책 변경
Set-ExecutionPolicy -ExecutionPolicy RemoteSigned

#1. WEB1 서버에 파일서버 리소스 관리자 역할 서비스 설치
Install-WindowsFeature -Name FS-Resource-Manager
-IncludeAllSubFeature
-includeManagementTools

#2. CL1에서 WEB1 서버와 원격 세션 수립
$file = New-PSSession -ComputerName WEB1

#3. 원격 컴퓨터에서 사용 가능한 모듈 확인
Get-Module -PSSession $file -ListAvailable

#4. 파일 서버 리소스 관리자 모듈을 로드하고 명령에 접두어 표시
Import-Module -PSSession $file -Name FileServerResourceManager
```

```
-Prefix Rem

#5. 도움말 확인
Get-Help Set-RemFSrmQuota -Full

#6. 클라이언트에서 할당량 템플릿을 조회하는 명령 실행
Get-RemFSrmQuotaTemplate | Format-Wide

#7. 암시적 원격 작업 세션 제거와 세션 자동 다시 연결
Get-PSSession | Remove-PSSession
Get-RemFSrmQuotaTemplate | Format-Wide
```

파워셸에서 제공하는 원격 관리와 세션 기능은 관리자의 원격 관리 작업을 보다 수월하게 만든다.

파워셸 웹 액세스

파워셸 3.0 이상에서는 브라우저 세션으로 여러 컴퓨터를 관리하는 기능을 제공한다. 윈도우 파워셸 웹 액세스를 설치하고 구성하면 브라우저 기반 콘솔을 사용해 서버를 관리할 수 있다. 외부에서 원격 관리를 수행하는 경우, 접근할 수 있는 단일 게이트웨이의 웹 액세스를 통해 내부 서버를 관리할 수 있다.

보통 조직에서 파워셸 웹 액세스를 사용하는 구조는 그림 11.12와 같다.

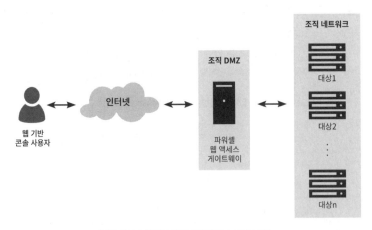

그림 11.12 윈도우 파워셸 웹 액세스 사용 구조

파워셸 웹 액세스를 설치하고 구성하는 단계를 살펴보자(Chap11EX6.ps1 참고).

1. 브라우저 기반 파워셸 콘솔을 제공할 서버에서 '파워셸 웹 액세스' 기능을 설치한다.

```
Install-WindowsFeature -Name WindowsPowerShellWebAccess
-IncludeManagementTools
```

```
PS C:\> Install-WindowsFeature -Name WindowsPowerShellWebAccess -IncludeManagementTools

Success Restart Needed Exit Code  Feature Result
------- -------------- ---------  --------------
True    No             Success    {ASP.NET 4.6, 응용 프로그램 개발, ASP.NET 4.6, 일반적...
```

그림 11.13 파워셸 웹 액세스 설치

2. 파워셸 웹 액세스용 웹 애플리케이션을 설치한다. 웹 액세스는 보안을 위해 SSL을 사용해 연결하므로 인증서가 필요하다. 여기서는 테스트용 인증서를 만들어서 사용한다. 테스트용 인증서는 파워셸 웹 액세스의 내부 테스트용으로만 사용하며 90일 이후에 만료된다. 나중에 IIS 관리자에서 언제든지 인증서를 관리할 수 있다.

```
Install-PswaWebApplication -UseTestCertificate
```

```
PS C:\> Install-PswaWebApplication -UseTestCertificate
경고: 보안 이유로 인해 프로덕션 환경에서는 테스트 인증서를 사용할 수 없습니다.
테스트 인증서는 90일 후에 만료됩니다.
응용 프로그램 풀 pswa을(를) 만드는 중...

Name                    State        Applications
----                    -----        ------------
pswa 풀                 Started

웹 응용 프로그램 pswa을(를) 만드는 중...

Path           : /pswa
ApplicationPool : pswa 풀
EnabledProtocols : http
PhysicalPath    : C:\Windows\web\PowerShellwebAccess\wwwroot


자체 서명된 인증서를 만드는 중...


HTTPS 바인딩을 만드는 중...
```

그림 11.14 웹 액세스용 웹 애플리케이션과 테스트 인증서 설치

3. 파워셸 웹 액세스를 접근을 허용한 현재 사용자 목록을 확인한다.

```
Get-PswaAuthorizationRule
```

4. 도메인 내의 모든 사용자와 컴퓨터에 접근을 허용한다. 실제 운영 환경에서는 사용자와 컴퓨터를 보다 제한적으로 설정하는 것이 좋다.

```
Add-PswaAuthorizationRule –ComputerName * –UserName *
–ConfigurationName *
```

```
PS C:\> Add-PswaAuthorizationRule -ComputerName * -UserName * -ConfigurationName *

Id    RuleName        User              Destination         ConfigurationName
--    --------        ----              -----------         -----------------
0     규칙 0          *                 *                   *
```

그림 11.15 웹 액세스 규칙 추가

5. 모든 설정이 끝났다면, 웹 브라우저에서 파워셸 웹 액세스용 웹 애플리케이션에 접근해보자. 예를 들어 웹 애플리케이션을 제공하는 서버의 주소가 web1.mydomain.local이라면, 웹 브라우저에 다음과 같이 입력한다.

   https://web1.mydomain.local/pswa

여기서는 테스트용 인증서를 사용했기 때문에, 그림 11.16과 같은 화면이 나올 것이다. 이때 [이 사이트를 계속 탐색합니다(권장하지 않음).] 링크를 클릭한다.

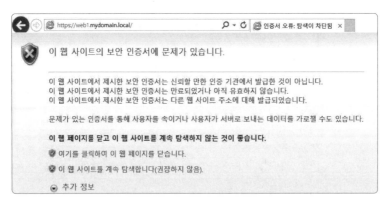

그림 11.16 테스트 인증서를 사용한 경우 인증서 경고

6. 파워셸 웹 액세스 자격 증명 및 연결 정보를 입력하고 로그인한다.

그림 11.17 파워셸 웹 액세스 로그인 화면

7. 브라우저 기반 파워셸 콘솔이 열린다. 몇 가지 명령을 실행해보면 브라
우저에서도 파워셸 명령을 제한 없이 사용할 수 있다(그림 11.18).

그림 11.18 브라우저 기반 파워셸 콘솔

윈도우 파워셸 웹 액세스의 설치와 구성에 관한 추가 정보는 다음 링크를
참고하자.

https://technet.microsoft.com/ko—KR/library/hh831611.aspx

11.4 정리

앞서 7장에서 원격 관리 기술의 기본 지식을 학습했지만, 실제 기업 환경에서 원격 관리를 사용할 때는 클라이언트에서 관리 컴퓨터를 통해 원격으로 관리한다거나 외부에서 내부의 서버를 안전하게 관리하는 등의 좀 더 다양한 시나리오가 나온다.

11장에서는 먼저 원격 컴퓨터에 명령을 실행할 때 매개변수를 올바로 전달하는 방법을 다뤘다. 다음으로 원격 컴퓨터 관리에서 보다 안전하게 멀티 홉 원격 관리를 구성하는 방법을 살펴봤다. 앞서 배운 원격 컴퓨터와 애드혹 원격 세션을 만드는 것에서 한 걸음 더 나아가 명시적으로 영구 세션을 만들고 관리하는 방법과 함께 원격 관리 대상과 원격 관리 수행 컴퓨터의 파워셸 기능 불일치를 극복하는 암시적 세션을 만들고 관리하는 방법도 익혔다. 추가적으로 파워셸 3.0 이상에서 등장한 브라우저를 통한 원격 관리 기술인 파워셸 웹 액세스를 구현하고 사용하는 방법도 배웠다.

Practical PowerShell

파워셸 작업 관리의 고급 기술

최근 인프라 자동화의 트렌드가 사람이 직접 개입할 필요성을 줄이는 '코드로 인프라 관리'
다. 3부에서는 '코드로 인프라 관리'를 실천할 때 필요한 파워셸의 고급 기술을 학습한다.

12장

파워셸 워크플로

12장에서는 파워셸 3.0부터 소개한 기술인 워크플로(Workflow)를 이용해 보다 다양하고 복잡한 작업을 효과적으로 처리하는 방법을 살펴본다.

워크플로는 어떤 일을 완료하는 데 필요한 활동을 정의한 것으로, 이 활동에는 작업의 단계와 규칙, 결정 사항들이 포함된다. 워크플로(Workflow)는 함수와 상당히 유사하며 파워셸 스크립트의 특수한 버전이다. 워크플로는 순서대로 실행되고 통제가 필요한 일련의 작업이며 다른 장치에서 실행할 수 있다. 마이크로소프트에서 워크플로를 설계할 때 고려한 특성은 반복 처리와 인터럽트, 재시작, 중지, 병렬 처리, 빈번한 실행이다.

12장에서는 파워셸 워크플로에 관해 다음과 같은 내용을 알아본다.

- 워크플로 개념과 사용 시점
- 워크플로 작성과 실행

12.1 파워셸 워크플로

일반적으로 워크플로는 클라이언트 컴퓨터에서 관리하고 다수의 대상 컴퓨터에서 오래 실행되는 작업을 수행하는 데 이상적이다. 보통 많은 컴퓨터에서 데이터를 수집하거나 설정을 변경하는 작업이 오래 실행되는 작업에 속한다.

워크플로를 실행하면 파워셸에서는 이를 윈도우 워크플로 파운데이션 (WWF) 코드로 변환해 WWF로 전달하고 실행한다. 파워셸에서는 WWF 를 쉽게 사용하게 만든 PSWorkflow라는 핵심 모듈을 제공한다. 워크플로 자체는 파워셸 네이티브 기술이 아니며, 이미 윈도우 운영체제에 있는 기술이었으나 파워셸에서 이를 사용하기 쉽게 만든 것이다.

☑ **윈도우 워크플로 파운데이션(WWF, Windows Workflow Foundation)**

.NET 프레임워크 3.0에서 등장한 기술 집합 중 하나로, API와 워크플로 엔진, 디자이너를 제공한다. XML 기반 언어인 XAML로 워크플로 구조를 선언하거나 .NET 언어를 사용해 코드로 표현할 수도 있다. WWF를 사용해 3가지 워크플로를 만들 수 있다.

- 순차 워크플로
- 상태 머신 워크플로
- 규칙 기반 워크플로

.NET 프레임워크 4.5에서 릴리스한 새로운 워크플로 기능은 다음 링크를 참고하자.

https://msdn.microsoft.com/ko-kr/library/hh305677(v=vs.110).aspx

개발자라면, 윈도우 워크플로 파운데이션 개발 연습은 다음 링크를 참고하자.

https://msdn.microsoft.com/ko-kr/library/aa480214.aspx

워크플로가 필요한 시점

워크플로는 어떤 작업을 수행하다가 특정 필요에 맞는 다른 옵션을 전혀 찾지 못할 때 최후의 수단으로 고려하는 것이 좋다. 대화식 명령 구문이나 일반적인 스크립트 대신 워크플로를 사용해야 할 상황은 다음의 6가지다.

1. 수행하는 작업이 여러 단계를 순서대로 결합한, 오래 걸리는 작업인 경우

   여러 단계를 순서대로 실행한다고 꼭 워크플로를 쓸 필요는 없다. 중요

한 것은 여러 단계가 결합되면서 오랫동안 실행되는 작업인 경우다.

2. 수행하는 작업이 여러 장치에서 실행되는 경우

   워크플로는 원격 관리를 사용하는 원격 장치와의 통신을 포함한다. 워크플로를 사용한다면, 이미 원격 관리를 활성화한 것이다.

3. 수행하는 작업에 검사점이나 지속성이 필요한 경우

   WWF에서 워크플로 작업을 실행할 때, 작업 상태에 대한 검사점(Checkpoint)을 디스크에 기록한다. 문제가 생겨 WWF에서 작업이 재시작될 때 중단된 지점부터 다시 시작할 수 있다. 인터럽트가 걸릴 수 있는 다단계의 오래 실행되는 작업의 경우, 항상 워크플로를 고려하자.

4. 수행하는 작업이 비동기이며 재시작, 병렬 수행, 인터럽트가 가능한 오래 걸리는 작업인 경우

   비동기와 병렬 실행의 특징은 파워셸 작업(Job)과 워크플로 모두에서 제공하지만, 재시작과 인터럽트 기능은 워크플로에서만 제공하는 기능이다. 비동기 실행이 필요하다면 파워셸 작업(Job)이 적당하다. 파워셸 작업에 관해서는 13장에서 설명한다.

5. 수행하는 작업이 대규모 또는 고가용성 환경에서 잠재적으로 조절과 연결 풀링이 필요한 경우

   Invoke-Command로 달성할 수 없는 기준의 작업에서 워크플로를 고려한다. 워크플로는 WWF에서 실행하기 때문에 확장이 더 쉽다.

6. 순차적으로 실행되는 작업과 병렬로 실행되는 작업이 조합된 경우

   이 경우는 워크플로를 반드시 선택해야 하는 상황이다. 워크플로를 사용하면 엄격한 순서로 실행해야 하는 명령들을 포함하는 특정 작업들을 지정하고, 다른 작업들을 병렬로 실행하도록 지정할 수 있다. 이렇게 하면 성능을 크게 개선할 수 있기 때문에 보통의 스크립트보다 워크플로를 선택하게 된다(그림 12.1).

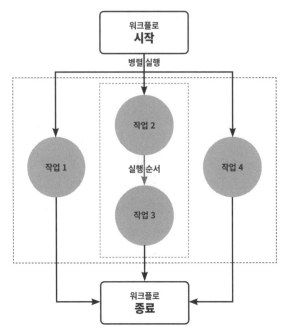

그림 12.1 순차 실행과 병렬 실행이 조합된 워크플로

워크플로 작성 지침

워크플로를 작성할 때 앞서 배운 일반 스크립트나 함수 작성에서 배운 내용을 활용할 수 있다. 워크플로는 직접 실행할 수도 있고 스크립트, 또는 스크립트 모듈에 포함시킬 수도 있다.

워크플로를 작성할 때는 단순성과 효율성을 지향해야 한다. 그러니 워크플로를 작성할 때 워크플로 구문을 인식하고 구문 오류를 표시하는 편집기를 사용하자. 일반적으로 많이 사용하는 PowerShell ISE를 사용하면 스크립트와 워크플로의 구문 차이를 인식하기 때문에 코드 작성과 테스트 시간을 아낄 수 있다.

워크플로를 작성할 때 다음 사항을 고려하자.

- 워크플로는 자체적으로 일시 중단되거나 사용자가 일시 중단할 수 있다.
- 한 서버의 프로세스에 연결된 다수의 PSSession에서 제어할 수 있다.
- 함께 실행되는 명령과 기능은 워크플로를 다시 시작한 후 유지될 수 있다.

- 워크플로 내의 각 명령은 고유한 세션에서 실행된다.
- 워크플로는 원래 원격 컴퓨터 관리를 고려한 기능이므로, 워크플로에서 원격 세션을 만들거나 Invoke-Command와 같은 원격 명령을 사용할 필요가 없다.
- 스크립트와 워크플로의 차이점을 이해한다.

다음은 워크플로를 작성할 때 기억해야 할 단계별 지침이다.

1. 먼저 워크플로에서 수행할 작업을 열거한다.
2. 동시에 실행할 섹션과 미리 정해진 순서로 실행할 필요가 없는 섹션을 표시한다.
3. 섹션 내에 순차적으로 실행해야 하는 항목을 표시한다.
4. 작업을 함수로 만든다. 파워셸 명령을 사용하거나 새로운 명령을 만든다.
5. 중요 작업 단계 다음에 검사점을 추가한다.
6. 도움말 항목을 추가한다. 해당 워크플로의 메커니즘, 세션 구성의 특성과 사용 권한 등 사용자에게 필요한 정보를 작성한다.

12.2 워크플로 작성과 실행

파워셸에서 워크플로를 작성할 때 사용하는 키워드는 workflow다. 이 키워드 다음에 워크플로 이름이 온다. 워크플로는 앞서 설명한 스크립트 작성 방법처럼 매개변수를 받을 수도 있다. 워크플로의 기본구조는 다음과 같다.

```
workflow Verb-Name
{
    [CmdletBinding]
    Param
    (
        [parameter(Mandatory=<$True | $False>)]
        [형식]
        $<매개변수 이름>
    )
```

```
        워크플로 작업 (활동)
        •••••
    }
```

워크플로 이름은 파워셸 명령 형식, 즉 **동사-명사** 형식을 권장한다. 중괄호에 워크플로의 기본 작업 단위인 활동(Activity)을 입력한다. 많은 파워셸 명령과 식을 활동으로 실행할 수 있다. 파워셸 워크플로는 명령을 활동으로 변환한다. 즉, 파워셸 핵심 명령 대부분이 활동으로 이미 구현되어 있다. 활동으로 사용하는 명령에는 이전처럼 매개변수를 사용할 수 있다.

예제 12.1은 "Hello Workflow!"라는 간단한 메시지를 표시하는 단순 워크플로다.

예제 12.1 단순 워크플로(Chap12EX1.ps1)

```
#단순 워크플로
Workflow Say-HelloWF{
    Write-Output -InputObject "Hello Workflow!"
}
```

이렇게 작성한 워크플로 코드를 실행하고 워크플로 구문을 다음 명령으로 확인할 수 있다.

```
Get-Command -Name Say-HelloWF -Syntax
```

이 워크플로 실행은 파워셸 명령 프롬프트에서 워크플로 이름만 입력하면 된다.

```
C:\Say-HelloWF
```

```
PS C:\Users\steelflea> Get-Command -Name Say-HelloWF -Syntax

Say-HelloWF [<WorkflowCommonParameters>] [<CommonParameters>]

PS C:\Users\steelflea> Say-HelloWF
Hello Workflow!
```

그림 12.2 워크플로 구문 확인과 워크플로 실행

워크플로와 활동 일반 매개변수

일반 매개변수를 사용할 수 있는 위치는 두 부분이다.

- 그림 12.2를 보면 워크플로에는 '워크플로 일반 매개변수(workflow CommonParameters)'를 사용할 수 있다. 다음 구문에서 워크플로를 실행하면서 PSComputerName이라는 일반 매개변수를 사용했다.

```
Say-HellowWF -PSComputerName SVR1
```

- 워크플로 내의 활동에 사용되는 명령 다음에 추가한다.

예제 12.2에서 활동에 일반 매개변수를 사용한 경우를 볼 수 있다.

예제 12.2 활동에 사용한 일반 매개변수 PSComputerName(Chap12EX2.ps1)

```
#활동에  워크플로 일반매개변수 사용
Workflow Get-ProcessWF{
    Get-Process -PSComputerName SVR1
}
```

워크플로를 실행할 때와 작성할 때 사용할 수 있는 일반 매개변수를 구분해 표 12.1에 정리했다.

일반 매개변수	워크플로	활동	설명
PSAllowRedirection	○	○	대상 컴퓨터에 대한 연결의 리디렉션 허용 여부. 부울값
PSApplicationName	○	○	대상 컴퓨터에 연결하는 데 사용되는 연결 URI의 애플리케이션 이름
PSAuthentication	○	○	대상 컴퓨터에 연결하는 사용자 자격 증명 인증 메커니즘
PSCertificate Thumbprint	○	○	작업 수행 권한이 있는 계정의 디지털 공개 키 인증서 (X509) 지정
PSComputerName	○	○	워크플로와 활동이 실행되는 대상 컴퓨터 목록
PSConfigurationName	○	○	대상 컴퓨터에 대한 세션 구성 지정
PSConnectionRetry Count	○	○	첫 번째 연결 시도 실패 시, 최대 횟수 지정
PSConnectionRetry IntervalSec	○	○	연결 재시도 횟수 사이의 간격. 기본 값은 0
PSConnectionURI	○	○	대상 컴퓨터에서 워크플로 또는 활동의 끝점
PSCredential	○	○	워크플로 또는 활동을 실행할 권한을 가진 사용자 계정 PSComputerName이 지정된 경우만 사용
PSElapsedTimeout Sec	○		시스템에서 워크플로와 관련한 모든 리소스 유지 관리 기간

PSParameter Collection	○		대상 컴퓨터별 다른 워크플로 일반 매개변수 지정
PSPersist	○	○	워크플로에 지정된 검사점 이외의 검사점 추가. 활동에 사용할 경우 활동 후 검사점. 불(boolean) 값
PSPort	○	○	대상 컴퓨터에서 네트워크 포트 지정. 기본포트 (5985,5986) 권장
PSPrivateMetaData	○		워크플로 작업에 대한 사용자 지정 정보. 해시 테이블 입력
PSRunningTimeOut Sec	○		워크플로 실행시간(초) 지정. 일시 중단된 시간 제외
PSSessionOption	○	○	대상 컴퓨터에 대한 세션 고급 옵션 지정. PSSessionOption 개체 입력
PSUserSSL	○	○	SSL 프로토콜을 사용한 연결 여부 지정. 불 값 입력
PSActionRetryCount		○	활동의 첫 번째 시도 실패 후 재시도 횟수
PSActionRetry IntervalSec		○	활동 재시도 간격(초)
PSActionRunning TimeoutSec		○	활동 실행 만료시간
PSDebug		○	지정된 디버그 레코드 컬렉션에 활동의 디버그 메시지 추가
PSDisableSerialization		○	해당 활동에 직렬화되지 않은 개체를 워크플로에 반환하도록 지시. 불 값 입력
PSDisableSerialization Preference		○	전체 워크플로에 직렬화 개체 반환 여부 지정. 권장하지 않음
PSError		○	지정된 오류 레코드 컬렉션에 활동 오류 메시지 추가
PSProgress		○	지정된 진행률 레코드 컬렉션에 활동의 진행률 메시지 추가
PSProgressMessage		○	활동에 대한 설명 지정. 워크플로 실행 동안 진행률 표시줄에 표시
PSRemotingBehavior		○	대상 컴퓨터에서 활동이 실행될 때 원격 관리 방식. 기본값은 PowerShell
PSRequiredModules		○	명령 실행 전에 지정한 모듈을 가져온다. 대상 컴퓨터에 모듈 설치 필수
PSVerbose		○	지정된 자세한 메시지 레코드 컬렉션에 활동의 자세한 메시지 추가
PSWarning		○	지정된 경고 레코드 컬렉션에 활동의 경고 메시지 추가

표 12.1 워크플로 일반 매개변수 구분

> ☑ **일반 매개변수 참고자료**
>
> 1. 워크플로 일반 매개변수: about_WorkflowCommonParameters
>
>   *https://technet.microsoft.com/library/jj129719.aspx*
>
> 2. 활동 일반 매개변수: about_ActivityCommonParameters
>
>   *https://technet.microsoft.com/ko-kr/library/jj733585.aspx*

워크플로 런타임 변수

워크플로를 실행할 때 지정하는 일반 매개변수와 기타 시스템에서 사전 정의된 전역변수 등을 별도의 변수 정의 없이 워크플로 내부에서 가져다 쓸 수 있다. 이를 **런타임 변수**라고 한다. 워크플로 런타임 변수 전체 목록은 다음 링크를 참고하자.

https://docs.microsoft.com/en-us/dotnet/api/microsoft.powershell.activities. psworkflowruntimevariable

워크플로 실행 시 지정한 일반 매개변수를 가져다 쓸 때는 워크플로 내에서 변수 이름으로 액세스하면 된다.

예를 들어 예제 12.3에서는 WEB1과 CA1 서버에 ICMP 에코 요청 패킷을 보내는 (ping) Test-Connection을 실행하는 워크플로를 작성했다.

예제 12.3 워크플로 런타임 변수 활용 워크플로(Chap12EX3.ps1)

```
#워크플로 일반 매개변수를 런타임 변수로 활용
workflow Test-ConnectionWF{
    Write-Output "$($PSComputerName)에 대한 ICMP 테스트"
    Test-Connection -ComputerName $PSComputerName
}
```

다음 워크플로 실행 구문에서 일반 매개변수로 전달한 두 개의 값인 WEB1과 CA1은 워크플로 내의 Test-Connection 명령에서 사용된다.

```
Test-ConnectionWF -PSComputerName WEB1,CA1
```

```
PS C:\temp> Test-ConnectionWF -PSComputerName WEB1,CA1
WEB1에 대한 ICMP 테스트
CA1에 대한 ICMP 테스트

Source          Destination      IPV4Address      IPV6Address

------          -----------      -----------      -----------
WEB1            WEB1             192.168.20.22    fe80::f429:f61b:83e2:d125%3
CA1             CA1              192.168.20.52    fe80::ed56:21d6:eeb4:177c%7
WEB1            WEB1             192.168.20.22    fe80::f429:f61b:83e2:d125%3
CA1             CA1              192.168.20.52    fe80::ed56:21d6:eeb4:177c%7
WEB1            WEB1             192.168.20.22    fe80::f429:f61b:83e2:d125%3
CA1             CA1              192.168.20.52    fe80::ed56:21d6:eeb4:177c%7
```

그림 12.3 Test-ConnectionWF 실행 결과

워크플로를 실행할 때 워크플로 내의 런타임 변수의 값을 변경할 수도 있
다. 이때는 Set-PSWorkflowData 명령을 사용한다. 예를 들어 예제 12.3
의 워크플로를 실행할 때 사용자가 다른 인증 메커니즘으로 시도한다고
하자.

Test-ConnectionWF -PSComputerName WEB1,CA1 -PSAuthentication Credssp

이 워크플로를 실행할 때 인증 메커니즘을 변경하지 못하도록(비록 다른
값으로 지정하더라도) 워크플로 내에서 기본 인증 메커니즘(Default)을 강
제할 수 있다. 이때는 예제 12.4에서처럼 런타임 변수의 값을 원하는 값으
로 강제하도록 워크플로를 작성할 수 있다.

예제 12.4 Set-PSWorkflowData를 사용한 런타임 변수 값 변경(Chap12EX4.ps1)

```
#워크플로 일반 매개변수를 런타임 변수로 활용
workflow Test-ConnectionWF{
    #런타임 변수 변경.
    Set-PSWorkflowData -PSAuthentication Default
    Write-Output "$($PSComputerName)에 대한 ICMP 테스트"
    Test-Connection -ComputerName $PSComputerName
}
```

12.3 InlineScript 활동

파워셸 명령에 해당하는 활동이 없는 경우 이 명령을 워크플로에서 사용
할 수 있게 해주는 워크플로 활동이 InlineScript 활동이다. 여기에서는
파워셸 스크립트도 실행할 수 있다. 기본 구문은 다음과 같다.

```
workflow Verb-Name
{
    일반 파워셸 명령 (활동)
    inlineScript{ 제외된 명령 구문 또는 파워셸 스크립트 }
}
```

세 가지 사용 사례가 있다.

1. 워크플로에 적합하지 않아서 제외된 파워셸 명령을 실행하는 경우: 대
   부분의 파워셸 명령은 활동에 사용할 수 있지만, 워크플로에 적합하지
   않아서 제외된 명령도 있다. 대표적인 제외 명령은 표 12.2와 같다.

Add-History	Add-PSSnapin	Clear-History	Clear-Variable
Complete-Transaction	Debug-Process	Disable-PSBreakpoint	Enable-PSBreakpoint
Enter-PSSession	Exit-PSSession	Export-Alias	Export-Console
Get-Alias	Get-History	Get-PSBreakpoint	Get-PSCallStack
Get-PSSnapin	Get-Transaction	Get-Variable	Import-Alias
Invoke-History	New-Alias	New-Variable	Out-GridView
Out-Host	Remove-PSBreakpoint	Remove-PSSnapin	Remove-Variable
Set-Alias	Set-PSBreakpoint	Set-PSDebug	Set-StrictMode
Set-TraceMode	Set-Variable	Start-Transaction	Start-Transcript
Trace-Command	Undo-Transaction	Use-Transaction	

표 12.2 워크플로에서 적합하지 않은 파워셸 명령 목록

제외된 명령을 워크플로에서 사용해야 한다면, InlineScript 활동에서
이 명령을 실행해야 한다.

예를 들어 Get-Alias 명령을 워크플로 활동에서 실행하고 싶다면, 예
제 12.5와 같이 워크플로를 작성해야 한다.

예제 12.5 제외된 파워셸 명령을 실행하는 워크플로(Chap12EX5.ps1)

```
#워크플로에서 제외된 명령 실행
workflow Get-AliasWF{
    InlineScript{ Out-Host -InputObject "대상 컴퓨터의 별칭 목록을 가져옵니다."}
    InlineScript{ Get-Alias }
}
```

web1 서버에 이 워크플로를 실행하면 그림 12.4와 비슷할 것이다.

```
PS C:\> Get-AliasWF -PSComputerName web1

CommandType    Name                                Version   Source PSComp
                                                                    uterNa
                                                                    me

-----------    ----                                -------   ------ ------
Alias          % -> ForEach-Object                                 web1
Alias          ? -> Where-Object                                   web1
Alias          ac -> Add-Content                                   web1
Alias          asnp -> Add-PSSnapin                                web1
Alias          cat -> Get-Content                                  web1
Alias          cd -> Set-Location                                  web1
Alias          CFS -> ConvertFrom-String           3.1.0.0   Mic... web1
Alias          chdir -> Set-Location                               web1
```

그림 12.4 예제 12.5의 워크플로 실행 예

2. 해당 파워셀 명령에 일치하는 활동이 없지만 제외되지 않은 명령을 실행하는 경우: 이때는 워크플로 내에 InlineScript 활동 내에 해당 명령을 포함할 필요가 없다. InlineScript 활동에서 해당 명령을 암시적으로 실행하고 워크플로에 출력을 반환한다.

3. 워크플로에서 파워셀 스크립트를 실행하는 경우: 작성한 스크립트 파일(ps1)을 대상 컴퓨터에서 실행하고 워크플로로 출력을 반환할 수 있다. 예를 들어, 대상 컴퓨터의 시스템 정보를 가져오는 스크립트를 작성했다고 하자(예제 12.6).

예제 12.6 시스템 정보를 가져오는 스크립트(Chap12EX6.ps1)

```
#대상 컴퓨터를 매개변수로 받는다.
Param($Target)

#컴퓨터의 주요 하드웨어 제원
$MB = Get-WmiObject Win32_BaseBoard -ComputerName $Target
$CPU = Get-WmiObject Win32_Processor -ComputerName $Target
$VGA = Get-WmiObject Win32_VideoController -ComputerName $Target
$GenInfo= Get-WmiObject Win32_ComputerSystem -ComputerName $Target
$Name = $GenInfo.Name
$RAM = $GenInfo.TotalPhysicalMemory

#새로운 컴퓨터 정보 개체 생성
$ComInfo = new-object PSObject -Property @{
    'Motherboard' = $MB.Product
    'Name' = $Name
    'CPU' = $CPU.Name
    'Cores' = $CPU.NumberOfCores
    'GPU' = $VGA.Name
    'RAM' = [Math]::Round($RAM/1GB)
```

```
    }
    return $ComInfo
```

이 스크립트를 워크플로에서 호출하기 위해서는 InlineScript 활동에 포함해야 한다. 워크플로는 여러 컴퓨터를 대상으로 실행할 수 있도록 설계되어 있기 때문에 외부 스크립트를 실행할 때는 스크립트 파일을 별도의 공유 폴더에 넣어두고 UNC 경로(절대 경로)를 사용한다. 예제 12.7은 예제 12.6의 스크립트를 호출하는 워크플로를 작성한 것이다.

예제 12.7 외부 스크립트를 실행하는 워크플로(Chap12EX7.ps1)

```
#워크플로에서 스크립트 실행
workflow Run-PSScriptWF{
    Param($PSComputerName)
    $MachineInfo=InlineScript {
        \\CA1\SharePSScript\Chap12EX4.ps1 -Target $using:PSComputerName
    } -PSPersist $true
    Write-Output "[### $($MachineInfo.Name)의 시스템 정보 ###]"
    Write-Output "1. 메인보드는 $($MachineInfo.Motherboard)입니다."
    Write-Output "2. CPU는 $($MachineInfo.CPU)이며,
                    코어는 $($MachineInfo.Cores)개 입니다."
    Write-Output "3. 메모리는 $($MachineInfo.RAM)GB 입니다."
    Write-Output "4. 그래픽 카드는 $($MachineInfo.GPU)입니다."
}
```

이 워크플로는 CA1이라는 서버의 공유 폴더에서 스크립트를 호출하고 있다. –PSPersist 활동 매개변수를 사용해 스크립트가 완료된 경우 검사점(워크플로의 현재 상태에 대한 스냅숏)을 만들도록 했다. 그림 12.5에서 WEB1이라는 서버에 대해 방금 작성한 워크플로의 실행 결과를 볼 수 있다.

```
PS C:\temp> Run-PSScriptWF -PSComputerName web1
[### WEB1의 시스템 정보 ###]
1. 메인보드는 Virtual Machine입니다.
2. CPU는 Intel(R) Core(TM) i7-4770 CPU @ 3.40GHz이며 코어는 1개 입니다.
3. 메모리는 2GB 입니다.
4. 그래픽 카드는 Microsoft Hyper-V 비디오입니다.
```

그림 12.5 예제 12.7 워크플로 실행 결과

☑ **UNC 경로에서 스크립트 실행 시 보안 예외가 발생하는 경우**

1. 서명되지 않은 스크립트의 경우 실행 정책을 RemoteSigned나 Unrestricted로 변경

---

2. 서버 관리자에서 IE 보안 강화 옵션 해제

3. 도메인 환경의 경우 그룹 정책에서 사용자 및 컴퓨터 정책 모두에 대해 '인트라넷
   사이트: 전체 네트워크 경로(UNC) 포함'을 **사용** 설정(그림 12.6).

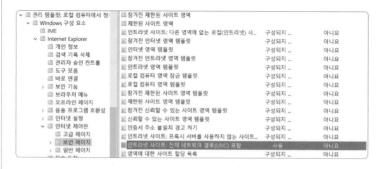

그림 12.6 그룹 정책에서 UNC 경로 허용

12.4 병렬 실행과 순서대로 실행

실제 워크플로를 사용할 결심을 굳히게 되는 환경은 특정 작업을 병렬로
실행하면서 일부 작업은 순서를 지켜야 하는 경우다. 예를 들어, 새로운 직
원이 입사했을 때 IT에서 다음과 같은 작업을 해야 한다고 하자.

1. 논리적 망분리를 위한 전용 VDI 생성
2. AD 계정 만들기
3. Exchange 서버 메일 사서함 만들기
4. 개인 컴퓨터 도메인 가입

여기서 병렬로 실행할 수 있는 작업은 1, 2-3, 4의 3가지다. 하지만 2와 3은
순서대로 실행되어야 한다. AD 계정을 만들기 전에는 메일 사서함을 만들
수 없기 때문이다.

병렬 실행: Parallel

병렬 실행은 워크플로 내에서 명령을 동시에 실행하는 명령이며 Parallel
키워드를 사용한다. 병렬 실행에 잘 맞는 활동(명령)은 다음 두 가지이다.

1. 데이터를 공유하지 않는 명령. 예를 들면 Get-Process와 Get-Service 와 같은 명령은 서로 독립적이다.
2. 컬렉션을 대상으로 실행되는 명령. 대부분의 ForEach 문.

워크플로 내에서 특별한 순서 없이 동시에 실행할 수 있는 활동을 작성할 때는 Parallel이나 ForEach -Parallel 블록을 작성한다.

먼저 Parallel은 블록 내의 활동을 동시에 실행한다. Parallel 블록을 사용한 워크플로 병렬 실행 구문은 다음과 같다.

```
workflow Verb-Noun
{
    Parallel
    {
        <활동>
        <활동>
    }
}
```

다음으로 ForEach는 지정한 컬렉션의 각 항목에 스크립트 블록의 명령을 실행할 때 사용하는 구문이다. 워크플로에서 ForEach에 -Parallel 매개변수를 사용하면 컬렉션 항목은 동시에 처리되고 스크립트 블록 내의 명령은 순서대로 실행된다.

-Parallel 매개변수를 사용해 워크플로를 작성할 경우 명령 구문은 다음과 같다.

```
workflow Verb-Noun
{
    ForEach -Parallel ($<항목> in $<컬렉션>)
    {
        <활동1>
        <활동2>
    }
}
```

예를 들어 Windows Server 2016 Hyper-V에 10대의 가상 머신을 만들어야 한다면 예제 12.8처럼 워크플로에서 ForEach -Parallel 구문을 사용해 가상 머신을 빠르고 효과적으로 프로비저닝할 수 있다.

예제 12.8 ForEach -Parallel을 사용한 VM 자동 프로비저닝(Chap12EX8.ps1)

```
workflow New-VMsWF{
    #만들 VM의 수
    $VMs= 1..10

    Foreach -Parallel ($vm in $VMs)
    {
        #VDI를 만들기 위한 기본 정보
        $VMName = "VDI$vm"
        [int64]$VMRam=512MB
        $VMPath="M:\VMs\VDIs\"
        $VHDPath="M:\VMs\VDIs\$VMName\"
        $HyperV_Host="LW-MCT-WS2016"
        $VMSwitch="Private Network"

        #새로운 가상 하드디스크를 만든다.
        New-VHD -Path "$VHDPath$VMName.vhdx" -SizeBytes 10GB
        #새로운 가상 머신을 만든다.
        New-VM -Path "$VMPath" -Name $VMName -VHDPath
            "$VHDPath$VMName.vhdx" `
        -MemoryStartupBytes $VMRam -ComputerName $HyperV_Host
        #만든 가상 머신에 가상 스위치를 연결한다.
        Connect-VMNetworkAdapter -VMName $VMName -SwitchName $VMSwitch
            -ComputerName $HyperV_Host
    }
}
```

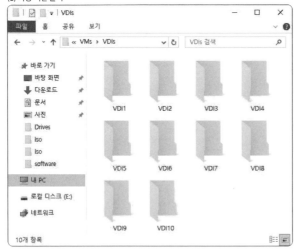

(1) 가상 머신 폴더

(2) 프로비저닝된 가상 머신

그림 12.7 예제 12.8 실행 결과

병렬 실행은 많은 컴퓨터를 대상으로 워크플로를 실행할 때 성능을 크게 향상시킬 수 있으므로 사용을 권장한다.

순서대로 실행: Sequence

순서대로 실행은 워크플로 내의 병렬 실행 블록 내에서 선택된 명령을 순차적으로 실행하는 것이며 Sequence 키워드를 사용한다.

Sequence 블록은 Parallel 블록 내의 다른 명령과 병렬로 실행되지만, Sequence 블록 내의 명령은 순서대로 실행된다. Sequence 블록을 사용하는 워크플로 구문의 형식은 다음과 같다.

```
workflow Verb-Noun
{
    Parallel
    {
        <활동1>
        <활동2>

        sequence
        {
            <활동3>
            <활동4>
        }

        ...
    }
}
```

> 따라해보기 **Active Directory 계정 프로비저닝**
>
> 이 실습에는 도메인 컨트롤러가 필요하다. 여기서 설명하는 도메인 컨트롤러의 이름은 DC1이라고 하며, 도메인은 MyDomain.local이다.
>
> 1. 워크플로에서 수행할 활동 목록을 정리한다. 이때 병렬로 수행할 활동과 순서대로 수행할 활동을 구분한다.
>
> | 전체 순서 | 활동 내용 | 활동 병렬/ 순차실행 |
> |---|---|---|
> | 1. | 생성할 사용자 계정과 컴퓨터 계정의 수, 기본 암호 정보를 가져온다. | |

2.	사용자 OU를 만든다.	Parallel
	컴퓨터 OU를 만든다.	
3.	10명의 사용자 OU에 사용자 계정을 만든다.	Foreach -Parallel
	사용자 계정을 활성화 한다.	
4.	10대의 컴퓨터 OU에 컴퓨터 계정을 만든다.	Foreach -Parallel

2. 앞에서 정리한 활동 목록을 이용해 워크플로를 의사코드로 작성해본다. 의사코드

   는 많은 프로그래머들이 쉬운 용어로 코드 조각의 논리를 매칭시키는 작업이다.

```
workflow CreateADAccount{
    Read Number Of Users
    Read Number Of Computers
    Read Initial Password

    Sequence{
        Parallel{
            Create User OU
            Create Computer OU
        }

        Foreach -Parallel{
            Create User Account
            Enable User Account
        }

        Foreach -Parallel{
            Create Computer Account
        }
    }
}
```

3. 워크플로의 이름을 Provision-ADAccoutWF로 결정하고 워크플로의 코드를 작

   성한다(예제 12.9).

예제 12.9 AD 계정 프로비저닝 의사코드를 구현한 워크플로(Chap12EX9.ps1)

```
#Active Directory 계정 프로비저닝 워크플로
workflow Provision-ADAccountWF{
    $Users= 1..10
    $Computers=1..10
    $Password=ConvertTo-SecureString -AsPlainText -String
        "Pa`$`$w0rd" -Force

    Sequence{
        Parallel{
            New-ADOrganizationalUnit -Path
                "DC=MyDomain,DC=local" -Name Employees
```

```
                    New-ADOrganizationalUnit -Path
                        "DC=MyDomain,DC=local" -Name MyComputers
            }

            Foreach -Parallel ($user in $Users)
            {
                New-ADUser -AccountPassword $password  -Name
                    "User$user" `
                -Path "OU=Employees,DC=MyDomain,DC=local"
                    -SamAccountName "User$user" `
                    -UserPrincipalName "User$User@mydomain.local"
                    Enable-ADAccount -Identity "User$user"
            }

            Foreach -Parallel ($com in $Computers)
            {
                New-ADComputer -Path
                    "OU=MyComputers,DC=MyDomain,DC=local" -Name
                    "Com$com"
            }

        }
    }
```

4. 작성한 워크플로를 테스트한다.

    PS C:\> Provision-ADAccountWF

(1) 사용자 OU와 사용자 계정

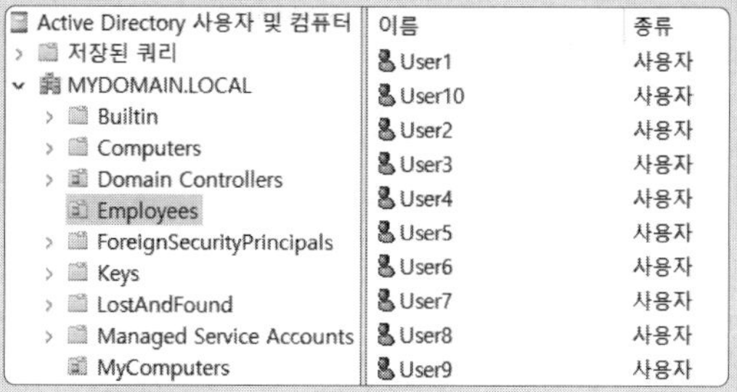

(2) 컴퓨터 OU와 컴퓨터 계정

그림 12.8 AD 계정 프로비저닝 워크플로 실행 결과

12.5 정리

특정 작업을 수행하는 과정에서 일정한 통제가 필요하고, 일련의 작업을 순서대로 실행해야 할 때 사용하는 기술이 워크플로다. 인프라에서 동시에 여러 서버를 특정 구성으로 프로비저닝하거나 다수의 원격 컴퓨터에서 작업을 실행하고 과정을 관리해야 하는 경우, 사용자 계정을 생성하고 전자메일 사서함을 연결한 다음 사용자의 컴퓨터를 프로비저닝하고 도메인 가입을 진행하는 등의 작업은 파워셸 워크플로를 사용하기 좋은 사례다.

12장에서는 워크플로의 개념과 워크플로를 사용하기 적당한 시나리오, 워크플로를 작성하고 실행하는 방법과 더불어 워크플로에서 매개변수와 런타임 변수를 사용해 정보를 전달하는 방법을 학습했다. 워크플로의 기본 작업 단위인 활동과 InlineScript 활동이 무엇이고 왜 사용하는지에 대해서도 배웠다. 마지막으로, 워크플로를 사용하는 시나리오에 주로 등장하는 병렬 실행과 순차적 실행에 대한 개념을 이해하고 파워셸 워크플로에서 병렬 실행과 순차적 실행을 구현하는 방법을 익혔다.

13장

파워셸의 작업 관리

기본적으로 파워셸은 명령이 완료될 때까지 콘솔에 제어권을 돌려주지 않는다. 즉, 명령을 실행하면 완료되고 다시 프롬프트 상태가 될 때까지 기다려야 된다. 그런데 오랫동안 실행되는 명령이나 스크립트를 실행했다면, 이 세션에서 만든 결과를 사용하기 위해 무작정 기다리는 건 너무 비효율적이다.

13장에서는 이런 문제를 효과적으로 해결할 수 있는 기술인 작업(Job) 관리 기능을 학습한다. 파워셸 2.0에서 오랫동안 실행되는 명령을 백그라운드 작업으로 돌리고 다른 명령을 수행하다가, 작업이 끝나면 결과를 살펴볼 수 있는 백그라운드 작업 관리 기능을 처음 소개했다. 3.0에 와서 특정 태스크(Task)에 특화된 기능을 제공하는 작업(Job) 유형이라는 개념을 적용해 다양한 작업을 백그라운드로 실행할 수 있게 되었고, 예약 작업 관리 기능까지 확장되었다.

13장에서 파워셸 작업에 관해 살펴볼 내용은 다음과 같다.

- 작업의 개념과 유형
- 백그라운드 작업
- 예약 작업

13.1 백그라운드 작업

백그라운드(background) 작업은 현재 세션과 상호작용하지 않고 백그라운드에서 명령이나 식을 실행하는 방법이다. 백그라운드 작업의 상대어는 포그라운드(foreground) 작업이라고 할 수 있겠다. 포그라운드는 세션 전면에 작업의 실행이 드러나는 시각화된 작업이고 백그라운드 작업은 세션 뒤에서 드러나지 않고 실행되는 작업이다.

백그라운드 작업을 시작하면 오래 걸리는 작업이라 하더라도 명령 프롬프트가 바로 반환되어 세션에서 다른 작업을 계속할 수 있다. 파워셸 명령은 백그라운드 실행이 가능하다. 이때 각 작업의 명령 결과는 메모리에 저장되므로 내용을 확인하려면 별도로 조회해야 한다.

작업 유형

백그라운드 작업의 유형은 4가지로 나눌 수 있다.

1. 로컬 작업

로컬 컴퓨터에서 실행하는 작업이다. 이러한 작업은 일반적으로 로컬 리소스를 액세스하지만, 원격 컴퓨터에서 실행할 명령을 로컬 작업으로 만들 수도 있다. -ComputerName이라는 매개변수를 포함하는 명령을 사용하면, 원격 컴퓨터에 연결을 만들어 로컬 작업을 전송할 수 있다. 예를 들면 다음과 같은 방식이다.

```
Get-Service -Name * -ComputerName SVR1
```

2. 원격 작업

파워셸 원격 관리(Remoting)를 사용해서 다수의 컴퓨터로 명령을 보내고 원격 컴퓨터에서 작업을 수행하는 방식이다. 이 명령은 원격 컴퓨터에서 실행되고 결과를 로컬 컴퓨터의 메모리로 반환한다. 원격 작업은 원격 관리를 사용해 원격 컴퓨터에 명령을 전송하고 원격 컴퓨터의 리소스에 이들 명령을 실행하기 때문에 거의 모든 명령을 작업에 포함할 수 있다.

이 유형의 작업은 원격 컴퓨터에서 파워셸 원격 관리가 활성화되어 있어야 가능하다. 작업을 만든 컴퓨터에서 원격 관리를 활성화할 필요는 없다.

–AsJob 매개변수를 추가해 원격 작업을 백그라운드 작업으로 처리할 수 있다.

3. WMI 작업

Windows Management Instrumentation(윈도우 관리 인프라)을 사용하는 작업이다. 이 명령은 로컬 컴퓨터뿐만 아니라 원격 컴퓨터의 WMI 서비스에 연결할 수도 있다. –AsJob 매개변수를 추가해 WMI 작업을 백그라운드 작업으로 처리할 수 있다.

4. 워크플로 작업

12장에서 배운 워크플로도 백그라운드 작업으로 실행할 수 있다. 워크플로 작업은 상태가 유지되고, 일시 중지나 재시작이 가능하다. 파워셸 워크플로 엔진은 모든 워크플로에 대해 자동으로 작업 관리 기능을 수행하므로 –AsJob 매개변수를 추가하면 백그라운드 작업으로 실행할 수 있다.

이런 유형의 작업들은 서로 다른 특징이 있다. 로컬 작업과 원격 작업은 파워셸의 숨겨진 인스턴스인 백그라운드 파워셸 실행 영역(runspace)에서 수행된다.

작업 시작하기

앞서 설명한 백그라운드 작업 유형은 작업을 시작하는 방식이 각기 다르다. 작업 유형별로 작업을 시작하는 방법을 살펴보자.

1. 로컬 작업

로컬 작업은 Start-Job 명령으로 시작한다. 자주 사용하는 구문 형식과 옵션은 표 13.1과 같다.

| 구문 형식 | Start-Job | [-ScriptBlock] <스크립트블록> [[-InitializationScript] <스크립트블록>] [-ArgumentList <개체[]>] [-Authentication <인증메커니즘>] [-Credential <PS자격증명>] [-Name <작업이름>] [-PSVersion <버전>] [-RunAs32] |
| | | [-FilePath] <문자열> [[-InitializationScript] <스크립트블록>] [-ArgumentList <개체[]>] [-Authentication <인증메커니즘>] [-Credential <PS자격증명>] [-Name <작업이름>] [-PSVersion <버전>] [-RunAs32] |

옵션	설명
-Name	새로운 작업에 대한 친숙한 이름
-ScriptBlock	백그라운드 작업으로 실행할 단일 명령 또는 몇 가지 명령 지정
-FilePath	백그라운드 작업에서 실행할 전체 스크립트 경로 지정
-Credential	작업을 수행할 권한을 가진 사용자 계정 지정. 기본 값은 현재 사용자
-Authentication	사용자 자격 증명을 인증하는 데 사용하는 메커니즘 지정. 기본 값은 Default 이며, 다른 옵션으로 Basic, CredSSP, Digest, Kerberos, Negotiate, 그리고 NegotiateWithImplicitCredential이 있다
-Initialization-Script	작업을 시작하기 전에 실행하는 명령 지정. 예를 들어, 함수나 스냅인, 모듈을 현재 세션에 추가
-RunAs32	해당 명령이 작업을 32비트 프로세스로 실행하도록 지정
-PSVersion	특정 파워셸 버전으로 작업을 실행하도록 지정
-ArgumentList	FilePath 매개변수에서 지정한 스크립트에 대해 매개변수 배열이나 매개변수 값 지정

표 13.1 Start-Job 구문 형식과 옵션

추가적인 구문 형식에 대해서는 파워셸 도움말을 확인하자.

작업은 순차적인 작업 ID와 기본 작업 이름을 부여한다. 할당된 작업 ID 는 변경하지 못하지만, -Name 매개변수를 사용해 원하는 작업 이름(사용자 지정 작업)을 지정할 수는 있다. 사용자 지정 작업 이름을 사용하면 작업 목록에서 작업을 식별하고 해당 작업을 조회하기 쉽다.

예를 들어 C 드라이브를 재귀적으로 조회하는 백그라운드 작업은 다음 과 같이 작성할 수 있다. 실행 결과는 그림 13.1과 같다.

```
Start-Job -ScriptBlock { Dir C:\ -Recurse } -Name ListingDrive_C
```

```
PS C:\> Start-Job -ScriptBlock { Dir C:\ -Recurse } -Name ListingDrive_C

Id    Name           PSJobTypeName   State     HasMoreData    Location  Command
--    ----           -------------   -----     -----------    --------  -------
3     ListingDrive_C BackgroundJob   Running   True           localhost Dir C:\ -Recurse
```

그림 13.1 백그라운드 작업으로 실행한 명령

방화벽 규칙을 출력하는 파워셀 스크립트를 백그라운드 작업으로 실행할
경우 예제 13.1과 같이 작성할 수 있다. 실행 결과는 그림 13.2와 같다.

```
Start-Job -FilePath C:\Temp\Chap13EX1.ps1 -Name CheckFW_Rule
```

예제 13.1 활성화된 방화벽 규칙을 출력하는 스크립트(Chap13EX1.ps1)

```
#방화벽 규칙이 활성화된 방향 별로 정렬하여 출력
Show-NetfirewallRule | Sort-Object direction | `
Where-Object enabled -eq "true" | Format-Table -property `
@{label="Name" ; expression={$_.displayname}}, `
@{label="Direction" ; expression={$_.direction}}
```

```
PS C:\> Start-Job -FilePath C:\Temp\Chap13EX1.ps1 -Name CheckFW_Rule

Id    Name           PSJobTypeName   State     HasMoreData    Location  Command
--    ----           -------------   -----     -----------    --------  -------
15    CheckFW_Rule   BackgroundJob   Running   True           localhost #방화벽 규칙이
```

그림 13.2 백그라운드 작업으로 실행한 스크립트 파일

2. 원격 작업

원격 작업은 Invoke-Command로 시작한다. 이 명령에 —AsJob 매개변수를 추
가하면 백그라운드 작업으로 실행하며 —JobName 매개변수를 사용하면 사
용자 지정 작업 이름을 지정할 수 있다.

예를 들어 WEB1과 CA1 서버에서 시스템 이벤트 로그를 가져오는 원격
작업을 백그라운드로 실행한다면 구문은 다음과 같다. 실행 결과는 그림
13.3과 같다.

```
Invoke-Command -ScriptBlock { Get-EventLog -LogName System -Newest 5 }
-ComputerName WEB1,CA1 -AsJob -JobName RemEvtLogs
```

```
Id    Name           PSJobTypeName   State     HasMoreData    Location
--    ----           -------------   -----     -----------    --------
345   RemEvtLogs     RemoteJob       Running   True           WEB1,CA1
```

그림 13.3 백그라운드 작업으로 실행한 원격 작업

—ComputerName 매개변수로 지정한 두 대의 컴퓨터 각각에서 Get-EventLog
명령을 로컬로 실행하고 결과를 반환한다.

원격 작업은 Invoke-Command를 실행한 컴퓨터에서 생성하고 관리한다. 이 컴퓨터를 시작 컴퓨터라고 하며 원격 컴퓨터에서 작업을 실행하고 결과를 이 시작 컴퓨터로 반환한다. 시작 컴퓨터는 메모리에 작업의 결과를 저장한다.

3. WMI 작업

WMI 작업은 파워셸 3.0부터 사용할 수 있는 Get-WmiObject 명령을 사용한 작업이다. 이 명령에 -AsJob 매개변수를 추가하면 백그라운드 스레드에서 명령을 실행할 수 있다. 사용자 지정 작업 이름은 사용할 수 없다. Get-WmiObject에 사용할 수 있는 기타 다양한 매개변수는 도움말을 참고하자.

WMI 작업은 시작 컴퓨터나 원격 컴퓨터에서 파워셸 원격 관리 설정이 필요하지 않다. 원격 컴퓨터에서 WMI를 실행 중이고 기본 구성에서는 현재 사용 중인 계정이 로컬 관리자 그룹의 멤버여야 한다. 도메인 환경에서는 Performance Monitor Users 그룹이나 도메인 관리자 그룹 멤버여야 한다.

예를 들어 WEB1과 CA1 서버에서 WMI 작업으로 이벤트 로그 목록을 가져오는 원격 작업을 백그라운드로 실행한다면 구문은 다음과 같다.

```
Get-WmiObject -Class Win32_NTEventLogFile -ComputerName WEB1,CA1
-AsJob
```

실행 결과는 그림 13.4와 같다.

```
PS C:\> Get-WmiObject -Class Win32_NTEventLogFile -ComputerName WEB1,CA1 -AsJob

Id    Name        PSJobTypeName    State      HasMoreData    Location
--    ----        -------------    -----      -----------    --------
391   Job391      WmiJob           Running    True           WEB1,CA1
```

그림 13.4 백그라운드로 작업으로 실행한 WMI 작업

☑ **Get-WmiObject 명령의 백그라운드 작업 실패**

-AsJob 스위치를 붙여 WMI 작업을 백그라운드로 실행했을 때 작업이 실패한다면, 해당 백그라운드 작업에 대해 그림 13.5와 같은 실패 메시지를 확인할 수 있다.

```
PS C:\temp> Receive-Job -Id 362
RPC 서버를 사용할 수 없습니다. (예외가 발생한 HRESULT: 0x800706BA)
    + CategoryInfo          : InvalidResult: (:) [], COMException
    + FullyQualifiedErrorId : JobStateFailed
```

그림 13.5 WMI 작업의 백그라운드 실행 실패 내용

이 경우 시작 컴퓨터와 원격 컴퓨터의 [고급 보안이 포함된 윈도우 방화벽]의 [인바운드 규칙]에서 두 개의 WMI 규칙을 사용하는지 확인하자(그림 13.6).

그림 13.6 WMI 규칙 사용

4. 워크플로 작업

워크플로는 파워셸에서 명령의 한 유형이며, 앞서 사용한 명령과 함수, 스크립트와 동일한 사용 경험을 제공한다. 워크플로를 작성하고 백그라운드 작업으로 실행할 때는 -AsJob 스위치를 사용하며, 이때 -JobName 매개변수를 통해 사용자 지정 작업 이름을 할당할 수 있다.

예를 들어 예제 13.2처럼 간단한 정보를 출력하는 Show-SomeInfoWF 워크플로를 작성했다고 하자.

예제 13.2 Show-SomeInfoWF(Chap13EX2.ps1)

```
Workflow Show-SomeInfoWF{
    Write-OutPut -InputObject "착한 치과 정보를 가져옵니다."
    Start-Sleep -Seconds 5
    Write-Output -InputObject "주위의 착한 치과를 검색 중입니다."
    Start-Sleep -Seconds 5
    Checkpoint-Workflow
    Write-Output -InputObject "남서쪽 방향 50m 거리에 있습니다."
}
```

이 워크플로를 SomeInfoWFJob이라는 작업 이름의 백그라운드 작업으로 실행하는 구문은 다음과 같다.

```
Show-SomeInfoWF -AsJob -JobName SomeInfoWFJob
```

실행 결과는 그림 13.7과 같다.

```
PS C:\> Show-SomeInfoWF -AsJob -JobName SomeInfoWFJob

Id      Name            PSJobTypeName   State        HasMoreData Location  Command
--      ----            -------------   -----        ----------- --------  -------
17      SomeInfoWFJob   PSWorkflowJob   Running      True        localhost Show-SomeInfoWF
```

그림 13.7 백그라운드 작업으로 실행한 워크플로 작업

작업 조회

백그라운드 작업을 시작하면 작업 개체를 얻게 된다. 이 개체로 해당 작업을 모니터링하고 관리할 수 있다.

각 작업은 최소 두 개의 작업 개체로 구성된다. 부모 작업이 최상위 개체이며 작업에 연결된 컴퓨터 수가 얼마나 되는지 상관없이 전체 작업을 나타낸다. 부모 작업에는 하나 이상의 자식 작업이 있다. 각 자식 작업은 단일 컴퓨터를 나타낸다. 로컬 작업에서는 자식 작업이 하나뿐이다. 원격 작업과 WMI 작업의 경우에는 지정한 각 컴퓨터별로 수행하는 작업이 자식 작업이다.

1. 부모 작업 조회

현재 모든 작업 목록을 조회하는 명령이 Get-Job이다. –ID나 –Name 매개변수에 작업 ID나 작업 이름을 추가하면 지정한 작업 목록을 얻을 수 있다. 이 작업 ID를 사용해 자식 작업을 조회할 수도 있다.

그림 13.8은 앞서 시작한 작업 전체와 이름, ID로 각각 조회해본 것이다.

```
PS C:\> Get-Job

Id      Name            PSJobTypeName   State        HasMoreData Location
--      ----            -------------   -----        ----------- --------
3       ListingDrive_C  BackgroundJob   Running      True        localhost
5       RemEvtLogs      RemoteJob       Completed    True        WEB1,CA1
8       Job8            WmiJob          Completed    True        WEB1,CA1
11      SomeInfoWFJob   PSWorkflowJob   Running      True        localhost


PS C:\> Get-Job -Name SomeInfoWFJob

Id      Name            PSJobTypeName   State        HasMoreData Location
--      ----            -------------   -----        ----------- --------
11      SomeInfoWFJob   PSWorkflowJob   Completed    True        localhost


PS C:\> Get-Job -Id 5

Id      Name            PSJobTypeName   State        HasMoreData Location
--      ----            -------------   -----        ----------- --------
5       RemEvtLogs      RemoteJob       Completed    True        WEB1,CA1
```

그림 13.8 Get-Job을 사용한 부모 작업 조회

각 작업에는 상태가 있다. 부모 작업의 상태는 항상 자식 작업 중 실패한 자식 작업의 상태를 대표로 표시한다. 부모가 3개의 자식 작업을 가지고 있고, 이들 작업 중 2개가 성공적으로 끝나고 1개가 실패하면 부모 작업은 Failed로 표시된다.

2. 자식 작업 조회

현재 사용 중인 파워셸 버전에 따라 지정한 부모 작업의 자식 작업 목록을 확인하는 방법은 두 가지다.

- 부모 작업 개체를 조회하고 파이프라인을 통해 ChildJobs 속성을 확장한다. 이 방법은 파워셸 2.0에서도 동작한다. 예를 들어 RemEvtLogs라는 원격 작업의 자식 작업 목록을 조회할 경우 다음의 구문을 실행한다.

```
Get-Job -Name RemEvtLogs | Select-Object -ExpandProperty ChildJobs
```

```
PS C:\> Get-Job -Name RemEvtLogs | Select-Object -ExpandProperty ChildJobs

Id      Name           PSJobTypeName     State        HasMoreData     Location
--      ----           -------------     -----        -----------     --------
6       Job6                             Completed    True            WEB1
7       Job7                             Completed    True            CA1
```

그림 13.9 ChildJobs 속성을 사용한 자식 작업 목록 확인

- 파워셸 3.0 이상이라면 Get-Job의 -IncludeChildJobs 매개변수를 사용해서도 특정 작업의 자식 작업을 조회할 수 있다. 앞서의 RemEvtLogs 작업의 자식 목록을 조회한다면 다음의 구문을 실행한다. 이 경우는 그림 13.10과 같이 부모 작업 정보까지 출력한다.

```
Get-Job -Name RemEvtLogs -IncludeChildJob
```

```
PS C:\> Get-Job -Name RemEvtLogs -IncludeChildJob

Id      Name           PSJobTypeName     State        HasMoreData     Location
--      ----           -------------     -----        -----------     --------
5       RemEvtLogs     RemoteJob         Completed    True            WEB1,CA1
6       Job6                             Completed    True            WEB1
7       Job7                             Completed    True            CA1
```

그림 13.10 -IncludeChildJob를 사용한 자식 작업 목록 확인

이 두 가지 방법을 통해 자식 작업의 ID와 작업 개체의 이름을 확인할 수
있다.

작업 관리

파워셸의 백그라운드 작업 관리에는 작업 일시 중지와 작업 재시작, 작업
조회, 작업 중지, 작업 제거, 작업 대기가 있다. 작업 관리 명령은 파이프
라인을 통해 관리할 작업을 넘겨받거나 -ID나 -Name 매개변수를 사용해 관
리할 작업을 지정해야 한다. 이 두 가지 매개변수는 모두 쉼표로 분리된 여
러 개의 값을 받을 수 있다. 주요 작업 관리 명령은 다음과 같다.

1. 작업 일시 중지: Suspend-Job

현재 실행 중인 워크플로 작업을 일시 중지할 때 사용한다. 예를 들어
SomeInfoWFJob을 일시 중지하려면 다음 중 하나의 구문을 실행한다.

- Get-Job -Name SomeInfoWFJob | Suspend-Job
- Suspend-Job -Name SomeInfoWFJob

```
PS C:\> Get-Job -Name SomeInfoWFJob

Id    Name           PSJobTypeName   State       HasMoreData   Location
--    ----           -------------   -----       -----------   --------
36    SomeInfoWFJob  PSWorkflowJob   Suspended   True          localhost
```

그림 13.11 작업 일시 중지

2. 작업 재시작: Resume-Job

현재 일시 중지된 워크플로 작업을 다시 시작할 때 사용한다. 예를 들어
SomeInfoWFJob을 다시 시작하려면 다음 중 하나의 구문을 실행한다.

- Get-Job -Name SomeInfoWFJob | Resume-Job
- Resume-Job -Name SomeInfoWFJob

```
PS C:\> Resume-Job -Name SomeInfoWFJob

Id    Name           PSJobTypeName   State     HasMoreData   Location
--    ----           -------------   -----     -----------   --------
36    SomeInfoWFJob  PSWorkflowJob   Running   True          localhost
```

그림 13.12 작업 다시 시작

> ☑ **CheckPoint-Workflow 활동**
>
> Suspend-Job과 Resume-Job은 워크플로 작업에 대해서만 사용할 수 있다. 이 두 가지 명령을 사용하려면 워크플로를 작성할 때 checkPoint-Workflow로 검사점을 먼저 작성해야 한다. Suspend-Job을 실행하면 검사점까지 실행하고 일시 중지되며, 이때 바로 워크플로 작업 개체를 반환한다.

3. 작업 조회: Receive-Job

작업이 실행되면서 만들어진 결과는 메모리에 저장된다. 백그라운드 작업 목록에서는 현재 작업의 상태와 함께 작업 결과의 저장 여부를 보여준다

그림 13.12에서 작업 ID 36은 실행 중이지만, HasMoreData 속성의 값이 True여서 메모리에 결과가 이미 저장되었음을 알 수 있다. 이 작업의 결과를 조회하려면 Receive-Job 명령을 사용한다. 다음 구문의 실행 결과는 그림 13.13과 같다.

```
Receive-Job -ID 36
```

```
PS C:\> Receive-Job -Id 36
착한 치과 정보를 가져옵니다.
주위의 착한 치과를 검색 중입니다.
남서쪽 방향 50m 거리에 있습니다.
```

그림 **13.13** 백그라운드 작업 결과 확인

메모리에서 작업 결과를 꺼내오면 데이터는 메모리에서 제거된다. 즉, 다시 Receive-Job을 실행해도 결과를 확인하지 못한다는 뜻이다. 하지만 –Keep 스위치를 사용하면 작업 결과의 사본을 메모리에 유지시킬 수 있어서 나중에 다시 작업 결과를 확인할 수 있다. 물론 나중에 다시 작업 결과를 가져올 때 –Keep 스위치를 사용하지 않으면 메모리에서 작업 결과는 삭제된다.

그림 13.14를 보면 WMI 작업을 실행하고 결과를 조회할 때 –Keep 스위치를 사용했다.

```
PS C:\> Get-WmiObject -Class Win32_NTEventLogFile -ComputerName WEB1,CA1 -AsJob

Id      Name            PSJobTypeName      State            HasMoreData      Location
--      ----            -------------      -----            -----------      --------
38      Job38           WmiJob             Running          True             WEB1,CA1

PS C:\> Receive-Job -Id 38 -Keep

FileSize LogfileName                   Name
-------- -----------                   ----
20975616 Application                   C:\Windows\System32\Winevt\Logs\Application.evtx
   69632 HardwareEvents                C:\Windows\System32\Winevt\Logs\HardwareEvents.evtx
   69632 Internet Explorer             C:\Windows\System32\Winevt\Logs\Internet Explorer...
   69632 Key Management Service        C:\Windows\System32\Winevt\Logs\Key Management Se...
20975616 Security                      C:\Windows\System32\Winevt\Logs\Security.evtx
20975616 System                        C:\Windows\System32\Winevt\Logs\System.evtx
 2166784 Windows PowerShell            C:\Windows\System32\Winevt\Logs\Windows PowerShel...

PS C:\> Receive-Job -Id 38

FileSize LogfileName                   Name
-------- -----------                   ----
20975616 Application                   C:\Windows\System32\Winevt\Logs\Application.evtx
   69632 HardwareEvents                C:\Windows\System32\Winevt\Logs\HardwareEvents.evtx
   69632 Internet Explorer             C:\Windows\System32\Winevt\Logs\Internet Explorer...
   69632 Key Management Service        C:\Windows\System32\Winevt\Logs\Key Management Se...
20975616 Security                      C:\Windows\System32\Winevt\Logs\Security.evtx
20975616 System                        C:\Windows\System32\Winevt\Logs\System.evtx
 2166784 Windows PowerShell            C:\Windows\System32\Winevt\Logs\Windows PowerShel...
```

그림 13.14 -Keep 스위치를 사용한 작업 결과 확인

부모 작업의 결과를 조회하면 모든 자식 작업에서 결과를 가져온다. 특정 자식 작업이나 여러 자식 작업의 결과를 필요에 따라 선택적으로 가져올 수도 있다. 이때는 부모 작업에 포함된 자식 작업 목록을 확인한 뒤 자식 작업의 ID나 이름을 사용해 결과를 조회하면 된다.

4. 작업 중지: Stop-Job

실행 중인 백그라운드 작업을 중지한다. 이 명령을 사용하면 무한 루프에 빠진 작업이나 비정상적으로 너무 오랫동안 실행 중인 작업을 취소할 수 있다. 실행 중인 모든 작업을 중지할 경우 다음과 같이 실행한다.

Get-Job | Stop-Job

실행 중인 특정 작업을 중지할 경우 ID나 작업 이름으로 지정할 수 있다. 다음의 두 가지 방법 중 하나를 사용할 수 있다.

• Get-Job -Name ListingDrive_C | Stop-Job
• Stop-Job -ID 44

그림 13.15는 ListingDrive_C라는 로컬 작업을 실행하고 중지하는 과정을 보여준다.

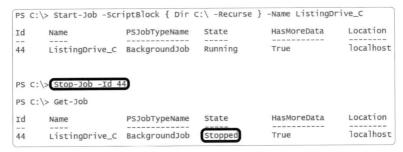

```
PS C:\> Start-Job -ScriptBlock { Dir C:\ -Recurse } -Name ListingDrive_C

Id    Name          PSJobTypeName  State    HasMoreData  Location
--    ----          -------------  -----    -----------  --------
44    ListingDrive_C BackgroundJob Running  True         localhost


PS C:\> Stop-Job -Id 44
PS C:\> Get-Job

Id    Name          PSJobTypeName  State    HasMoreData  Location
--    ----          -------------  -----    -----------  --------
44    ListingDrive_C BackgroundJob Stopped  True         localhost
```

그림 13.15 특정 백그라운드 작업 중지하기

5. 작업 제거: Remove-Job

메모리에 저장된 모든 명령 결과를 포함해 작업 개체를 삭제한다. 작업이 끝날 때 이 명령으로 명시적인 작업 제거를 수행해야 셸에서 메모리를 반환한다. 중지되거나 작업이 끝난 모든 작업을 제거할 때 다음과 같이 실행한다.

```
Get-Job | Remove-Job
```

특정 작업을 제거할 때 ID나 작업 이름으로 지정할 수 있다. 다음의 두 가지 방법 중 하나를 사용할 수 있다.

- `Get-Job -Id 44 | Remove-Job`
- `Remove-Job -Name ListingDrive_C`

그림 13.16에서 ListingDrive_C라는 로컬 작업을 제거하고 다시 ID로 작업을 조회했을 때의 결과를 볼 수 있다.

```
PS C:\> Get-Job -Id 44 | Remove-Job
PS C:\> Get-Job -Id 44
Get-Job : 명령이 작업 ID가 44인 작업을 찾을 수 없습니다. Id 매개 변수 값을 검증한 후 명령을 다시
위치 줄:1 문자:1
+ Get-Job -Id 44
+ ~~~~~~~~~~~~~~
    + CategoryInfo          : ObjectNotFound: (44:Int32) [Get-Job], PSArgumentExcep
   tion
    + FullyQualifiedErrorId : JobWithSpecifiedSessionNotFound,Microsoft.PowerShell.
   Commands.GetJobCommand
```

그림 13.16 특정 백그라운드 작업 제거하기

6. 작업 대기: Wait-Job

일반적으로 스크립트 내에서 자주 사용한다. 지정한 작업이 특정 상태에 도달할 때까지 스크립트 나머지 부분의 실행이 대기 상태에 들어간다. 스크립트에서 Wait-Job으로 지정한 작업이 완료될 때까지 다음 명령 실행을 보류하고, 작업이 완료된 후 작업 결과를 받아와서 사용해야 할 때 효과적이다.

예를 들어 예제 13.3과 같은 활성 방화벽 규칙을 가져오는 스크립트가 있을 때, 이를 원격 컴퓨터에 실행하고 그 결과를 이용하는 스크립트에 Wait-Job 명령을 이용할 수 있다(예제 13.4).

예제 13.3 활성 방화벽 규칙을 조회하는 스크립트(Chap13EX3.ps1)

```
#방화벽 규칙이 활성화된 방향별로 정렬하여 출력
Show-NetfirewallRule | Sort-Object direction | `
Where-Object enabled -eq "true" | `
Select-Object -Property DisplayName,Direction
```

예제 13.4 원격 컴퓨터에 스크립트 실행 시 Wait-Job 사용(Chap13EX4.ps1)

```
#세션 개체 생성
$ss = New-PSSession -ComputerName WEB1,CA1

#백그라운드로 실행하는 원격 작업 생성
Invoke-Command -Session $ss -FilePath C:\Temp\Chap13EX3.ps1 -AsJob
#원격 작업이 끝마칠 때까지 대기한다.
Get-Job | Wait-Job -Any

#작업 결과를 저장하고 결과를 필터링한다.
$Rules = Get-Job | Receive-Job
$NofIB=$Rules | Where {$_.Direction.value -eq 'Inbound'}
$NofOB=$Rules | Where {$_.Direction.value -eq 'Outbound'}

Write-Output ""
Write-Output "활성 인바운드 규칙은 $($NofIB.Count)개입니다."
Write-Output "활성 아웃바운드 규칙은 $($NofOB.Count)개입니다."
```

여기서 사용한 -Any 스위치는 끝난 작업이 하나라도 있으면 명령 프롬프트를 표시하고 작업 개체를 반환하도록 지시한다.

원격 작업과 WMI 작업, 로컬 작업은 파워셸 프로세스 내에서 관리된다. 파워셸 프로세스가 종료되면 모든 작업과 결과는 제거된다. 작업 관리에 사용되는 다양한 명령들의 매개변수나 멤버들에 대한 자세한 내용은 도움말을 참고하도록 하자.

13.2 예약 작업

예약 작업도 파워셸 3.0에서 등장했다. 예약 작업은 윈도우 작업 스케줄러 인프라의 유연성과 파워셸 백그라운드 작업의 유용성을 결합한 것이다. 예약 작업은 세 부분으로 구성된다.

- 실행할 명령을 정의한 작업(Job)
- 옵션과 실행 조건을 정의한 작업 옵션(Job Option)
- 작업이 실행되는 시기를 정의한 작업 트리거(Job Trigger)

보통 작업 옵션 개체와 작업 트리거 개체를 만들고, 이들 개체를 변수에 저장한다. 실제 예약 작업을 만들 때 이들 변수를 사용한다.

예약 작업은 백그라운드 작업처럼 파워셸에서 정의한다. 예약 작업의 지속성과 가용성을 위해 예약 작업 정의와 트리거, 작업 인스턴스, 작업 결과는 로컬 컴퓨터에 저장된다.

파워셸에서 만든 예약 작업은 파워셸뿐만 아니라 윈도우 작업 스케줄러에서도 관리할 수 있지만, 윈도우 작업 스케줄러에서 만든 작업을 파워셸에서 관리하지는 못한다.

예약 작업 준비

모든 파워셸 백그라운드 작업을 예약 작업으로 만들 수 있다. 예약 작업을 만들 때는 먼저 작업 옵션과 작업 트리거를 먼저 정의해야 한다.

1. 작업 옵션

먼저 예약 작업에 필요한 새로운 옵션 개체를 만들어야 한다. 이때 사용하는 명령이 New-ScheduledJobOption이다. 자주 사용하는 구문 형식과 옵션은 표 13.2와 같다.

구문 형식	New-ScheduledJobOption [-RunElevated] [-HideInTaskScheduler] [-MultipleInstancePolicy <작업_다중_인스턴스_정책>] [-DoNotAllowDemandStart] [-RequireNetwork] [-WakeToRun]
옵션	설명
-RunElevated	작업을 실행하는 컴퓨터에서 Administrators 그룹의 멤버 권한으로 예약 작업 실행
-HideInTaskScheduler	윈도우 작업 스케줄러에 보이지 않도록 지정
-MultipleInstance Policy	한 작업의 인스턴스가 실행 중인 동안 예약 작업의 인스턴스 시작 요청에 시스템이 응답하는 방법 지정. None, IgnoreNew, Parallel, Queue, StopExisting 중 하나 지정
-DoNotAllowDemand Start	작업이 트리거될 때만 시작. 사용자가 직접 작업을 시작할 수 없다.
-RequireNetwork	네트워크에 연결되었을 때만 예약 작업을 실행한다.
-WakeToRun	컴퓨터가 예약된 시작 시간에 절전 모드나 최대 절전 모드에 있을 때 깨운다.

표 13.2 New-ScheduledJobOption 구문 형식과 옵션

보통 새로운 작업 옵션 개체를 만들고 변수에 저장한 다음, 예약 작업을 등록할 때 사용하는 패턴이 일반적이다. $JobOpt라는 변수에 작업 옵션 개체를 저장할 경우 다음과 같은 구문을 작성할 수 있다.

```
$JobOpt = New-ScheduledJobOption –RequireNetwork –RunElevated
–WakeToRun
```

2. 작업 트리거

예약 작업이 시작되는 트리거를 만든다. 하나의 작업에 여러 개의 트리거를 지정할 수도 있다. 트리거를 만드는 명령은 New-JobTrigger이며, 5가지 기본 트리거 형식이 있다. 자주 사용하는 구문 형식과 옵션은 표 13.3과 같다.

보통 새로운 작업 트리거 개체를 만들고 변수에 저장한 다음, 예약 작업을 등록할 때 사용하는 패턴이 일반적이다.

매주 화요일 오후 5시에 예약 작업을 실행하는 트리거를 만들 경우 다음과 같은 구문을 작성할 수 있다.

```
$trigger = New-JobTrigger –Weekly –DaysOfWeek Thursday –At '5:00PM'
```

구문 형식	New-Job Trigger	[–Once] –At <날짜와시간> [–RepetitionDuration <시간>] [–RepetitionInterval <시간>]
		[–Daily] –At <날짜와시간> [–DaysInterval <정수>]
		[–Weekly] –At <날짜와시간> –DaysOfWeek <요일[]> [–WeeksInterval <정수>]
		[–AtLogOn] [–User <사용자>]
		[–AtStartup]
옵션	**설명**	
-At	작업을 시작할 날짜와 시간 지정	
-Once	1회성 또는 반복 일정 지정	
-RepetitionInterval	작업을 반복할 시간 간격 지정	
-RepetitionDuration	작업 반복이 끝날 만료 시간 지정	
-Daily	되풀이 되는 일일 작업 일정 지정	
-DaysInterval	일일 작업 발생 간격 지정	
-Weekly	되풀이 되는 매주 작업 일정 지정	
-DaysOfWeek	주간 예약 작업이 실행되는 요일 지정	
-WeeksInterval	주간 작업 일정이 실행되는 주 수 지정	
-AtStartup	윈도우가 시작할 때 예약 작업 시작	
-AtLogOn	지정한 사용자가 로그온할 때 예약 작업 시작	
-User	예약 작업을 트리거하는 로그온 사용자 지정	

표 13.3 New-JobTrigger 구문 형식과 옵션

예약 작업 등록

예약 작업을 만들고 등록할 때 사용하는 명령은 Register-ScheduledJob이다. 이 명령은 ScriptBlock 매개변수를 사용해 작업으로 실행할 명령을 지정하고 앞서 만들었던 작업 옵션 개체와 트리거 개체를 사용한다. 자주 사용하는 구문 형식과 옵션은 표 13.4와 같다.

구문 형식	Register- Scheduled Job	[-Name] <작업이름> [-FilePath] <문자열> [-ArgumentList <개체[]>][-Authentication <인증메커니즘>] [-Credential <PS자격증명>] [-MaxResultCount <정수>] [-RunNow] [-RunEvery <시간>] [-ScheduledJobOption <예약작업옵션>] [-Trigger <예약작업트리거[]>]
		[-Name] <작업이름> [-ScriptBlock] <스크립트블록> [-ArgumentList <개체[]>][-Authentication <인증메커니즘>] [-Credential <PS자격증명>] [-MaxResultCount <정수>] [-RunNow] [-RunEvery <시간>] [-ScheduledJobOption <예약작업옵션>] [-Trigger <예약작업트리거[]>]

옵션	설명
-ScriptBlock	예약 작업을 실행할 명령 지정
-FilePath	예약 작업을 실행할 스크립트 파일 지정
-Name	예약 작업 이름 지정
-Trigger	예약 작업 트리거 지정
-Credential	예약 작업을 실행할 권한을 가진 사용자 계정 지정
-Scheduled JobOption	예약 작업을 위한 옵션 설정
-Argument List	-ScriptBlock에서 지정한 명령이나 -FilePath에서 지정한 스크립트의 매개변수에 대한 값 지정
-MaxResult Count	예약 작업에 유지될 작업 결과 항목의 수 지정
-RunNow	작업을 즉시 시작하도록 지정

표 13.4 Register-ScheduledJob 구문형식과 옵션

예를 들어, 도메인 컨트롤러 DC1과 DC2의 주요 서비스를 조회해 서버별로 정렬해서 출력하는 다음과 같은 구문을 예약 작업으로 만든다고 하자.

```
Get-Service -Name 'DNS','ADWS','NTDS','KDC' -ComputerName DC1, DC2 |
  Sort-Object -Property Machinename | Format-Table -GroupBy
  Machinename -Property Name, DisplayName, Status
```

예약 작업에 필요한 작업 옵션과 트리거는 앞서 정의한 작업 옵션 개체인 $JobOpt와 트리거 개체인 $Trigger 개체를 사용한다. 예약 작업에 필요한 내용을 다 준비한 후 예약 작업을 등록하는 스크립트를 작성하면 예제 13.5와 같을 것이다.

예제 13.5 도메인 서비스 조회 예약 작업 등록 스크립트(Chap13EX5.ps1)

```
#작업 옵션 개체
$JobOpt = New-ScheduledJobOption -RequireNetwork -RunElevated -WakeToRun
#작업 트리거 개체
$Trigger = New-JobTrigger -Weekly -DaysOfWeek Thursday -At '5:00PM'
#작업 구문
$JobAction = {
    Get-Service -Name 'DNS','ADWS','NTDS','KDC' -ComputerName DC1,DC2 | `
    Sort-Object -Property Machinename | `
    Format-Table -GroupBy Machinename -Property Name,DisplayName,Status
}

#예약 작업 등록
Register-ScheduledJob -Trigger $Trigger -ScheduledJobOption $JobOpt `
-ScriptBlock $JobAction -MaxResultCount 10 -Name "Check DC Services"
```

예제 13.5를 실행한 결과는 그림 13.17과 같다.

```
#예약 작업 등록
Register-ScheduledJob -Trigger $Trigger -ScheduledJobOption $JobOpt `
-ScriptBlock $JobAction -MaxResultCount 10 -Name "Check DC Services"

Id          Name            JobTriggers      Command
--          ----            -----------      -------
1           Check DC Ser... 1                ...
```

그림 13.17 예제 13.5의 실행 결과

예약 작업 조회와 관리

예약 작업은 윈도우 작업 스케줄러에 등록된다. 실행창(Run)에서 Task schd.msc 명령을 입력해 작업 스케줄러를 실행하고 왼편 탐색 트리에서 [작업 스케줄러 라이브러리]-[Microsoft]-[Windows]-[PowerShell]-[ScheduledJobs]를 확장하면 등록된 예약 작업을 확인할 수 있다(그림 13.18).

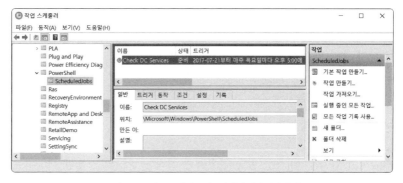

그림 13.18 윈도우 작업 스케줄러에서 예약 작업 확인

예약 작업 정의는 예약 작업을 실행한 로컬 컴퓨터의 디스크에 만들어진다. 작업 정의는 XML 파일 형식으로 사용자의 프로파일 폴더의 다음 위치에 저장된다.

\AppData\Local\Microsoft\Windows\PowerShell\ScheduledJobs

파워셸에서 등록한 예약 작업 목록을 확인할 때는 Get-ScheduledJob 명령을 사용한다(그림 13.19).

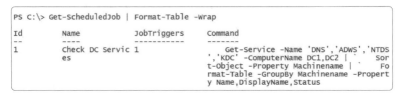

```
PS C:\> Get-ScheduledJob | Format-Table -Wrap
Id          Name            JobTriggers        Command
--          ----            -----------        -------
1           Check DC Servic 1                      Get-Service -Name 'DNS','ADWS','NTDS
            es                                 ','KDC' -ComputerName DC1,DC2 |  `    Sor
                                               t-Object -Property Machinename |  `    Fo
                                               rmat-Table -GroupBy Machinename -Propert
                                               y Name,DisplayName,Status
```

그림 13.19 예약 작업 목록 확인

특정 예약 작업의 실행 시기를 확인할 때는 Get-JobTrigger 명령을 사용하며, –Name 매개변수에 예약 작업 이름을 지정하면 작업 트리거 목록을 조회할 수 있다(그림 13.20).

```
PS C:\> Get-JobTrigger -Name "Check DC Services"
Id          Frequency       Time                      DaysOfWeek        Enabled
--          ---------       ----                      ----------        -------
1           Weekly          2017-07-21 오후 5:00:00   {Thursday}        True
```

그림 13.20 예약 작업의 작업 트리거 확인

이 외에도 예약 작업에 사용하는 파워셸 명령은 다음과 같다.

- 예약 작업 비활성화: Disable-ScheduledJob
- 예약 작업 활성화: enable-ScheduledJob
- 예약 작업 설정 변경: Set-ScheduledJob
- 예약 작업 등록 제거: Unregister-ScheduledJob

지금까지 이 책의 내용을 학습해 왔다면 이러한 명령의 자세한 사용법은 도움말을 통해 금방 해결할 수 있을 것이다.

13.3 정리

콘솔에서 오랫동안 실행되는 명령이나 스크립트가 끝날 때까지 기다렸다가 다음 작업을 해야 한다면 정말 불편할 것이다. 때로는 미래의 어떤 시점에 명령이나 스크립트를 실행해야 하고 필요에 따라 주기적으로 실행해야 할 수도 있다. 파워셸에서는 이런 문제를 효과적으로 해결하는 방안을 제공하고 있다. 바로 백그라운드 작업과 예약 작업이다. 여기서 다루는 작업은 Task가 아니라 Job이다. 하나 이상의 Task를 특정 기능으로 특화시킨 개념이 Job이다.

13장에서는 파워셸에서 수행하는 백그라운드 작업의 개념과 유형을 먼저 살펴본 다음, 다양한 유형의 백그라운드 작업을 만들고 관리하는 방법을 배웠다. 파워셸 백그라운드 작업의 유용성과 윈도우 관리자가 애용해 온 윈도우 작업 스케줄러의 유연성을 결합한 예약 작업을 만들고 관리하는 방법도 익혔다.

14장

파워셸 DSC

파워셸 DSC(Desired State Configuration)은 IT 운영 및 개발 인프라를 관리할 때 코드로 작성한 구성을 사용할 수 있는 관리 플랫폼으로, Windows Server 2012 R2와 파워셸 4.0에서 지원하기 시작했다. DSC를 사용하면 인프라 관리자는 서비스를 실행할 때 필요한 소프트웨어 서비스의 구성 데이터와 환경을 배포하고 관리하는 데 큰 도움을 얻을 수 있다.

DSC는 선언적 스크립팅이라는 프로세스와 명령(cmdlets), 파워셸 언어 확장을 제공한다. DSC를 사용하면 많은 컴퓨터와 장치들에 일관성 있는 구성 집합을 제공하고 관리할 수 있다.

14장에서 파워셸 DSC와 관련해 살펴볼 내용은 다음과 같다.

- 파워셸 DSC의 개념과 아키텍처
- 파워셸 DSC 작업 절차
- DSC 명령과 DSC 리소스
- DSC 구성 스크립트 작성과 컴파일
- DSC 구성 밀어 넣기 배포
- DSC 구성 끌어오기 배포

14.1 파워셸 DSC의 개요

시스템의 구성과 배포, 관리에 사용하는 파워셸 DSC는 시스템 구성 관리를 위한 선언적인 모델이다. 여기서 '선언적(Declarative)'이라는 뜻은 원하는 서버의 모습을 지정한다는 것이며, 파워셸과 윈도우 워크플로 엔진에서 대상 노드를 지정한 모습으로 만든다.

DSC 사용 사례와 필수 조건

파워셸 DSC를 사용하는 핵심 목적은 데브옵스다. 시스템/인프라 관리자는 DSC를 통해 일관성 있고 표준화된 구성을 지원받을 수 있다. 예를 들어 다음과 같은 작업에 DSC를 사용하면 관리의 효율성을 높일 수 있다.

- 서버 역할과 기능 설치 및 제거
- 레지스트리 설정 관리
- 그룹과 사용자 계정 관리
- 새로운 소프트웨어 배포
- 사이트 콘텐츠를 포함하는 IIS 웹 사이트 배포
- 해당 노드에서 실제 구성 상태 검색
- 환경 변수 관리
- 필요한 상태에서 벗어난 구성 수정
- 파워셸 스크립트 실행
- 파일과 디렉터리 관리
- 프로세스와 서비스 시작 및 중지, 관리

이들 작업은 파워셸 DSC로 할 수 있는 작업의 일부일 뿐이다. 시스템/인프라 관리자와 강력한 데브옵스 도구인 파워셸 DSC를 사용하기 위해서는 다음의 조건을 만족해야 한다.

1. DSC에 참여하는 모든 노드는 최소 파워셸 4.0 이상을 실행해야 한다. Windows Server 2008 R2나 윈도우 7 컴퓨터에는 WMF 4.0 이상을 설치해야 한다(1장 참고).

2. DSC의 모든 노드에서 파워셸 원격(Remoting)을 활성화해야 한다. Windows Server 2008 R2나 윈도우 7 컴퓨터의 경우 네트워크 어댑터가 공용 위치 프로필에 연결되었다면, 위치 프로필을 바꾸든가 다음 명령으로 프로필 위치 검사를 건너뛴다. Windows Server 2012 R2 이상에서는 기본적으로 원격이 활성화된다.

```
Enable-PSRemoting -SkipNetworkProfileCheck -Force
```

파워셸 DSC 아키텍처

DSC 아키텍처에 참여하는 주요 멤버는 구성 스크립트를 작성하는 **관리자 PC**(서버 또는 클라이언트 OS), 구성의 배포 대상이 되는 **대상 노드**, 선택사항으로 구성 파일과 DSC 리소스를 배포하는 **끌어오기 서버**다.

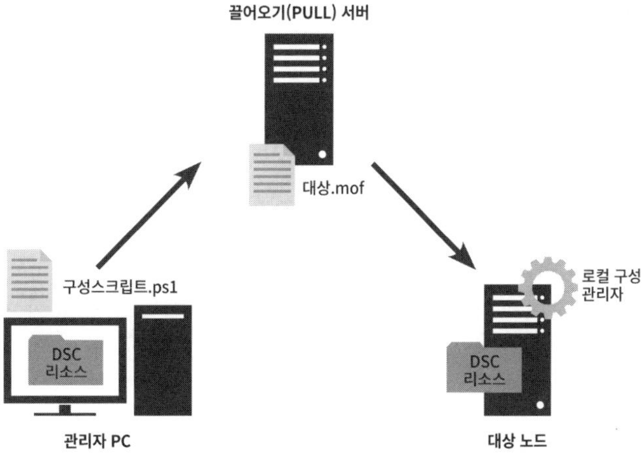

그림 14.1 파워셸 DSC 아키텍처

그림 14.1의 DSC 아키텍처에서 중요한 3가지 요소는 구성 스크립트, DSC 리소스, 로컬 구성 관리자(Local Configuration Manager, LCM)다.

- **구성**(Configuration): 배포할 리소스의 인스턴스를 정의하고 구성할 때 사용하는 선언적인 파워셸 스크립트다. 이 스크립트 자체는 단순히 구성하고 싶은 요소와 그 요소를 구성하는 방식, 구성을 적용할 대상을 기

술한 목록일 뿐이다. 설치나 구성, 프로비저닝 등의 작업은 전혀 수행하지 않는다. 이 구성 스크립트를 실행하면 지정한 대상 노드에 대한 MOF(Management Object Format) 파일을 만든다.

- DSC 리소스: 구성(Configuration)에 필요한 구성 요소(Components)를 제공하는 파워셸 모듈이다. 리소스에는 구성할 수 있는 속성(스키마)과 구현(구성에서 지정한 실제 작업을 수행하는 코드)이 모두 들어간다. 리소스 속성은 MOF 파일에서 정의하며 구현은 스크립트 모듈에서 수행한다. 운영체제에서 기본 제공되는 리소스, 사용자가 추가적으로 만들 수 있는 사용자 지정 리소스, 리눅스용 리소스가 있다.

- 로컬 구성 관리자(LCM): 파워셸 DSC의 엔진이다. 대상 노드 모두에서 실행되고 노드에 전송되는 구성 내용을 구문 분석하고 수행한다. LCM은 DSC에서 새로 고침 모드 결정(밀어넣기 또는 끌어오기)과 대상 노드에서 구성을 끌어와 수행하는 빈도 지정, 대상 노드와 끌어오기 서버 연결, 구성을 가져오는 원본이 여러 군데인 경우 부분 구성 지정 등을 수행한다.

파워셸 DSC 작업 절차

인프라에서 파워셸 DSC를 사용하기로 했다면 다음의 절차를 기억하자.

1. 먼저 관리자 PC의 파워셸 ISE에서 구성 스크립트를 작성한다. 확장자는 .ps1이다.
2. 앞서 작성한 구성 스크립트를 실행해 MOF 파일을 만든다. 파일의 개수는 지정한 대상 노드의 수에 달렸다. 한 웹 팜에 소속된 웹 서버처럼 동일한 구성을 갖는 경우 동일한 MOF 파일과 DSC 구성 ID를 사용할 수 있다.
3. MOF 파일을 대상 노드에 배포한다. 각 노드당 하나의 MOF 파일을 갖는다. 노드에 배포하는 방법은 밀어 넣기(Push)와 끌어오기(Pull) 두 가지다.

4. 대상 노드는 MOF 파일에 정의된 대로 스스로를 구성하기 시작한다. 기본적으로 DSC는 백그라운드 작업으로 구성을 실행한다. 밀어 넣기 모드에 사용하는 Start-DscConfiguration 명령에 -Wait 스위치를 사용하면 구성을 대화형으로 실행한다.

밀어 넣기 모드 vs. 끌어오기 모드

먼저 밀어 넣기 모드는 WinRM 원격을 통해 직접 MOF 파일을 하나 이상의 노드로 밀어 넣는 것이며 관리자 권한으로 수행해야 한다. 설계상 한 방향 통신만 가능하다. DSC 명령 중 Start-DscConfiguration 명령을 호출해 대상 노드에 구성을 밀어 넣는다.

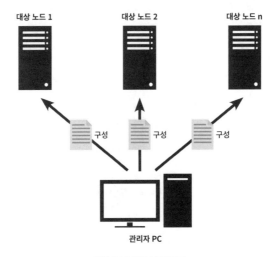

그림 14.2 밀어 넣기 모드

1. 밀어 넣기 모드의 장점
   * 관리자의 컴퓨터에서 구성을 밀어 넣기 때문에 새로운 서버에서 해야 할 작업이 적어, 설치 및 설정 비용이 아주 낮다.
   * 모든 구성을 관리자의 컴퓨터에 저장하기 때문에 구성이 간단하다.
   * "필요한 상태 구성(DSC)"의 기능을 테스트하기에 좋다.
2. 밀어 넣기 모드의 단점
   연결된 컴퓨터를 관리하는 데 따른 복잡성이 높다. 예를 들어 노트북

처럼 네트워크에 항상 연결되지 않는 장비의 경우, 구성 전송이 실패할
수 있다.

두 번째로, 끌어오기 모드는 대상 노드(끌어오기 클라이언트)에서 HTTP/S
나 SMB를 사용해 특정 원격 서버(끌어오기 서버)를 일정한 시간 간격(15
분)으로 확인해 자동으로 MOF 파일을 가져온다. 구성하고 나면 대상 노드
의 구성이 MOF 파일의 설정과 일치하는지, MOF 파일이 업데이트되었는
지 주기적으로 다시 검사한다. 실제 DSC를 사용하는 대부분의 기업에서
끌어오기 서버를 구현하고 있다.

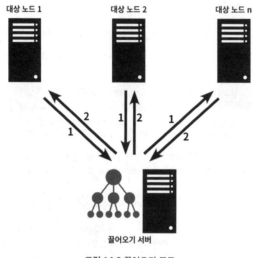

그림 14.3 끌어오기 모드

1. 끌어오기 모드의 장점
    - 구성 배포를 자동화할 수 있다.
    - 대상 노드의 연결 여부에 관계 없이 대규모의 노드를 관리할 수 있
      다. 노드가 네트워크에 연결되기만 하면, "끌어오기 서버"에 구성을
      요청한다.
2. 끌어오기 모드의 단점
    한 대 이상의 끌어오기 서버를 추가로 배포해야 한다.

14.2 파워셸 DSC 사용 준비

이제 본격적인 파워셸 DSC 사용을 위해 표 14.1과 같은 구성의 시스템을
준비했다. 이들 시스템은 모두 MyDomain.local 도메인의 멤버이며 파워
셸 DSC를 사용할 수 있는 기본 조건을 모두 만족한다.

이름	역할	운영체제	비고
CL1	관리자 PC	윈도우 10 Enterprise	구성 스크립트 작성
Web1	대상 노드 1	윈도우 서버 2016 Std.	웹 서버 1
Web2	대상 노드 2	Windows Server 2016 Std.	웹 서버 2
Pull	끌어오기 서버	Windows Server 2016 Std.	구성 및 리소스 배포

표 14.1 파워셸 DSC PoC(개념 검증)용 시스템 구성

DSC 명령과 DSC 리소스 확인

파워셸 DSC를 다루는 데 필요한 명령은 PSDesiredStateConfiguration 모
듈에 모두 들어있다. 관리자 PC에서 이 모듈에서 제공하는 명령을 확인해
보면 그림 14.4와 같은 결과를 얻을 수 있다.

```
Get-Command -Module PSDesiredStateConfiguration | Select-Object
  -Property CommandType, Name
```

```
PS C:\> Get-Command -Module PSDesiredStateConfiguration |
Select-Object -Property CommandType,Name

CommandType Name
----------- ----
   Function Configuration
   Function Disable-DscDebug
   Function Enable-DscDebug
   Function Get-DscConfiguration
   Function Get-DscConfigurationStatus
   Function Get-DscLocalConfigurationManager
   Function Get-DscResource
   Function New-DscChecksum
   Function Remove-DscConfigurationDocument
   Function Restore-DscConfiguration
   Function Stop-DscConfiguration
     Cmdlet Invoke-DscResource
     Cmdlet Publish-DscConfiguration
     Cmdlet Set-DscLocalConfigurationManager
     Cmdlet Start-DscConfiguration
     Cmdlet Test-DscConfiguration
     Cmdlet Update-DscConfiguration
```

그림 14.4 PSDesiredStateConfiguration 모듈의 DSC 명령

DSC에서 관리하는 DSC 리소스를 확인할 때는 Get-DscResource 명령을 사용한다.

```
Get-DscResource | Select-Object -Property Name,Properties
```

그림 14.5에서 Windows Server 2016과 윈도우 10에서 기본 제공하는 DSC 리소스를 확인할 수 있다.

```
PS C:\> Get-DscResource | Select-Object -Property Name,Properties

Name                       Properties
----                       ----------
File                       {DestinationPath, Attributes, Checksum, Contents...}
SignatureValidation        {SignedItemType, TrustedStorePath}
Archive                    {Destination, Path, Checksum, Credential...}
Environment                {Name, DependsOn, Ensure, Path...}
Group                      {GroupName, Credential, DependsOn, Description...}
GroupSet                   {DependsOn, PsDscRunAsCredential, GroupName, Ensur...
Log                        {Message, DependsOn, PsDscRunAsCredential}
Package                    {Name, Path, ProductId, Arguments...}
ProcessSet                 {DependsOn, PsDscRunAsCredential, Path, Credential...
Registry                   {Key, ValueName, DependsOn, Ensure...}
Script                     {GetScript, SetScript, TestScript, Credential...}
Service                    {Name, BuiltInAccount, Credential, Dependencies...}
ServiceSet                 {DependsOn, PsDscRunAsCredential, Name, StartupTyp...
User                       {UserName, DependsOn, Description, Disabled...}
WaitForAll                 {NodeName, ResourceName, DependsOn, PsDscRunAsCred...
WaitForAny                 {NodeName, ResourceName, DependsOn, PsDscRunAsCred...
WaitForSome                {NodeCount, NodeName, ResourceName, DependsOn...}
WindowsFeature             {Name, Credential, DependsOn, Ensure...}
WindowsFeatureSet          {DependsOn, PsDscRunAsCredential, Name, Ensure...}
WindowsOptionalFeature     {Name, DependsOn, Ensure, LogLevel...}
WindowsOptionalFeatureSet  {DependsOn, PsDscRunAsCredential, Name, Ensure...}
WindowsPackageCab          {Ensure, Name, SourcePath, DependsOn...}
WindowsProcess             {Arguments, Path, Credential, DependsOn...}
```

그림 14.5 Windows Server 2016과 윈도우 10의 기본 DSC 리소스 확인

예를 들어 File과 같은 기본 DSC 리소스를 사용하면, 네트워크상의 파일을 로컬 파일 시스템으로 복사하고 복사된 파일을 계속 유지시킬 수 있다. WindowsFeature 리소스를 사용하면 Windows Server 2016 서버의 역할과 기능을 설치하고 적용할 수 있다.

DSC 리소스 추가하기

파워셸 팀에서는 주기적으로 DSC 리소스 모듈을 추가하고 파워셸 갤러리를 통해 공개한다. 최신 버전의 PowerShellGet을 이용하면 파워셸 갤러리에서 추가된 DSC 리소스 모듈을 설치해 사용할 수 있다. 다운로드하는 추가 DSC 리소스 모듈은 모두 'x' 접두어가 붙는데(예: xHyper-V), 이는 아직 실험적이라는 뜻이며 마이크로소프트 지원 프로그램이나 서비스를 통해 지원 받을 수 없다는 뜻이다.

☑ **PowerShellGet**

파워셸 갤러리(https://www.powershellgallery.com/)에서 모듈이나 DSC 리소스, 역할 기능, 스크립트 등을 바로 내려받아 설치하려면 PowerShellGet 모듈이 필요하다. Windows Server 2016과 윈도우 10에는 기본적으로 1.0.0.1 버전이 설치되어 있다.

```
PS C:\> Get-Module -ListAvailable PowerShellGet | ft -AutoSize

    디렉터리: C:\Program Files\WindowsPowerShell\Modules

ModuleType Version Name         ExportedCommands
---------- ------- ----         ----------------
Script     1.0.0.1 PowerShellGet {Install-Module, Find-Module, Save-Module, ...
```

그림 14.6 PowerShellGet 설치 여부와 버전 확인

PowerShellGet 최신 버전을 설치하려면 다음 명령을 실행한다.

```
Install-Module -Name PowerShellGet -Force
```

```
Installing package 'PowerShellGet'.
    Installed dependent package 'PackageManagement'.
```

그림 14.7 ISE 콘솔 창에서 PowerShellGet 모듈 최신 버전 설치

인터넷에 연결되지 않은 다른 컴퓨터에 설치하기 위해 별도로 저장하려면 다음의 명령을 실행한다.

```
Save-Module -Name PowerShellGet -Path M:\TempDownload
```

그림 14.8에서 PowerShellGet 최신 버전이 설치된 결과를 볼 수 있다.

```
PS C:\> Get-Module -ListAvailable PowerShellGet | ft -AutoSize

    디렉터리: C:\Program Files\WindowsPowerShell\Modules

ModuleType Version Name         ExportedCommands
---------- ------- ----         ----------------
Script     1.1.3.2 PowerShellGet {Install-Module, Find-Module, Save-Module, Update-Module...
Script     1.0.0.1 PowerShellGet {Install-Module, Find-Module, Save-Module, Update-Module...
```

그림 14.8 PowerShellGet 최신 버전 설치 확인

웹 관리를 위한 DSC 모듈이 필요하다면 다음 명령을 실행해서 파워셸 갤러리에서 DSC 리소스를 가져와 설치한다.

```
Install-Module -Name xWebAdminsitration -Force
```

명령이 제대로 설치되었다면 기본 모듈 디렉터리에서 확인할 수 있다(그림 14.9).

그림 14.9 추가로 설치한 DSC 모듈 확인

☑ **Save-Module로 저장한 모듈 설치하기**

인터넷에 연결되지 않은 컴퓨터에 추가 모듈을 설치하는 방법은 간단하다. Save-Module 명령으로 저장한 모듈 폴더를 다음의 기본 파워셸 모듈 경로에 복사한다.

%programfiles%\WindowsPowerShell\modules

기존 경로에 동일한 모듈 이름이 있는 경우, 하위에 버전 폴더가 있다. 새로 받은 모듈 폴더 내의 버전이 더 최신인 경우 해당 버전 폴더만 기존 경로의 동일 모듈 폴더 내에 복사하면 된다.

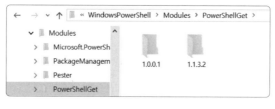

그림 14.10 기존 PowerShellGet 폴더에 복사한 1.1.3.2 폴더

DSC 구성 스크립트 작성

DSC 구성 스크립트는 Configuration 키워드를 시작으로 3가지 블록의 중첩 구조를 갖는다. 구성 스크립트의 일반적인 형식은 다음의 구조를 따른다(예제 14.1).

예제 14.1 구성 스크립트의 일반적인 형식 (Chap14EX1.ps1)

```
Configuration <구성이름>
{
    param(
        [데이터형식]$대상노드=<기본 값>
        :
        :
    )
    Node $대상노드
    {
        DSC리소스 <리소스 이름>
        {
            [Ensure = <Absent | Present>]
            Name = <리소스이름>
            :
            :
            [DependsOn = [리소스 형식]<리소스 이름>
        }
    }
}
```

• Configuration 블록

  가장 바깥쪽 블록으로 Configuration 키워드를 사용하며, 구성의 이름을 지정한다. 이 블록 내에서 앞서 배운 함수에서 일반적으로 수행할 수 있는 작업을 지정할 수 있다. 해당 구성을 적용할 대상 컴퓨터를 명시적으로 지정하지 않고 param()을 사용해 구성 스크립트를 컴파일할 때 대상 노드를 전달하는 매개변수를 지정할 수 있다. Param()을 사용하는 방법은 앞서 9장의 함수에서 설명한 내용과 같다.

• Node 블록

  구성 대상 컴퓨터(노드)를 정의한다. Node 블록은 하나 이상 작성할 수 있다. Node 키워드 다음에 대상 컴퓨터 이름을 하드코딩할 수 있지만, 앞서 param()에서 지정한 매개변수를 통해 값을 전달받는 경우 동일한 변수를 지정한다.

- DSC 리소스 블록

하나 이상의 리소스 블록을 작성할 수 있다. 앞서 확인한 공식 DSC 리소스 이름 다음에 원하는 인스턴스 이름(식별하기 좋은 이름)을 작성한다. 이 블록에는 구성할 리소스의 속성을 설정한다. 구성할 리소스에 따라서 블록 내부의 필수 속성과 선택 속성은 달라진다. 기본 제공 리소스에 대한 구문과 속성, 예제에 대해서는 다음 링크를 참고하자.

https://docs.microsoft.com/ko-kr/powershell/scripting/dsc/resources/resources?view=powershell-5.1

예를 들어, 많은 리소스에 공통으로 등장하는 Ensure 속성은 해당 리소스의 유지와 제거 여부를 나타내는 데 사용된다. 지정한 리소스가 추가되고 유지됨을 나타낼 때는 Present, 제거되거나 존재하지 않아야 함을 나타낼 때는 Absent 값을 사용한다. DSC 리소스가 WindowsFeature일 때 제공하는 Name 속성에는 Get-WindowsFeature 명령에서 확인 가능한 역할이나 기능의 이름을 표시해야 한다.

[따라해보기] **Windows Server 백업 기능 구성**

대상 노드에 Windows Server 2016의 윈도우 서버 백업 기능을 설치하는 DSC 구성 스크립트를 작성해보자.

1. Configuration 블록을 작성하고 이름으로 'EnableServer2016Backup'을 사용한다.

```
Configuration EnableServer2016Backup
{
}
```

2. 원하는 서버 2016 대상 노드를 여러 개 지정할 수 있도록 param()을 작성한다. 구성 스크립트를 실행할 때 인수를 지정하지 않는 경우 로컬 컴퓨터를 대상 노드로 만든다.

```
Configuration EnableServer2016Backup
{
```

```
        param(
            [string[]]$ComputerName="localhost"
        )
    }
```

3. Node 블록을 작성한다. 대상 노드는 앞서 2단계에서 지정한 변수를 통해 전달 받는다.

```
Configuration EnableServer2016Backup
{
    param(
        [string[]]$ComputerName="localhost"
    )
    Node $ComputerName
    {
    }
}
```

4. Windows Server 백업을 구성하는 데 필요한 DSC 리소스는 WindowsFeature다. 사용 가능한 구성 속성은 앞서 소개한 링크를 참고한다. 여기서는 기능의 설치 유무(Ensure)와 기능의 이름(Name)만 지정한다. 해당 기능의 정확한 이름은 Get-WindowsFeature를 실행해 확인하자. 작성한 구성 스크립트를 .ps1 파일로 저장한다.

예제 14.2 Windows Server 백업 기능 구성 스크립트(Chap14EX2.ps1)

```
Configuration EnableServer2016Backup
{
    param(
        [string[]]$ComputerName="localhost"
    )
    Node $ComputerName
    {
        WindowsFeature WindowsServerBackup
        {
            Ensure = "Present"
            Name = "Windows-Server-Backup"
        }
    }
}
```

구성 스크립트 컴파일

이제 이렇게 만든 구성 스크립트를 대상 컴퓨터에 적용하려면 구성 스크립트를 실행해 MOF 문서를 만들어야 한다. 이 과정을 컴파일이라고 한다. 구성 스크립트를 컴파일하면 다음의 과정이 수행된다.

1. 구성 스크립트 파일을 실행해 함수처럼 메모리에 구성을 로드한다.
2. 구성 이름을 호출하면서 인수를 전달하면, 모든 매개변수와 인수를 확인한다.
3. 현재 디렉터리에 구성의 이름과 같은 폴더를 만든다.
4. 2단계에서 만든 폴더 내에 '대상 컴퓨터 이름.mof' 파일을 만든다. 둘 이상의 컴퓨터를 지정한 경우 각 컴퓨터별로 MOF 파일을 만든다.

예를 들어 앞서 만든 구성 스크립트인 Chap14EX1.ps1을 ISE에서 컴파일할 경우, [F5] 키를 눌러 실행하거나 스크립트 콘솔에서 다음처럼 **도트 소싱**으로 스크립트를 실행한다.

```
PS D:\Chap14>. .\Chap14EX1.ps1
```

☑ 도트 소싱

파워셸에서 각 스크립트는 자신만의 범위를 갖는다. 스크립트에서 정의한 함수와 변수 등은 스크립트 범위 내에서 자식 범위로 존재한다. 하지만 스크립트의 실행을 완료하고 나면 생성된 개체는 모두 해제된다.

스크립트 실행이 끝나도 함수나 변수 등이 유지되도록 하는 실행 방법을 도트 소싱이라고 하며, 다음과 같이 점(도트)을 찍고 한 칸 띈 다음 스크립트 파일 경로를 기술하는 형식으로 실행한다.

```
PS C:\Test>. .\MyScript.ps
```

이제 메모리에 로드한 구성 이름에 대상 노드를 지정해 실행하면, 구성 이름으로 폴더를 만들고 대상 노드 이름으로 MOF 파일을 만든다. 예를 들어 앞서 만든 스크립트에서 지정한 구성 이름이 'EnableServer2016 Backup'이고, 대상 노드 이름이 'web1.mydomain.local'이라면 다음과 같이 실행한다.

```
PS D:\Chap14> EnableServer2016Backup -ComputerName web1.mydomain.local
```

그림 14.11에서 MOF 파일의 컴파일 과정을 볼 수 있다.

```
PS D:\Chap14> . .\Chap14EX1.ps1
PS D:\Chap14> EnableServer2016Backup -ComputerName web1.mydomain.local
    디렉터리: D:\Chap14\EnableServer2016Backup


Mode                LastWriteTime         Length Name
----                -------------         ------ ----
-a----        2017-10-10  오후 12:32          2020 web1.mydomain.local.mof
```

그림 14.11 EnableServer2016Backup 구성으로 MOF 파일 컴파일하기

리소스에 종속성 지정하기

일반적으로 DSC에서는 구성을 작성한 순서대로 리소스를 적용한다. 하지만 특정 리소스가 다른 리소스에 종속성을 갖는 경우가 발생하면 어떻게 될까? 즉, 리소스 인스턴스가 적용되는 차례가 있어서 특정 리소스가 먼저 적용되고 다른 리소스가 적용되어야 하는 경우다.

예제 14.1의 구성 스크립트 형식에서 DSC리소스 블록 내에 속성의 예로 표시한 'DependsOn'이라는 키워드가 바로 이 종속성의 문제를 해결해준다.

예제 14.3은 로컬 컴퓨터의 ExampleSource 폴더의 내용(하위 폴더 포함)이 File1 서버의 ExampleDestination 폴더에 존재하도록 보장하는 파일(File) 리소스 적용이 끝난 후(종속성), 로그(Log)를 기록하는 리소스를 적용하는 구성 스크립트다.

예제 14.3 DependsOn 속성을 사용한 종속성 설정 예(Chap14EX3.ps1)

```
Configuration FileResourceDemo
{
    Node "localhost"
    {
        File DirectoryCopy
        {
            Ensure = "Present"
            Type = "Directory"
            Recurse = $true
            SourcePath = "D:\DSCDemo\ExampleSource"
            DestinationPath = "\\File1\DSCDemo\ExampleDestination"
        }

        Log AfterDirectoryCopy
        {
            #다음 메시지는 Microsoft-Windows-Desired State
            #Configuration/Analytic 로그에 기록됨
            Message = "DirectoryCopy 인스턴스의 파일 리소스 작업이 끝났습니다."
            DependsOn = "[File]DirectoryCopy" #DirectoryCopy 리소스가
                                              #먼저 적용되야 한다.
        }
    }
}
```

14.3 DSC 구성 배포

DSC 리소스를 배포하기 위한 구성 스크립트를 올바로 만들었고, 컴파일을 통해 에러 없이 MOF 파일을 생성했다면, 이제 이 파일을 대상 노드에 배포해 구성을 적용하는 일이 남았다. 앞서 설명한 밀어 넣기 모드와 끌어오기 모드로 MOF 파일을 배포할 수 있다.

밀어 넣기 모드로 구성 적용하기

밀어 넣기 모드에서는 대상 노드에 구성을 수작업으로 적용해야 한다. 직접 DSC 구성 프로세스를 시작할 때 사용하는 명령이 Start-DscConfiguration이다. 이 명령에 *.mof 파일의 위치를 지정해서 실행한다. 대화식으로 실행하고 싶다면 -Wait 스위치를 추가한다.

예를 들어, 앞서 만든 web1.mydomain.local.mof를 적용하고 대화식으로 실행(-Wait)하면서 자세한 정보를 표시(-Verbose)하도록 작성한 명령 구문은 다음과 같다.

```
Start-DscConfiguration -Path D:\Chap14\EnableServer2016Backup\ -Wait
  -Verbose
```

그림 14.12는 이 구문의 실행 결과이고, 그림 14.13에서 실제 Web1 서버에 Windows Server 백업 기능이 설치된 것을 확인할 수 있다.

```
PS C:\> Start-DscConfiguration -Path D:\Chap14\EnableServer2016Backup\ -wait -Verbose
자세한 정보 표시: ''methodName' = SendConfigurationApply,'className' = MSFT_DSCLocalConfigur
ationManager,'namespaceName' = root/Microsoft/Windows/DesiredStateConfiguration' 매개 변
수를 사용하여 'CIM 메서드 호출' 작업을 수행하십시오.
자세한 정보 표시: LCM 메서드 호출이 CL1 컴퓨터에서 사용자 SID S-1-5-21-2842236106-144815330-523127975-500을
(를) 사용하여 도착했습니다.
자세한 정보 표시: [WEB1]: LCM:  [ 시작      설정       ]
자세한 정보 표시: [WEB1]: LCM:  [ 시작      리소스     ] [[WindowsFeature]windowsServerBackup]
자세한 정보 표시: [WEB1]: LCM:  [ 시작      테스트     ] [[WindowsFeature]windowsServerBackup]
자세한 정보 표시: [WEB1]:                                [[WindowsFeature]windowsServerBackup]
Get-WindowsFeature' 작업이 시작되었습니다. windows-Server-Backup
자세한 정보 표시: [WEB1]:                                [[WindowsFeature]windowsServerBackup] '
Get-WindowsFeature' 작업이 성공했습니다. windows-Server-Backup
자세한 정보 표시: [WEB1]: LCM:  [ 끝       테스트     ] [[WindowsFeature]windowsServerBackup]
(1.5320초 후)
자세한 정보 표시: [WEB1]: LCM:  [ 시작      설정       ] [[WindowsFeature]windowsServerBackup]
자세한 정보 표시: [WEB1]:                                [[WindowsFeature]windowsServerBackup] 설
치가 시작되었습니다.
자세한 정보 표시: [WEB1]:                                [[WindowsFeature]windowsServerBackup] 설
치를 계속하시겠습니까?
자세한 정보 표시: [WEB1]:                                [[WindowsFeature]windowsServerBackup] 사
전 요구 사항 처리가 시작되었습니다.
자세한 정보 표시: [WEB1]:                                [[WindowsFeature]windowsServerBackup] 사
전 요구 사항 처리가 완료되었습니다.
자세한 정보 표시: [WEB1]:                                [[WindowsFeature]windowsServerBackup] 설
치가 완료되었습니다.
자세한 정보 표시: [WEB1]:                                [[WindowsFeature]windowsServerBackup] W
indows-Server-Backup 기능을 설치했습니다.
자세한 정보 표시: [WEB1]: LCM:  [ 끝       설정       ] [[WindowsFeature]windowsServerBackup]
(9.7080초 후)
자세한 정보 표시: [WEB1]: LCM:  [ 끝       리소스     ] [[WindowsFeature]windowsServerBackup]
자세한 정보 표시: [WEB1]: LCM:  [ 끝       설정       ]
자세한 정보 표시: [WEB1]: LCM:  [ 끝       설정       ]      (12.6130초 후)
자세한 정보 표시: 'CIM 메서드 호출' 작업이 완료되었습니다.
자세한 정보 표시: 구성 작업을 완료하는 데 걸린 시간은 13.301초입니다.
```

그림 14.12 밀어 넣기 모드 수행 결과

```
PS C:\> Get-WindowsFeature -Name *backup* | ft -AutoSize

Display Name                Name                Install State
-----------                ----                -------------
[X] Windows Server 백업 Windows-Server-Backup    Installed
```

그림 14.13 Web1 서버에 구성된 Windows Server 백업

끌어오기 서버 구성하기

끌어오기 서버는 HTTP/S를 이용하는 **웹 끌어오기 서버**와 파일 공유 방식을 사용하는 **SMB 끌어오기 서버** 두 가지 중 한 가지 방법으로 구성할 수 있다. 여기서는 범용적으로 많이 사용하는 방식인 웹 끌어오기 서버 구성 방법을 다룬다.

웹 끌어 오기 서버를 구성하는 데 필요한 요구사항은 3가지다.

- WMF/파워셸 5.0 이상
- IIS 서버 역할
- 윈도우 파워셸 사용에 필요한 상태 구성(DSC) 서비스

현재 웹 끌어 오기 서버를 가장 쉽게 설정하는 방법은 xPSDesiredState Configuration 모듈에서 제공하는 xDscWebService 리소스를 사용하는 방법이다. 웹 끌어오기 서버를 구성하는 전체 과정은 다음과 같다.

1. 다음 명령으로 끌어오기 서버에서 xPSDesiredStateConfiguration 모듈을 다운로드한다.

    ```
    Install-Module -Name xPSDesiredStateConfiguration -Force
    ```

2. 끌어오기 서버에서 WS-Management 리스너가 활성화되지 않았다면, 파워셸 원격을 활성화한다. 다음 두 가지 방법 중 하나를 실행한다.

    ```
    PS C:\> Enable-PSRemoting -SkipNetworkProfileCheck -Force
    PS C:\>  winrm qc
    ```

3. 관리자 PC에서 예제 14.4의 구성 스크립트를 작성한다. 여기서는 구성 이름을 PullServer로 했다.

예제 14.4 끌어오기 서버 구성 스크립트 (Chap14EX4.ps1)

```
# Windows Server 2016 실습 환경에서 끌어오기 서버 배포의 기본 구성.

Configuration PullServer {
    param
    (
        [string[]]$ComputerName = "localhost"
    )

    Import-DscResource -ModuleName xPSDesiredStateConfiguration

    Node $ComputerName
    {

        #Windows Server DSC 서비스 기능 로드
        WindowsFeature DSCServiceFeature
        {
          Ensure = 'Present'
          Name = 'DSC-Service'
        }

        #웹 서비스 배포를 단순화하기 위해 DSC 리소스 사용
        xDSCWebService PSDSCPullServer
        {
          Ensure = 'Present'
          EndpointName = 'PSDSCPullServer'
          Port = 8080
          PhysicalPath = "$env:SYSTEMDRIVE\inetpub\wwwroot\PSDSCPullServer"
          CertificateThumbPrint = 'AllowUnencryptedTraffic'
          ModulePath = "$env:PROGRAMFILES\WindowsPowerShell\DscService\Modules"
          ConfigurationPath = "$env:PROGRAMFILES\WindowsPowerShell\DscService
                              \Configuration"
          State = 'Started'
          DependsOn = '[WindowsFeature]DSCServiceFeature'
          UseSecurityBestPractices = $false
        }
    }
}
```

4. Chap14EX4.ps1를 실행한 다음 여기서 사용한 구성 이름인 PullServer를
   사용해 대상 노드(pull.mydomain.local)를 위한 MOF 파일을 만든다.

   ```
   PullServer -ComputerName pull.mydomain.local
   ```

5. 컴파일이 성공해서 현재 위치에 PullServer 폴더가 만들어지고 그 안에
   pull.mydomain.local.mof 파일이 생성되었다면, 다음 명령을 사용해
   서 pull.mydomain.local 서버에 구성을 밀어넣는다(그림 14.14).

   ```
   Start-DscConfiguration -Path .\PullServer -Wait
   ```

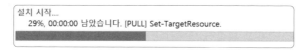

설치 시작....
29%, 00:00:00 남았습니다. [PULL] Set-TargetResource.

그림 14.14 ISE에서 끌어오기 서버 구성 진행

6. 끌어오기 서버가 제대로 구성되었다면 두 가지를 확인하면 된다.

- [IIS 관리자]에서 PSDSCPullServer 사이트가 만들어졌다(그림 14.15).
- 지정한 URL로 끌어오기 서버의 웹 서비스에 접근할 수 있다. 예를 들어 웹 브라우저에서 다음 URL을 입력하면 그림 14.16과 같은 결과를 확인할 수 있다.

http://pull:8080/PSDSCPullServer.svc/

그림 14.15 웹 끌어오기 서버의 IIS 관리자

그림 14.16 웹 끌어오기 서버의 웹 서비스 액세스 검사

끌어오기 클라이언트 구성

이제 구성을 적용할 대상 노드에서 끌어오기 모드를 사용하도록 설정하는 방법을 살펴볼 차례다. 끌어오기 서버에 연결해 구성을 끌어올 대상 노드를 끌어오기 클라이언트라고 한다. 끌어오기 클라이언트를 설정하는 방법은 두 가지다.

- 구성 이름을 사용한 설정
구성 이름을 사용해 클라이언트를 설정하려면 등록 키가 필요하다. 등록 키를 사용하는 방식은 웹 끌어오기 서버에서만 사용할 수 있다.

> ☑ **등록 키**
>
> 끌어오기 서버 구성을 만들 때 등록 키를 만들고 RegistrationKeys.txt 파일에 저장한 다음 'C:\Program Files\WindowsPowerShell\DscService'에 넣어야 한다. 서버에서 처음 클라이언트로 등록할 때 이 등록 키를 공유 암호로 사용한다. 등록 키는 파워셸 5.0부터 지원하는 기능이다.

- 구성 ID를 사용한 설정
구성 ID를 사용해 클라이언트를 설정하는 방식은 웹과 SMB 끌어오기 서버 모두에서 사용할 수 있는 방식이다. 클라이언트에 적용할 구성에 대한 GUID를 만들고, 이 GUID를 서버와 클라이언트에서 '구성 ID'로 공유한다.

여기서는 보다 범용적인 **구성 ID**를 사용한 클라이언트 설정을 다룬다.
끌어오기 클라이언트를 설정하면 대상 노드는 끌어오기 모드를 사용하도록 설정되고 끌어오기 서버에서 구성을 가져올 수 있는 URL을 받는다. 이를 위해 클라이언트의 로컬 구성 관리자(LCM)를 구성해야 한다.

끌어오기 클라이언트 구성

이 실습은 pull이라는 끌어오기 서버에 web1과 web2 서버를 끌어오기 클라이언트로 설정해 웹 서버 구성을 적용하는 시나리오다. PowerShell ISE를 사용한다.

1. web1과 web2에 적용할 구성을 만든다. 구성 이름은 MyDomainWebsite로 한다.

예제 14.5 MyDomainWebSite 구성 스크립트(Chap14EX5.ps1)

```
Configuration MyDomainWebsite
{
    param
    (
        [string[]]$ComputerName = "localhost"
    )

    Import-DscResource -ModuleName PSDesiredStateConfiguration

    Node $ComputerName
    {
        #IIS 역할 설치
        WindowsFeature IIS
        {
            Ensure = "Present"
            Name = "Web-Server"
        }
        #ASP.NET 4.6 설치
        WindowsFeature ASPNET46
        {
            Ensure = "Present"
            Name = "Web-Asp-Net45"
        }
    }
}
```

2. Chap14EX5.ps1을 실행한 다음 web1.mydomain.local과 web2.mydomain.local 노드에 배포할 MOF 파일을 컴파일한다.

```
MyDomainWebsite -ComputerName web1.mydomain.local, web2.mydomain.local
```

```
PS D:\Chap14> MyDomainWebsite -ComputerName web1.mydomain.local,web2.mydomain.local

    디렉터리: D:\Chap14\MyDomainWebsite

Mode                LastWriteTime         Length Name
----                -------------         ------ ----
-a----      2017-10-11   오전 8:16          2608 web1.mydomain.local.mof
-a----      2017-10-11   오전 8:16          2608 web2.mydomain.local.mof
```

그림 14.17 web1과 web2용 MOF 파일 생성

3. 구성 ID 방식으로 클라이언트를 구성할 것이므로 각 노드에 대한 GUID를 만들고 변수에 저장한다.

```
$Web1Guid = New-Guid
$Web2Guid = New-Guid
```

```
PS D:\chap14> $web1Guid,$web2Guid

Guid
----
8fe2e7ba-6444-4729-9e6b-ea43f9d49314
1572572f-24b5-4043-a526-faf302345c2d
```

그림 14.18 구성 ID에 사용할 GUID

4. 이제 각 GUID 이름으로 앞서 만든 MOF 파일의 이름을 변경해 끌어오기 서버 (pull)를 구성할 때 지정한 경로(C:\Program Files\WindowsPowerShell\ DscService\Configuration)에 복사한다.

예제 14.6 끌어오기 서버에 <GUID>.mof 파일 복사(Chap14EX6.ps1)

```
#원본 MOF 파일 위치
$Web1Src = ".\MyDomainWebSite\web1.mydomain.local.mof"
$Web2Src = ".\MyDomainWebSite\web2.mydomain.local.mof"

#원본 MOF 이름을 GUID로 변경 후 복사할 위치 끌어오기 서버에 복사
$Dest = "\\pull\c$\Program Files\WindowsPowershell\DscService\
        Configuration\"
$Web1Dest = $Dest + "$Web1Guid.mof"
$Web2Dest = $Dest + "$Web2Guid.mof"

#끌어오기 서버로 MOF 파일 복사
Copy-Item -Path $Web1Src -Destination $Web1Dest
Copy-Item -Path $Web2Src -Destination $Web2Dest
```

5. MOF 파일을 잘 복사했다면, 각각에 대한 체크썸 파일을 만들어야 한다. 끌어오기 클라이언트에서 자신에게 할당된 구성을 끌어오려고 할 때, 이 체크썸 파일을 사용해 MOF 파일의 무결성을 확인한다.

```
New-DSCChecksum $Web1Dest
New-DSCChecksum $Web2Dest
```

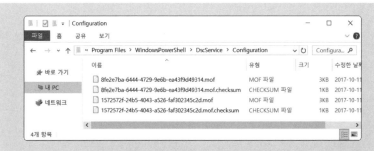

그림 14.19 끌어오기 서버에 복사된 MOF 파일과 체크섬 파일

6. 끌어오기 클라이언트 구성 전에 web1과 web2 서버에서 웹 서버 역할이 아직 구성되지 않은 것을 확인한다.

```
PS D:\Chap14> Invoke-Command -ComputerName web1,web2 `
-ScriptBlock {Get-WindowsFeature -Name Web-Server | ft -AutoSize}

Display Name  Name       Install State
------------  ----       -------------
[ ] 웹 서버(IIS) Web-Server   Available


Display Name  Name       Install State
------------  ----       -------------
[ ] 웹 서버(IIS) Web-Server   Available
```

그림 14.20 끌어오기 클라이언트 구성 전 웹 서버 역할 상태

7. 끌어오기 클라이언트 구성을 위한 구성 스크립트를 작성한다. DscLocalConfigurationManager 특성으로 설정을 꾸밀 때 사용하는 각 설정 항목에 대한 설명은 다음 URL을 참고하자.

https://docs.microsoft.com/ko-kr/powershell/scripting/dsc/managing-nodes/metaconfig?view=powershell-5.1

예제 14.7 끌어오기 클라이언트 구성 스크립트(Chap14EX7.ps1)

```
#끌어오기 클라이언트 구성 스크립트
Configuration PullClient {
    param(
        $GUID,
        $TargetNode
    )
    Node $TargetNode
    {
        LocalConfigurationManager
        {
            ConfigurationID = $GUID;
            RefreshMode = 'PULL';
            DownloadManagerName = 'WebDownloadManager';
```

```
            RebootNodeIfNeeded = $true;
            ConfigurationModeFrequencyMins = 15;
            ConfigurationMode = 'ApplyAndAutoCorrect';
            DownloadManagerCustomData = @{
                ServerUrl = "http://pull:8080/PSDSCPullServer.svc";
                AllowUnsecureConnection = $true}
        }
    }
}
```

8. 예제 14.7의 스크립트를 실행하고 다음과 같이 클라이언트 구성 명령을 실행해

   메타 MOF 파일을 생성한다.

```
PullClient –TargetNode web1.mydomain.local –GUID $Web1Guid
PullClient –TargetNode web2.mydomain.local –GUID $Web2Guid
```

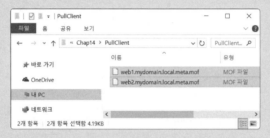

그림 14.21 끌어오기 클라이언트에 적용할 메타 MOF 파일 생성

9. 8번에서 만든 메타 MOF 파일을 각각의 끌어오기 클라이언트에 적용한다. Set–

   DSCLocalConfigurationManager 명령을 사용한다.

```
Set-DSCLocalConfigurationManager –ComputerName web1.mydomain.
  local –Path .\PullClient –Verbose
Set-DSCLocalConfigurationManager –ComputerName web2.mydomain.
  local –Path .\PullClient –Verbose
```

10 모든 작업이 문제 없이 완료되었다면, web1과 web2 서버에 원하는 웹 서버 역

   할이 구성되었는지 확인한다.

```
PS D:\Chap14> Invoke-Command -ComputerName Web1,Web2 `
-ScriptBlock {Get-WindowsFeature -Name Web-Server | ft -AutoSize}

Display Name  Name          Install State
------------  ----          -------------
[x] 웹 서버(IIS) Web-Server     Installed


Display Name  Name          Install State
------------  ----          -------------
[x] 웹 서버(IIS) Web-Server     Installed
```

그림 14.22 끌어오기 클라이언트 구성 후 웹 서버 역할 상태

끌어오기 클라이언트의 구성 상태에 대한 정보, 예를 들어 끌어오기 모드 구성 여부와 구성 실행의 성공 여부 등을 확인하려면 Get-DscConfigurationStatus 명령을 사용한다. 그림 14.23은 관리자 컴퓨터에서 Invoke-Command 명령으로 web1과 web2 서버의 구성 상태를 확인하는 구문을 실행한 결과다.

```
Invoke-Command -ComputerName web1,web2 -ScriptBlock {Get-
  DscConfigurationStatus}
```

```
PS C:\> Invoke-Command -ComputerName Web1,Web2 `
-ScriptBlock {Get-DscConfigurationStatus}

Status      StartDate                Type          Mode  RebootRequested   Numb
                                                                           erof
                                                                           Reso
                                                                           urce
                                                                           s
------      ---------                ----          ----  ---------------   ----
Success     2017-10-11 오전 10:59:57  Consistency   Pull  False             2
Success     2017-10-11 오전 11:08:22  Consistency   Pull  False             2
```

그림 14.23 끌어오기 클라이언트 구성 상태 확인

14.4 정리

최근에 뜨거운 주제로 떠오른 코드로 인프라 자동화하기는 대규모 인프라 구성과 배포, 수정을 자동화하는 방법으로 다양한 방법론과 도구가 제안되고 있다. 급부상한 '코드로 인프라 자동화'라는 트렌드에 대한 파워셸의 대응이 바로 파워셸 DSC다.

14장에서는 시스템/인프라 관리자에게 아주 유용한 파워셸 DSC의 개념과 아키텍처를 소개하고, DSC를 사용하는 작업 절차와 DSC에서 관리할 수 있는 주요 리소스를 살펴봤다. 실무에서 DSC를 사용할 수 있도록 DSC 구성 스크립트를 작성하는 방법과 컴파일 방법을 실습과 함께 제시했으며, 더 나아가 비교적 단순한 인프라 구조에서 간단히 수행할 수 있는 밀어넣기 배포 방법과, 대규모 노드로 구성되어 복잡성이 높은 인프라에 적용할 수 있는 끌어오기 배포 방법까지 익혔다.

이상으로 파워셸을 사용하는 데 필수적인 내용을 모두 다뤘다. 14장까지 착실히 따라왔다면, 파워셸에 익숙해졌을 것이다. 이제 새로운 시스템의 프로비저닝과 운영 시스템 유지 관리 업무에서 마주하게 되는, 수많은

반복 작업으로 인한 시간 낭비를 덜 수 있는 새로운 무기가 생겼다. 남은
일은 전투에서 승리하는 것뿐이다!

부록 A

주요 파워셸 명령과 기본 별칭

A.1 파워셸 기본 명령

파워셸 명령어 확인과 사용법(2장)

명령	별칭/단축	설명
Get-Help	help, man	파워셸 명령의 도움말을 표시한다.
Update-Help		파워셸 도움말을 업데이트한다 (온라인/오프라인).
Save-Help		로컬 컴퓨터에 도움말을 저장한다.
Get-Command	gcm, command	필요한 파워셸 명령을 확인한다(와일드 카드 사용).
Get-Alias	gal, alias	별칭 목록을 확인한다.
New-Alias	nal	사용자 지정 별칭을 만든다.
Set-Alias	sal	(별칭이 없는 경우) 별칭을 변경하거나 만든다.
Export-Alias	epal	별칭 정보를 지정한 파일로 내보낸다.
Import-Alias	ipal	별칭 파일의 정보를 현재 세션으로 가져온다.

파워셸 명령 확장(2장)

명령	별칭/단축	설명
Get-Module	gmo, module	현재 세션의 모듈과 가져올 수 있는 모듈을 확인한다.
Import-Module	ipmo	지정한 모듈을 현재 세션으로 가져온다.
Remove-Module	rmo	현재 세션에서 지정한 모듈을 제거한다.

New-Module	nmo	현재 세션에서만 유용한 동적 모듈을 만든다.
Get-PSSnapin	gsnp, pssnapin	현재 세션이나 시스템에 등록된 스냅인을 확인한다.
Add-PSSnapin	asnp	등록된 스냅인을 현재 세션에 추가한다.
Remove-PSS-napin	rsnp	현재 세션에 추가한 스냅인 중에서 제거 지정한 스냅인을 제거한다.
Export-Alias	epal	별칭 정보를 지정한 파일로 내보낸다.
Import-Alias	ipal	별칭 파일의 정보를 현재 세션으로 가져온다.

파워셸 개체 다루기(3장, 4장, 5장)

명령	별칭/단축	설명
Get-Member	member	파워셸 개체의 모든 멤버를 확인한다.
Select-Object	select	원하는 결과 목록을 선택한다.
Sort-Object	sort	출력 결과를 정렬한다.
Measure-Object	measure	컬렉션 개체의 속성에 따라 계산한다.
Where-Object	where, ?	기준에 따라 출력 결과를 필터링한다.
ForEach-Object	foreach, %	출력 컬렉션 내의 개체를 반복적으로 처리한다.

출력과 출력 서식, 출력 형식(5장)

명령	별칭/단축	설명
Out-Default		콘솔에 최종 출력을 표시한다(생략 가능).
Out-Host	oh	파워셸 기본 환경에서 정의한 출력 서식에 따라 출력한다.
Out-File		명령의 출력 결과를 지정한 파일로 저장한다.
Out-GridView	ogv	명령의 출력 결과를 그리드 뷰 GUI로 표시한다.
Get-Printer	printer	현재 시스템에서 사용할 수 있는 프린터 목록을 표시한다.
Out-Printer	lp	명령의 결과를 프린터로 출력한다.
Write-Host		사용자가 지정한 내용을 콘솔에 출력한다.
Write-Output	echo, write	지정한 개체를 파이프라인 다음 명령으로 보낸다.
Format-Wide	fw	출력 결과를 가로로 배열한다.
Format-List	fl	출력 결과를 목록 형식으로 표시한다.
Format-Table	ft	출력 결과를 표 형식으로 표시한다.

ConvertTo-CSV		파이프라인 개체를 CSV 형식으로 변환한다.
ConvertTo-HTML		파이프라인 개체를 HTML 형식으로 변환한다.
ConvertTo-XML		파이프라인 개체를 XML 형식으로 변환한다.
Export-CSV	epcsv	출력 형식을 CSV로 변환후 외부 저장소에 기록한다.
Export-Clixml		출력 형식을 XML로 변환후 외부 저장소에 기록한다.

입력과 입력 형식(5장)

명령	별칭/단축	설명
Read-Host		콘솔이나 스크립트 실행에서 사용자 입력을 받는다.
ConvertFrom-CSV		원본에서 읽은 CSV 데이터를 받아 다루기 쉬운 개체 형식으로 변환한다.
Import-CSV	ipcsv	원본에서 CSV 데이터를 읽어 다루기 쉬운 개체 형식으로 변환한다 .
Import-Clixml		원본에서 XML 데이터를 읽어 다루기 쉬운 개체 형식으로 변환한다.

저장소 다루기(6장, 7장)

명령	별칭/단축	설명
Get-PSProvider	psprovider	현재 시스템에서 제공하는 공급자를 확인한다.
Get-PSDrive	psdrive, gdr	사용할 수 있는 모든 드라이브를 확인한다.
New-PSDrive	mount,ndr	사용자 지정 드라이브를 만든다.
Remove-PSDrive	rdr	지정한 드라이브를 제거한다.
Get-ChildItem	gci, dir, ls, childitem	지정한 위치에서 해당 항목과 자식 항목을 출력한다.
New-Item	ni	새로운 항목을 만들고 값을 설정한다.
Copy-Item	copy, cp, cpi	항목을 한 위치에서 다른 위치로 복사한다.
Remove-Item	ri, rm, rd, rmdir	지정한 항목을 제거한다.
Move-Item	mi, move, mv	항목을 한 위치에서 다른 위치로 이동한다.
Rename-Item	ren, rni	현재 위치의 항목의 이름을 변경한다.
Set-Item	si	항목의 값을 지정한 값으로 변경한다.
Get-Location	gl, pwd, location	현재 작업 위치를 지정한 위치로 설정한다.
Set-Location	cd, chdir, sl	현재 작업 위치를 지정한 위치로 설정한다.
Get-ItemProperty	gp, itemproperty	지정한 항목의 속성을 표시한다.
Set-ItemProperty	sp	항목의 속성 값을 만들거나 변경한다.

A.2 원격 관리와 파워셸 스크립팅

원격 관리(7장, 11장)

명령	별칭/단축	설명
Enable-PSRemoting		대상 원격 컴퓨터의 원격 관리를 사용하도록 설정한다.
Disable-PSRemoting		대상 원격 컴퓨터의 원격 관리를 사용하지 못하도록 설정한다.
Get-PSSession	gsn, pssession	로컬 및 원격 컴퓨터의 세션을 확인한다.
Enter-PSSession	etsn	원격 관리 대상 컴퓨터와 애드혹 상호작용 세션을 시작한다.
Exit-PSSession	exsn	원격 관리 대상 컴퓨터와 애드혹 상호작용 세션을 종료한다.
New-PSSession	nsn	새로운 영구 연결 세션을 만든다.
Remove-PSSession	rsn	지정한(또는 모든) 연결 세션을 제거한다.
Connect-PSSession	cnsn	끊어진 세션을 다시 연결한다.
Disconnect-PSSession	dnsn	현재 활성 세션을 끊는다.
Invoke-Command	icm	로컬/원격 컴퓨터에서 지정한 스크립트 블록 또는 스크립트 파일을 실행하고 모든 출력을 반환한다.
Get-WSManCredSSP	wsmancredssp	새 자격 증명을 위임할 수 있는 컴퓨터로 구성되어 있는지 확인한다
Enable-WSManCredSSP		CredSSP 인증을 사용하도록 설정해 새 자격 증명을 위임할 수 있는 컴퓨터로 구성한다
Disable-WSManCredSSP		CredSSP 인증을 해제해 자격 증명을 위임할 수 없도록 한다.

스크립트 작성과 실행(8장)

명령	별칭/단축	설명
Get-ExcutionPolicy	executionpolicy	현재 파워셸 세션의 스크립트 실행 정책을 확인한다.
Set-ExcutionPolicy		현재 파워셸 세션의 스크립트 실행 정책을 변경한다.
Get-Variable	gv, variable	현재 콘솔에서 변수 정보를 출력한다.
Set-Variable	set, sv	변수의 값을 변경하거나 변수를 만든다.
Write-Verbose		스크립트나 명령 실행 과정에서 지정한 상태 메시지를 표시한다.

스크립트 디버깅(10장)

명령	별칭/단축	설명
Write-Debug		디버깅을 위해 스크립트 내 특정 위치에 디버그 메시지를 작성한다.
Get-PSBreakpoint	gbp, psbreakpoint	현재 세션에 설정한 모든 중단점을 표시한다.
Set-PSBreakpoint	sbp	줄이나 명령, 변수에 명시적으로 중단점을 지정한다.
Enable-PSBreakpoint	ebp	현재 세션에서 비활성화된 중단점을 다시 활성화한다.
Disable-PSBreakpoint	dbp	현재 세션에서 활성화된 중단점 중 지정한 중단점을 비활성화한다.
Remove-PSBreakpoint	rbp	지정한 중단점을 삭제한다.

파워셸 웹 액세스(11장)

명령	별칭/단축	설명
Install-PswaWebApplication		파워셸 웹 액세스용 웹 애플리케이션을 설치한다.
Get-PswaAuthorizationRule		파워셸 웹 액세스에 접근할 수 있는 사용자 목록을 확인한다.
Add-PswaAuthorizationRule		파워셸 웹 액세스에 접근할 수 있는 사용자와 컴퓨터를 지정한다.

A.3 파워셸 작업 관리의 고급 기술

파워셸 작업 관리(13장)

명령	별칭/단축	설명
Start-Job	sajb	파워셸 백그라운드 작업을 시작한다.
Get-Job	gjb, Job	현재 세션에서 실행중인 백그라운드 작업을 표시한다.
Suspend-Job	sujb	현재 실행 중인 워크플로 작업을 일시 중지한다.
Resume-Job	rujb	일시 중지된 워크플로 작업을 다시 시작한다.
Receive-Job	rcjb	현재 세션의 백그라운드 작업의 결과를 가져온다.
Stop-Job	spjb	실행중인 백그라운드 작업을 중지한다.

Wait-Job	wjb	현재 세션에서 실행중인 백그라운드 작업 하나 또는 모두가 완료될 때까지 명령 프롬프트가 대기한다.
Remove-Job	rjb	작업 개체와 해당 결과를 삭제한다.
Get- Scheduled JobOption	scheduled joboption	예약 작업 고급 옵션을 표시한다.
Set-Scheduled JobOption		기존 예약 작업 고급 옵션을 변경한다.
New-Scheduled JobOption		예약 작업 고급 옵션을 포함하는 옵션 개체를 만든다.
Get-JobTrigger	jobtrigger	예약 작업의 작업 트리거를 표시한다.
Set-JobTrigger		예약 작업의 작업 트리거를 변경한다.
New-JobTrigger		예약 작업의 작업 트리거를 만든다.
Remove-JobTrigger		예약 작업의 작업 트리거를 제거한다.
Get-ScheduledJob	scheduledjob	로컬 컴퓨터의 현재 예약 작업을 표시한다.
Register-ScheduledJob		예약 작업을 만들고 등록한다.
Disable-ScheduledJob		예약 작업을 비활성화한다.
Enable-ScheduledJob		예약 작업을 활성화한다.
Set-ScheduledJob		예약 작업 설정을 변경한다.
Unregister- ScheduledJob		등록된 예약 작업을 제거한다.

파워셸 DSC(14장)

명령	설명
Get-DscResource	DSC에서 관리하는 DSC 리소스를 확인한다.
Get-DscConfiguration Status	끌어오기 모드 구성 여부와 구성 실행의 성공 여부를 확인한다.
Import-DscResource	DSC 리소스를 로드한다.
Get-DscConfiguration	노드의 현재 구성을 출력한다.
Test-DscConfiguration	노드의 실제 구성이 원하는 구성과 일치하는지 여부를 테스트한다.
Start-DscConfiguration	DSC 구성 프로세스를 시작해 노드에 구성을 적용한다.
Get- DSCLocal ConfigurationManager	대상 노드의 로컬 구성 관리자 설정과 상태를 표시한다.
Set-DSCLocal ConfigurationManager	로컬 구성 관리자(LCM) 설정 또는 메타 구성을 노드에 적용한다.